다문화 대안학교의 실천과 모색

대원 다문화연구 총서 3
다문화 대안학교의 실천과 모색

2016년 10월 5일 초판 인쇄
2016년 10월 10일 초판 발행

지은이 | 오영훈 · 김영순
교정교열 | 정난진
펴낸이 | 이찬규
펴낸곳 | 북코리아
등록번호 | 제03-01240호
주소 | 13209 경기도 성남시 중원구 사기막골로 45번길 14
         우림2차 A동 1007호
전화 | 02-704-7840
팩스 | 02-704-7848
이메일 | sunhaksa@korea.com
홈페이지 | www.북코리아.kr
ISBN | 978-89-6324-488-4(94370)
         978-89-6324-506-5(세트)

값 20,000원

*이 저서는 2013년 정부(교육부)의 재원으로 한국연구재단의 지원을 받아 수행된 연구임(NRF-2013S1A6A4A02018233)
*이 도서의 국립중앙도서관 출판예정도서목록(CIP)은 서지정보유통지원시스템 홈페이지(http://seoji.nl.go.kr)와
 국가자료공동목록시스템(http://www.nl.go.kr/kolisnet)에서 이용하실 수 있습니다. (CIP제어번호 : CIP2016024121)

대원 다문화연구 총서 **3**

다문화
대안학교의
실천과 모색

오영훈·김영순 지음

북코리아

서문:
다문화 대안학교의
더 나은 내일을 기약하며

민주주의가 아름다운 것은 다양성이 인정되는 사회이기 때문이다.

민주주의 사회에서는 다양한 선택들이 존재해야 하며 누구든 자신에게 맞는 것을 택할 수 있도록 해야 한다. 특히 민주주의 사회에서 학교는 이 땅에 사는 모든 사람들에게 민주주의의 미덕을 가르칠 의무를 가지고 있다.

세계화의 흐름에 따라 우리나라 역시 초국적 이주가 자연스러워졌고, 인구적, 문화적 다양성이 급격하게 증가되는 추세에 있다. 이른바 초기 다문화사회에 진입한 것이다. 그러나 다문화사회를 맞이한 우리 정부의 다문화정책은 세련되지 못하다. 우리 사회 시민들의 의식 역시 단일문화적 편견이 낮은 다문화지수로 나타나고 있는 것이 현실이다. 우리의 학교는 과연 어떠한가? 다문화교육과정을 도입하고 학생들에게 문화다양성 이해교육에 주력하고는 있지만, 입시라는 제도적 틀 속에서 흉내만 내고 있는 것은 어쩔 수 없는 현실이다.

그래도 최근 들어 다문화 대안학교의 설립이 줄을 이어 그나마 희망적인 다문화사회를 꿈꿀 수 있다. 다문화 대안학교의 존재는 바로 우리 사회가 민주주의를 지향하고 있다는 하나의 지표이다. 그들의 다양성을 인정하며, 일반 공립학교에서 성취가 미흡한 학생들을 위한 배움의 장소가 되기 때문이다. 현재 한국에서 다문화 대안학교는 다문화가정 학생을 위한 시도교육청 연계 위탁교육을 담당하는 인가형 대안학교 또는 학력 인정이 되지 않는 비인가형 대안학교의 유형으로 운영되고 있다. 인가형의 경우 일반교과와 한국어 등 특성화교과 교육과정을, 비인가형의 경우 일반교과가 아닌 한국어교과 중심의 특성화교과로 교육과정을 운영하고 있다.

다문화 대안학교의 설립 목적은 첫 번째로 디딤돌 학교로서의 기능이다. 인천한누리학교, 광주새날학교, 서울다솜학교, 한겨레중·고등학교, 아시아공동체학교 등의 다문화 대안학교는 다문화가정 학생의 한국어 사용 능력 함양을 기본으로 교과학습, 학교생활 적응 능력 배양을 통해 조기 일반학교 진입을 촉진시키기 위하여 설립되어 운영 중에 있다.

다문화 대안학교는 다문화학교로서의 목적을 달성해야 한다. Bennett(2007)은 다문화학교의 첫 번째 조건을 '재분리가 아닌 통합'이라고 하였다. 즉 통합적 다원주의를 다문화학교가 추구해야 할 목적이라 하였다. 인종분리 폐지 혹은 기존의 소외된 민족을 같은 학교에 다니게 하는 것만으로는 충분한 성과를 얻을 수 없다. 반면, 통합은 기존에 분리되어 있던 모든 집단을 인정하고 수용한다. 다시 말해서, 통합은 문화 다원주의적 상황을 창출해 낸다.

그는 다문화학교의 두 번째 조건을 '교사의 긍정적인 기대'가 실천되는 학교라 정의한다. 그는 어떤 행동이나 가치를 특정한 인종집단에 일방적으로 결부시키는 '포괄적 가정'의 위험을 예방하고 학생의 성취수준을 극대화하기 위해, 다문화학교 교사는 여러 인종의 학생들이 함께 모여 있는 교실에서 나타나는 문화적 차이를 반드시 이해해야 한다고 말한다.

그는 다문화학교의 세 번째 조건으로 '인종 간의 긍정적 접촉을 지지하는 학습 환경'을 주장한다. 그는 집단 간의 사회적 접촉이 부정적인 편견을 줄이고 우호적인 행동과 태도 형성에 도움이 되기 위한 다음 네 가지 기본 조건이 필요하다고 하였다. ① 접촉은 집단 간 이해와 호혜적인 지식을 생성할 수 있을 만큼 충분히 친밀한 것이어야 한다. ② 다양한 집단의 구성원들은 동등한 지위를 공유하여야 한다. ③ 접촉 상황은 사람들 간의 협력을 유도하여야 한다. 즉, 접촉 상황에서 공동의 목표를 달성하기 위한 그룹들 간의 협력이 요구되어야 한다. ④ 제도적 지원이 제공되어야 한다.

그는 다문화학교의 마지막 조건으로 '다문화교육과정'을 주장하였다. 다양한 역사적 관점의 발달, 문화적 의식 강화, 상호 문화적 역량 강화, 인종차별과 성차별 및 기타 모든 차별이나 편견과의 투쟁, 지구의 현 상태와 전 세계적 역동성에 대한 이해 증진, 사회적 행동기술 형성 등의 목적과 세계 공동체에 대한 책임, 지구에 대한 존중, 문화적 다양성 인정, 인간 존엄성과 보편적 인권 등의 핵심 가치를 기본으로 계획된 교육과정이 '다문화교육과정'인 것이다.

현재 한국의 다문화 대안학교들은 이러한 다문화학교로서의 기능을 담당하고 있지만, 다문화교육과정 부분에서 아직 미흡한 실정이다. 이 책은 이런 점에 착안하여 다문화 대안학교의 현황을 조사하고 개선 방안을 제시하고자 하였다.

이 책은 총 6장으로 구성되었다.

1장에서는 기존의 유사 대안학교가 어떤 방식으로 운영되고 있으며, 어떤 특성을 가지고 있는지를 살펴볼 것이다. 또한 외국, 특히 미국, 영국, 독일, 프랑스, 일본의 대표적인 대안학교들의 사례를 조사하여 그에 대한 시사점을 도출하였다.

2장에서는 현재 대표적인 다문화 대안학교라고 부를 수 있는 5개의 다문화 대안학교의 현황과 특성을 살펴보았다. 이를 위해 문헌연구 및 해당 학교 홈페이지에 소개된 자료를 통해 대안학교 방문 목적과 내용을 구체화하고 전반적인 대안학교 기초연구와 설문지를 작성하였다.

3장에서는 다문화 대안학교의 학교 운영에 있어서 가장 중요한 사항 중의 하나인 교육과정 운영에 관해 분석하였다. 대안학교의 설립 · 운영에 관한 규정 제9조에서는 "대안학교의 교육과정은 대안학교의 장이 학칙으로 정한다. 다만 「초 · 중등교육법 시행령」 제43조에 따른 교과 중에서 국어 및 사회(중학교와 고등학교 과정의 사회교과는 국사 또는 역사를 포함한다)를 교육과학기술부 장관이 정한 교육과정상 수업시간 수의 100분의 50 이상을 운영하여야 한다."라고 밝히고 있다. 따라서 다문화 대안학교에서는 국어 및 사회만을 수업시간 수의 100분의 50을 운영하도록 하며, 이를 제외한 시수는 자유롭게 편성 · 운영이 가능하다. 따라서 3장에서는 기본 교육과정을 제외한 나머지 교과과정을 초등학교, 중학교, 고등학교로 구분하여 제시하였다.

4장에서는 다문화 대안학교의 운영 및 체계를 분석하고, 그 분석 결과를 토대로 효율적인 다문화 대안학교의 운영 방안을 제안하였다. 또한 다문화 대안학교에서 2009 개정(2011 고시) 교육과정에서 제시하고 있는 필수 이수 시간의 50%를 이수하고자 할 때, 교육과정 50% 감축의 근거가 될 이수 우선순위 성취 기준을 초 · 중학교 교사들의 설문조사를 통해 제시하였다.

5장에서는 시중에 출판되어 사용되고 있는 한국어교재 『아름다운 한국어』와 『Korean Language in Action(청소년을 위한 초급 한국어)』을 분석하고, 이와 함께 다문화 대안학교인 아시아공동체학교와 무지개청소년센터 및 새날학교에서 사용하고 있는 교재를 비교 · 분석하였다.

6장에서는 국내외 대안학교의 대안교육이 우리에게 주는 시사점을 바탕으로 국내 다문화 대안교육의 방향성을 제시하였다.

지금까지 다문화 대안학교의 교육과정에 대하여 간헐적으로 소개한 논문은 있었지만, 다문화 대안학교의 전체적인 조망을 살펴본 책은 발간된 적이 없다.

이 책은 다문화 대안학교의 학문적 지평을 조망할 수 있는 자료를 제공함과 동시에 다양한 다문화 대안학교의 운영 및 교육과정을 소개하여 독자들에게 다문화 대안학교 전반에 대한 올바른 이해를 구하고자 하였다.

이 책은 한국연구재단의 2013년도 인문사회 저술성과 확산사업에 선정되어 진행한 연구의 결과물이다. 또한 많은 내용들은 인천한누리학교 설립에 관한 연구를 진행하면서 습득한 자료들에 기초하고 있음을 밝힌다. 집필 기간 동안 많은 조언과 자료를 제공해 주신 다문화 대안학교 관계자분들께, 다문화 대안학교 현장에서 교육을 실천하는 선생님들께, 자료를 정리해 주신 인하대학교 다문화교육 전공 대학원생들께도 심심한 감사를 드린다. 그리고 이 책의 출간을 맡아 주신 북코리아 이찬규 사장님과 편집 과정에서 애써 주신 편집진께 지면을 빌려 고마운 마음을 전한다.

끝으로 이 책이 현재 다문화 대안학교에 대한 학문적 담론과 실천적 행위가 보다 나은 미래의 다문화 대안학교를 기획하고 운영하는 데 밑거름이 되길 바란다.

2016년 10월

저자 오영훈 · 김영순

CONTENTS

CONTENTS

CONTENTS

I

다문화 대안학교의
필요성

1.
국내 다문화교육의 현주소

　　현대사회는 글로벌시대와 포스트모더니즘의 영향으로 다문화적 특색이 확연히 드러나고 있으며, 국제결혼의 증가로 인해 다양한 문화적 배경을 지닌 사람들이 하나의 사회를 구성하여 살아가고 있다. 이와 같이 다양한 민족, 인종, 문화적 배경을 가진 사람들이 한 사회의 구성원으로 살아가는 다문화 현상은 세계의 보편적인 현상으로 자리 잡고 있다. 최근 한국사회도 국제결혼 이민자, 외국인 노동자, 외국인 유학생, 북한이탈 주민, 난민 등의 유입으로 다문화사회화하고 있다.

　　행정자치부 통계(2015. 12)에 따르면, 국내에 거주하는 외국인 주민은 174만 9,110명으로 이는 우리나라 전체 주민등록인구의 약 3.4%에 달하는 수치다. 서울에 거주하는 외국인만 줄잡아 45만 명이 넘고 경기 · 인천 지역을 포함하면 110만 명에 이른다. 국내 거주 외국인 주민 수는 2006년 54만 명이었던 것이 지속적으로 증가해 10년 동안 3배 이상 증가했으며, 연평균 14.4%가 증가하면서 내국인 증가율(0.6%)의 25배에 달했다. 이제 이들이 한 사회의 구성원으로 함께 소통하고 협력하면서 삶을 꾸려가야 할 다문화사회는 남의 나라의 이야기가 아니라 우리 사회의 현실로 급속히 다가와 있다. 다음 [그림 1-1]에서 국내에 체류하고 있는

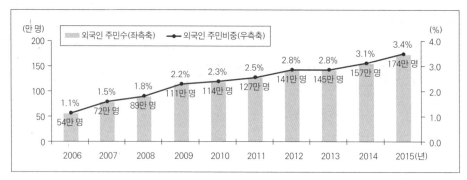

[그림 1-1] 국내 체류 외국인 증가 추이

※ 출처: 행정자치부(2015. 12)

외국인의 증가 추이를 그래프로 확인할 수 있다.

　이러한 다문화사회로의 진입 과정은 이전과 다른 급격한 변화를 수반하는 동시에 사회적 갈등의 요인이 되고 있다. 이와 같이 다문화사회에서 나타나는 문화적 충돌과 갈등을 해소하고, 이상적이고 바람직한 방향으로 사회를 이끌어나가기 위한 대안으로 다문화교육이 등장했다.

　다문화교육은 우리나라보다 앞서 다문화사회를 경험한 여러 나라에서 자기와는 다른 문화를 이해하는 문화이해교육에서 시작하여 문화다양성교육으로 발전했다고 볼 수 있다. 그렇지만 우리나라의 다문화교육은 문화적 배경이 다른 '그들'이 우리의 문화에 적응하는, 이른바 동화 중심의 교육이 이루어졌던 것은 사실이다. 물론 최근 들어 다문화교육의 개념이 세계시민교육으로 확대되면서 모든 시민을 대상으로 하는, 자기와는 다른 문화에 대한 감수성 향상, 다른 배경을 지닌 타자와의 인간관계 맺기, 지구를 위한 지속 가능한 공동체의식 함양 등을 지향하고 있다.

　이러한 다문화교육의 경향은 정부의 다문화교육정책 변화에서 살펴볼 수 있다. 정부의 다문화교육정책은 2006년 5월 수립·발표된 교육부의 '다문화가정 자녀 교육지원 대책'으로부터 시작되었다. 주로 외국인근로자 자녀와 다문화가정 자녀의 학습 결손 방지와 학교 적응 지원에 초점이 맞추어졌다. 구체적인 내용은 '방과 후 학교' 프로그램 개설 지원, 대학생 멘토링 대상자로 다문화가정 우선 선정 교사나 또래집단과의 일대일 결연을 통한 자녀의 정서적 안정 도모, 소수자 배려 교육, 한국어교육 · 한국문화교육 측면에서의 교원 연수 강화, 지역 인적 자원 개발사업을 통한 지역 단위 지원 프로그램 활성화, 불법체류자 자녀의 교육권 보호를 위한 부처 협의 추진 등의 종합적인 대책이다.

2006년 11월에는 교사의 다문화이해를 돕기 위해 '교과서 지도 보완 자료'를 발간 · 배포했다. 이 자료는 기존 교과서에 담겨 있지 않은 다양한 국가 사회적 변화와 요구를 수용 · 보완한 것으로서 이 중 '다문화이해' 주제는 저출산과 고령화, 에너지 절약, 국제이해, 갈등해결, 법률구조 제도 등을 포함하는 6개 주제 중의 하나로 다루어졌다. 특히 이 자료에서는 북한이탈주민도 한국사회의 다양성을 강화시키는 구성원으로 주목하고 있다. 이 '교과서 지도 보완 자료'의 내용은 주5일제 수업 대비 교육과정과 새 교과서 집필 때에도 반영될 것이라고 발표되었다.

이후 '2007년 개정교육과정'을 준비하면서 총론 부분에서는 '다문화교육'을 국제이해교육, 인권교육, 통일교육 등과 함께 범교과 주제의 하나로 선정하기도 했다.

최근에는 '인천한누리학교' 같은 기숙형 공립 다문화 대안학교 등 일반학교 부적응 또는 원적교 진입 전 단계에 있는 다문화가정 학생의 문제 해결을 위한 의미 있는 정책들이 시행되고 있다. 이런 정책 수립의 배경에는 학교 현장에서 다문화가정 자녀들의 급속한 증가 현상이 자리하고 있다.

1) 다문화가정 학생의 실태

우리나라에 들어오는 외국인 수가 급증하면서 국제결혼가정, 외국인가정, 탈북자가정 등으로 규정되는 다양한 인종 · 민족 · 종교 등의 문화적 배경을 가진 다문화가정들이 생겨났다. 또한 국제결혼으로 이주한 여성들의 출산에 의한 자녀들이 성장하면서 우리 사회와 교육공동체의 새로운 구성원으로 자리 잡기 시작했다.

다문화가정 학생들은 2014년 4월 현재 6만 7,806명으로 전체 학생의 1%를 넘어서고 있다. 불과 5년 전인 2010년에 3만 1,788명이었던 것과 비교하면 그사이에 2배가 넘게 급속히 증가한 것이다.

이는 최근 출산율 저하로 우리나라 전체 학생 수는 매년 감소하고 있는 반면, 대조적으로 다문화가정 학생 수는 급속히 증가하고 있다. 이러한 현상은 2000년대 초에 급격히 증가한 결혼이주여성들의 출산 영향으로 볼 수 있다.

〈표 1-1〉 2014년 다문화가정 학생 수 현황

(단위: 명)

구분	2012년도				2013년도				2014년도			
	초	중	고	계	초	중	고	계	초	중	고	계
한국 출생	29,303	8,196	2,541	40,040	32,831	9,174	3,809	45,814	41,575	10,325	5,598	57,498
중도입국	2,676	986	626	4,288	3,065	1,144	713	4,922	3,268	1,389	945	5,602
외국인 자녀	1,813	465	348	2,626	3,534	976	534	5,044	3,454	811	441	4,706
계	33,792	9,647	3,515	46,954	39,430	11,294	5,056	55,780	48,297	12,525	6,984	67,806
비율(%)	74.1	19.7	6.2		70.7	20.3	9.0		71.2	18.5	10.3	

〈표 1-2〉 국내 다문화가정 학생의 증가 추이(최근 5년)

(단위: 명)

인원수 \ 연도	2010	2011	2012	2013	2014
다문화가정 학생 수(A)	31,788	38,678	46,954	55,780	67,806
전체 학생 수(B)	7,236,248	6,986,853	6,732,071	6,529,196	6,333,617
다문화 학생 비율(A/B*100)	0.44%	0.55%	0.70%	0.86%	1.07%

※ 출처: 교육부, 교육통계(2015. 4)

국내 다문화가정 학생의 증가 추이는 〈표 1-2〉와 같다.

다음 〈표 1-3〉에서 나타난 바와 같이 전국적으로 다문화가정 학생이 가장 많은 지역은 경기도로 1만 6,013명이며, 두 번째로 많은 서울에 비해 50% 이상 다문화가정 학생이 많은 것으로 나타났다.

〈표 1-3〉 다문화가정 학생 현황(2015년 4월 기준)

(단위: 명)

구분		학교급			
시·도	유형	초	중	고	계
서울	국내 출생	4,998	1,204	605	6,807
	중도입국	887	375	310	1,572
	외국인가정	1,174	266	202	1,642
	소계	7,059	1,845	1,117	10,021
부산	국내 출생	1,762	377	213	2,352
	중도입국	170	72	30	272
	외국인가정	107	21	18	146
	소계	2,039	470	261	2,770
대구	국내 출생	1,203	234	128	1,565
	중도입국	89	26	15	130
	외국인가정	65	19	5	89
	소계	1,357	279	148	1,784
인천	국내 출생	2,238	527	238	3,003
	중도입국	202	102	45	349
	외국인가정	224	60	30	314
	소계	2,664	689	313	3,666
광주	국내 출생	932	245	107	1,284
	중도입국	93	38	22	153
	외국인가정	54	9	20	83
	소계	1,079	292	149	1,520

대전	국내 출생	919	162	118	1,199
	중도입국	59	26	13	98
	외국인가정	61	17	6	84
	소계	1,039	205	137	1,381
울산	국내출생	878	157	78	1,113
	중도입국	53	28	15	96
	외국인가정	67	8	1	76
	소계	998	193	94	1,285
세종	국내 출생	145	27	26	198
	중도입국	1	1	–	2
	외국인가정	2	1	1	4
	소계	148	29	27	204
경기	국내 출생	9,231	2,089	1,183	12,503
	중도입국	1,105	463	235	1,803
	외국인가정	1,281	306	120	1,707
	소계	11,617	2,858	1,538	16,013
강원	국내출생	1,828	683	414	2,925
	중도입국	56	20	23	99
	외국인가정	36	13	7	56
	소계	1,920	716	444	3,080
충북	국내 출생	1,862	517	327	2,706
	중도입국	50	42	125	217
	외국인가정	64	9	3	76
	소계	1,976	568	455	2,999
충남	국내 출생	2,874	680	414	3,968
	중도입국	122	54	27	203
	외국인 가정	97	20	4	121
	소계	3,093	754	445	4,292

전북	국내 출생	2,662	782	432	3,876
	중도입국	89	20	17	126
	외국인가정	47	9	8	64
	소계	2,798	811	457	4,066
전남	국내 출생	3,232	1,126	535	4,893
	중도입국	59	29	18	106
	외국인가정	17	3	4	24
	소계	3,308	1,158	557	5,023
경북	국내 출생	3,000	669	359	4,028
	중도입국	83	33	15	131
	외국인가정	44	15	3	62
	소계	3,127	717	377	4,221
경남	국내 출생	3,334	751	388	4,473
	중도입국	101	38	26	165
	외국인가정	85	26	5	116
	소계	3,520	815	419	4,754
제주	국내 출생	477	95	33	605
	중도입국	49	22	9	80
	외국인가정	29	9	4	42
	소계	555	126	46	727
총합계	국내 출생	41,575	10,325	5,598	57,498
	중도입국	3,268	1,389	945	5,602
	외국인가정	3,454	811	441	4,706
	총합계	48,297	12,525	6,984	67,806
비　율(%)		71.23	18.47	10.30	100

※ 다문화가정 학생 = 국제결혼가정 학생(국내출생+중도입국) + 외국인가정 학생
※ 출처: 교육부

국제결혼가정 중에서 해외에서 출생하여 성장하다가 국내로 들어온 자녀인 중도입국 자녀 중에서 학교에 재학하고 있는 중도입국 학생이 5,602명으로 나타

났다.

2015년 법무부 출입국 · 외국인정책본부의 자료에 따르면, 19세 이하 국내 체류 외국인은 7만 7,710명이었다. 이를 단순 비교해보아도 상당수의 중도입국 자녀와 외국인가정 자녀들이 학교에 들어오지 못하고 학교 밖에 머무르고 있는 것으로 추정된다. 또한 중도입국 학생과 외국인가정 학생의 경우 초등학교에 비해 중 · 고등학교에 재학하고 있는 수가 훨씬 적은 것을 알 수 있다.

2) 다문화가정 학생의 교육 문제와 교육격차

다문화가정 학생들은 일반적으로 피부색, 가정환경, 언어와 문화적 차이 등으로 인해 학교적응과 학업성취의 어려움을 겪고 있다. 이로 인해 학교에서 소외되고 탈락하고 방치되고 있어 새로운 교육소외계층으로 등장하고 있다(최충옥 외, 2010). 이에 대해 대상별로 구체적으로 살펴보면 먼저 국제결혼가정 학생의 경우 한국에서 출생하여 언어능력이나 사회적응 능력은 일반 한국학생들과 거의 차이가 없다. 그러나 피부색과 외모의 차이, 그리고 국제결혼가정에 대한 편견으로 인해 학교생활에서 어려움을 겪는다. 이에 대해 김정원(2010)은 다른 외모를 가지고 있는 아이들에 대한 편견과 한국인 특유의 타인에 대한 관심이 이들을 더욱 궁지에 몰아넣고 있으며, 국제결혼 자녀에 대해 취약한 저소득층일 것이라는 고정관념이 자리 잡고 있다고 했다(원진숙 외, 2010). 그 때문에 국제결혼가정 학생의 경우 한국 사람과 외모에서 큰 차이가 없으면 가급적 다문화가정 학생이라는 것을 밝히려 하지 않고 있다.

한국교육개발원(2012)에 따르면, 학생들은 또래집단을 매우 중요하게 생각하는데, 이들은 또래로부터 자신들이 다문화가정 자녀라는 것을 드러내고 싶지 않거나 그로 인해 구별되는 것을 싫어한다. 또한 외모의 차이가 없어도 또래들과 구별되는 것을 싫어하며, 외모의 차이가 있을 경우 드러내지 않을 방법이 없어 더욱 어려운 상황에 처하게 된다.

한편, 국제결혼가정 학생들은 부정적인 가족정체성과 심리적 불안, 자아정체성에 대한 고민과 혼란, 다문화가정에 대한 편견, 한국어와 한국문화 접촉 경험 결핍에 따른 학습결손, '성취도 평가로 인한 이중적 상실감' 등으로 인해 학교생활에 어려움을 겪고 있다고 분석하기도 한다(조영달 외, 2009). 이 연구에서 '한국어와 문화접촉 경험의 결핍'은 부모 중 한 명이 외국인이어서 본인이 한국어능력과 한국문화에 대한 이해가 부족한 상황에서 자녀에게 이를 교육시키기 어려운 상황에 처해서 발생한다. 그리고 '성취도 평가가 주는 이중적 상실감'은 학교에서 실시되는 학업성취도 평가의 결과로 이들이 별도의 교육적 지원을 받는 혜택을 누리게 되지만, 이것이 낙인효과가 되어 본인에게는 상실감으로 되돌아오게 되기도 하는 것을 말한다.

외국인가정 학생과 중도입국 학생의 경우 국제결혼가정 학생에 비해 더욱 큰 어려움을 겪고 있다. 이들은 외국에서 출생하여 그곳에서 어느 정도 성장한 후 한국에 들어왔기 때문에 한국의 언어와 문화에 익숙하지 않다. 따라서 외국인에 대한 편견, 자아정체성의 혼란, 언어와 문화적 차이로 인한 학업 성취 문제 등으로 일반학교에 적응하기 힘들어하거나 중도에 탈락하는 경우도 많다. 더 큰 문제는 이들이 일반학교에 진입하기 위한 장벽이 높아 교육의 기회조차 제공받기 어려운 현실에 있다는 것이다. 이들과 관련한 교육기회 · 진로교육 · 학업성취 등의 실태를 조사한 연구들을 살펴보면, 그들에게 열악하고 배타적인 교육여건으로 인해 학업성취 및 진로형성 등에 어려움을 겪고 있는 것으로 나타났다(조혜영 외, 2012).

2013년도 행정안전부와 교육부의 통계에 따르면, 다문화가정 학생의 취학률이 일반학생에 비해 상대적으로 낮은 것으로 나타났다.

〈표 1-4〉에 의하면, 중학교와 고등학교의 취학률은 70%대로 상급학교로 올

<표 1-4> 2013년 다문화가정 학생 취학률

구분	외국인 · 한국인 가정 자녀 (A, 행안부 통계 '13.1.1)	국제결혼가정의 학생 (B, 교육부 통계 '13.4.1)	취학률 (B/A*100)	
초	38,589	35,896	93.0%	88.5%
중	13,641	10,318	75.6%	
고	5,894	4,522	76.7%	
계	58,124	50,736	87.3%	

※ 초중고 2013년 전체 취학률 95.6%
※ 출처: 데이터 뉴스(2015. 07)

라갈수록 정규교육으로의 진입이 줄어드는 것을 알 수 있다. 특히, 중도입국 학생과 외국인가정 학생을 포함하면 중 · 고등학교의 취학률은 현저하게 낮아지고 있다. 이는 이미 언어와 문화적으로 성숙기에 접어든 시기에 한국에 들어와서 한국어 습득과 문화적응이 낮은 연령의 학생들에 비해 더욱 힘들기 때문이다. 그리고 입시중심의 교육풍토, 사춘기 학생에 대한 지도의 부담, 행정적 · 제도적 준비의 부족 등이 그 이유일 것이다.

교육과정 측면에서도 다문화가정 자녀는 불리한 조건에 있다. 교육의 접근 기회를 획득하여 학교에 들어가지만, 이들에게 주어지는 교육경험은 열악하다. 학교현장에서 경험하는 불리한 상황은 이들의 교육적 성과에 악영향을 미치게 된다. 낮은 한국어 능력에서 오는 소극적인 수업태도 및 표현의 어려움, 숙제나 준비물을 준비하는 것의 어려움, 교실에서 발생하는 따돌림과 차별 문제 등은 이미 많은 연구 결과에서 입증되었다. 결국 이러한 부정적 경험의 근원은 개인의 성격이나 능력 탓이라기보다는 가정적 · 환경적 요인에 있다. 결국 학교에 진학한 이후에도 가정적 · 환경적 특수성으로 인해 많은 문제들에 직면하게 되면서 교육과정의 경험 기회는 더욱 열악해진다(전경숙 외, 2007). 이렇듯 교육과정상 불평등을 경험한 학생들은 중도에 학업을 포기하는 경우가 발생하기도 한다.

<표 1-5>에서 알 수 있듯이, 다문화가정 학생의 학업중단율은 일반학생에 비

<표 1-5> 다문화가정 학생의 학업중단율(2013~2014)

(단위: 명, %)

연도	구 분	초	중	고	계
'13년도 ('12.3~'13.2)	재학생 수	33,792	9,647	3,515	46,954
	학업중단자 수	278	110	73	461
	학업중단율(%)	0.8	1.2	2.1	1.0
'14년도 ('13.3~'14.2)	재학생 수	39,430	11,294	5,056	55,780
	학업중단자 수	328	140	104	572
	학업중단율(%)	0.8	1.2	2.1	1.0

* 재학생수는 4월 1일 기준, 학업중단자 수는 해당 기간 동안 학업을 중단한 학생 수
* 전체 학생 학업중단율('14: 초 0.6, 중 0.8, 고 1.6)
※ 출처: 교육부 내부자료(2015)

해 다소 높게 나타나고 있다. 2014년도 우리나라 전체 학생의 학업중단율이 초등학교 0.6%, 중학교 0.9%, 고등학교 1.8%인 것과 비교해볼 때, 중학교와 고등학교 다문화가정 학생의 학업중단율이 각각 1.2%와 2.1%로 높은 편이라는 것을 알 수 있다. 결국 교육과정 측면에서도 상급학교로 진학할수록 교육에 불평등이 심화되고 있다는 것이 나타났다.

이러한 교육기회의 불균형은 교육 결과의 격차로 이어진다. 다문화가정 초·중등학생의 기초학력 미달자 비율은 일반학생에 비해 월등히 높게 나타나고 있다. 이는 결국 학업부진과 중도탈락으로 이어지고 있다. 그리고 다문화가정 학생의 학업성취와 관련한 연구 결과들을 살펴보면, 시기·대상·방법 등에 각각 차이가 있지만 대체적으로 다문화가정 학생의 학업성취도가 일반학생에 비해 낮게 나타난다(이정우, 2013; 김영란, 2013). 특히, 국가 수준의 학업성취도 검사가 객관식평가에서 서술형평가로 전환될 경우, 그 격차는 더욱 벌어질 것으로 전망된다. 이 같은 교육결과의 격차는 향후 학력 격차로 이어지고, 결국에는 사회적 지위 격차로 이어져 새로운 소외계층의 형성과 사회 문제의 유발을 초래할 우려를 낳고 있다.

사회적 취약집단인 다문화가정 학생과 일반학생 간에 교육의 기회 · 과정 · 결과 측면에서 차이가 나타나고 있는데, 다시 말해서 이들 간에 교육격차가 발생하고 있는 것이다. 교육격차는 개인 간, 집단 간, 학교 간, 계층 간, 지역 간에 나타나는 학업성취 등 교육결과 및 교육여건, 교육내용 등의 격차 또는 교육여건의 차이로 인해 발생하는 교육의 양적 · 질적 차이를 의미한다(김인희, 2010). 이러한 교육격차의 발생 원인을 과거에는 학생의 개인적 차원에서 찾았으나, 최근에는 구조적 측면으로 사회 · 경제적 배경에서 설명하고 있다. 다문화가정 학생의 교육격차 문제도 다문화적 배경과 가정환경 등으로 인해 일반학생과의 교육격차가 나타나고 있다고 보아야 할 것이다. 현재의 이러한 교육격차를 해소하지 않으면, 사회적 · 경제적 양극화를 부추겨 이들을 신 소외계층으로 전락시킬 가능성이 높다. 사회일각에서도 다문화가정 학생들의 현재 문제가 미래 한국사회에 불안정과 긴장을 야기할 수도 있다는 것을 염려하고 있다(박영숙, 2011).

　　최근 선진 다문화국가들에서 나타나고 있는 사회적 갈등과 분쟁의 근본적인 원인은 이민 2세 자녀들의 교육 불평등, 교육소외 그리고 교육격차 등에 있다. 이와 관련하여 OECD(2004)는 모든 개인과 학생이 사회적 배경, 출신, 성별 등에 상관없이 동등하게 학습에 접근해야 하며 신체적 장애(organic disabilities), 학습곤란(learning difficulties), 사회적 불리(social disadvantages)를 안고 있는 학생들은 특별한 도움을 받아야 하고, 궁극적으로는 모든 학습자의 성취도를 향상시키는 것이 교육의 최종적인 목표가 되어야 한다고 진술한다(김인희, 2010). 이와 같은 맥락에서 한국사회는 다문화사회로의 이행 과정에 예상되는 갈등과 분쟁을 최소화하기 위해 민관 모두의 적극적인 노력이 절실히 필요한 상황이다. 우선적으로, 다문화가정 학생을 위한 교육복지정책 및 제도를 개선 · 강화하고 실효성 있는 과제들을 구상하여 이 학생들의 학교 부적응, 교육 불평등, 교육소외, 교육격차 등에 관한 문제를 총체적으로 해소할 수 있는 방향과 방안을 모색해야 한다. 이런 차원에서 다문화 대안학교는 다문화가정 학생들이 겪고 있는 교육 문제를 해결하고, 일반학생과의 교육격차를 좁혀 교육복지를 실현하는 정책적 대안이 될 것이다.

3) 대안교육으로서 다문화 대안학교

중도입국 학생과 외국인근로자 학생들을 위한 공교육 차원의 프로그램이 마련되어 있기는 하지만, 여전히 이들은 한국의 교육시스템에 바로 진입하기가 쉽지 않다. 그 이유는 대부분 외국 국적자이고, 본적 국가와의 상이한 교육제도로 인한 학력 문제 등이 원인으로 꼽히고 있다. 이에 교육부에서는 UN아동권리협약 같은 국제협약 등에 근거해 국적에 상관없이 중도입국 학생과 외국인근로자 학생 등도 학교에서 받아주도록 했다. 그리고 이들을 위한 입학절차를 간소화하고, 학력 문제를 해소하기 위한 제도적 장치도 마련했으며, 이들을 돕기 위해 시·도 교육청별로 다문화교육 전담 코디네이터를 두기도 했다. 그러나 제도의 마련에도 불구하고 구체적인 실행지침과 방안이 미흡하며 학교장이 이들을 받아들이기를 거부하는 경우도 있다. 학교에 입학한다고 해도 언어와 문화의 차이를 극복하지 못하고 중도 탈락하는 경우가 많아 근본적인 해결책이 되지 못하고 있다.

우리 사회에 다문화가정 학생 수가 급증하고 다문화교육에 대한 관심이 증가하는 상황 속에서 위와 같이 제도권 교육이 한계를 갖게 되자, 전국적(서울, 경기, 인천, 부산, 광주, 충주 등)으로 이들을 위한 다양한 형태의 다문화 대안학교가 생겨나게 되었다. 다문화 대안교육은 2007년 광주새날학교를 시작으로 부산 아시아공동체학교, 서울의 지구촌학교 등 민간 영역에서 처음 시작했다. 그리고 공공 영역으로 확대되어 기술계 특성화 학교였던 서울의 성동공고와 충북 제천의 한국폴리텍대학교를 다문화 대안학교로 전환하여 '다솜학교'라는 이름으로 개교했다. 그리고 2013년에는 인천에 본격적인 공립 다문화 대안학교로서 한누리학교가 개교하여 운영 중에 있다.

다문화 대안학교들은 설립 취지, 형태, 운영방식에 따라 각각 특징을 지니고 있다. 기존의 공교육 체계하에서 해결하기 어려운 다문화가정 학생에 대한 교육문제를 해결하는 데 다문화 대안학교들이 그 역할을 하고 있는 것은 분명하다. 공교육의 한계를 극복하고 21세기 다인종·다문화사회의 민주시민으로서 글로벌 인재를 양성하기 위한 대안교육으로서의 다문화 대안학교는 한국사회에 반드시 필요하다. 이를 통해 다문화가정 학생과 일반학생이 서로 공존하며, 차별 없이 동등한 교육기회가 보장되어 모두가 우리 사회의 인재로 성장할 수 있도록 해야 할 것이다.

따라서 본 연구는 다문화 중심학교 교원들에게 교육과정에 관한 설문조사, 전국의 다문화 관련 대안학교 현지 방문조사 및 교사들과의 인터뷰, 다문화교육 전문가와의 심층인터뷰 등을 연구방법으로 하여 다문화 대안학교의 합리적인 교육과정과 효율적인 학교 운영을 제시하고자 한다.

2.
대안학교의 법적 근거

　대안학교에 대한 정의는 '대안(alternative)'에 대한 개념이 무엇인지를 파악하는 것에서 시작한다. 이병환·김영순(2008)은 대안학교를 기존 학교와 다른 '대안성'으로 파악했으며, 이는 학교의 교육이념에서 근대문명을 비판하는 토대 속에 지속 가능한 미래의 철학을 담고 있는가, 교육내용에서 전인교육·공동체교육·생태교육·체험교육 등 대안교육의 철학을 충분히 담고 있는가, 학교 경영 방식이 대안적이어서 대안교육의 이념을 제대로 구현하고 있는가에 따라 판단할 수 있다고 제시했다.

　대안학교도 학교라는 점에서 기존의 인가된 학교들이 충족하고 있는 학교로서의 조건을 만족시켜야 한다는 것은 당연한 일이다. 이것은 학교로 지칭되기 위해 그 설립과 운영에서 최소한의 법적 요건을 충족시켜야 한다는 것을 의미한다. 또한 대안학교도 어느 정도는 학교가 가지고 있는 공통적인 함의를 준수해야 한다는 조건에 대한 규정을 시사하고 있다고 볼 수 있다.

　다문화 대안학교란 먼저 다문화 대안학교가 추구하는 대안이 기존 학교교육에서 해결하고자 하는 문제점 혹은 한계가 무엇인지 밝혀야 할 것이다. 다문화 대안학교가 추구하는 교육철학이 무엇이며, 그것이 교육과정과 학교 경영 방식에서 어떻게 구현될 것인지 제시해야 할 것이다. 이를 근거로 다문화 대안학교를 정의하면, 다문화 대안학교란 다문화사회에서 발생하는 다문화가정 학생의 교육 문제를 해결하고, "인종 · 민족 · 종교 · 성 · 장애 등과 같은 문화적 배경과 상관없이 모든 학생이 동등한 교육기회를 보장받아야 한다"는 다문화교육의 이념을 실현하기 위한 다양한 형태의 대안적 교육을 실시하는 학교라고 할 수 있다.

다문화 대안학교의 법적 근거는 각종학교로서의 대안학교와 특성화 중 · 고등학교와 관계된 법률조항에서 찾아볼 수 있다. 먼저 각종학교로서의 대안학교와 관련된 법률조항으로는 「초 · 중등교육법」 제60조 3항, 「대안학교의 설립 · 운영에 관한 규정」 등이 있다. 「초 · 중등교육법」 제60조 3항에 의하면, 대안학교를 "학업을 중단하거나 개인적 특성에 맞는 교육을 받으려는 학생을 대상으로 현장실습 등 체험 위주의 교육, 인성 위주의 교육 또는 개인의 소질 · 적성 개발 위주의 교육 등 다양한 교육을 하는 학교로서 각종학교에 해당하는 학교"라고 정의하고 있다. 여기서 '각종학교'란 법적으로 정규학교(초 · 중등교육법 상의 학교를 지칭)보다 설립과 운영을 자유롭게 하여 다양한 교육적 요구를 수용할 수 있도록 한 학교와 유사한 교육기관을 말하며, 이에 따라 설립 · 운영 등과 관련하여 초 · 중등교육법과 동법 시행령이 아닌 별도의 규정을 두고 있다.

각종학교로서의 대안학교 또한 「대안학교의 설립 · 운영에 관한 규정」에서 설립과 운영에 관한 사항을 구체적으로 규정하고 있다. 이 법은 제정 당시 제2조에서 대안학교 설립과 운영 주체를 사립학교만으로 한정했으나, 2009년 11월 5일 규정을 개정하면서 이 조항을 삭제하여 국가 및 지방자치단체도 대안학교의 설립 · 운영 주체가 될 수 있게 되었다.

다음으로 초 · 중등교육법 시행령에 대안교육 특성화 학교로서 특성화 중 · 고등학교에 관한 규정을 두고 있다. 동법 시행령 제76조에 특성화 중학교를 "교육과정의 운영 등을 특성화하기 위한 중학교"라 했고, 제91조 1항에 따르면 특성화

고등학교를 "소질과 적성 및 능력이 유사한 학생을 대상으로 특정분야의 인재양성을 목적으로 하는 교육 또는 자연현장실습 등 체험위주의 교육을 전문적으로 실시하는 고등학교"라고 규정했다. 특성화 중·고등학교는 획일적인 공교육 제도의 부작용에 대한 반발로 등장했으며, 다양한 분야의 인재양성과 대안교육의 제도권화가 그 목적이다.

대안교육 특성화 학교와 각종학교로서의 대안학교에 대한 주요 법률의 내용은 다음 〈표 1-6〉과 같다.

〈표 1-6〉 대안학교 주요 법률 내용

특성화 중·고등학교	각종학교
○「초·중등교육법 시행령」제76조(특성화중학교) ① 교육감은 교육과정의 운영 등을 특성화하기 위한 중학교(이하"특성화중학교"라 한다)를 지정·고시할 수 있다. 이 경우 미리 교육부장관과 협의해야 한다. ○「초·중등교육법 시행령」제91조 1항(특성화 고등학교) ① 교육감은 소질과 적성 및 능력이 유사한 학생을 대상으로 특정분야의 인재양성을 목적으로 하는 교육 또는 자연현장실습 등 체험위주의 교육을 전문적으로 실시하는 고등학교(이하"특성화고등학교"라 한다)를 지정·고시할 수 있다.	○「초·중등교육법」제60조(각종학교) ①"각종학교"란 제2조제1호부터 제4호까지의 학교와 유사한 교육기관을 말한다. ② 각종학교는 그 학교의 이름에 제2조제1호부터 제4호까지의 학교와 유사한 이름을 사용할 수 없다. 다만, 관계 법령에 따라 학력이 인정되는 각종학교(제60조의2에 따른 외국인학교와 제60조의3에 따른 대안학교를 포함한다)는 그러하지 아니하다. ③ 각종학교의 수업연한, 입학자격, 학력인정, 그 밖에 운영에 필요한 사항은 교육부령으로 정한다. ○「초·중등교육법」제60조의3 ① 학업을 중단하거나 개인적 특성에 맞는 교육을 받으려는 학생을 대상으로 현장 실습 등 체험 위주의 교육, 인성 위주의 교육 또는 개인의 소질·적성 개발 위주의 교육 등 다양한 교육을 하는 학교로서 각종학교에 해당하는 학교(이하"대안학교"라 한다)에 대하여는 제21조제1항, 제23조제2항·제3항, 제24조부터 제26조까지, 제29조 및 제30조의4부터 제30조의7까지를 적용하지 아니한다. ② 대안학교는 초등학교·중학교·고등학교의 과정을 통합하여 운영할 수 있다. ③ 대안학교의 설립기준, 교육과정, 수업연한, 학력인정, 그 밖에 설립·운영에 필요한 사항은 대통령령으로 정한다.

〈표 1-6〉에서 살펴보았듯이 현행 법제하에서 다문화 대안학교를 유형화하

면 대안교육 특성화 학교, 각종학교로서의 대안학교, 비인가 대안학교로 구분할 수 있다. 대안교육 특성화 학교는 학력이 인정되는 대안학교로서 일반 중·고등학교와 동일한 법적 지위를 갖는다. 따라서 교육과정을 비롯한 학교 운영에 대해 공교육기관의 한 범주로서 통제를 받는다. 반면, 각종학교로서의 대안학교는 유사교육기관으로서 학력 인정을 받으려면 별도의 조건을 충족해야 한다. 그러나 비인가 대안학교는 법률에 의거하여 설립된 학교가 아니기 때문에 아무런 제약 없이 자유롭게 설립되고 운영할 수 있으나 정부로부터 지원을 받기가 어렵다.

대안학교로서 특성화 학교와 각종학교를 일반학교와 비교하면 다음 〈표 1-7〉과 같다.

일반학교가 평등한 교육기회 제공을 설립 배경으로 한다면, 대안학교는 교육의 다양성을 추구하고자 설립되는 학교 유형이다. 교육의 다양성을 추구하는 데 있어서 학교의 학생 선발권과 학생의 학교 선택권, 교육과정 자율성 확보가 중요한데, 대안교육 특성화 학교는 특성화교과 23~110단위를 운영할 수 있도록 하여 교육과정의 자율성을 확보하고 있으며, 각종학교는 국어와 사회를 포함하여 국가교육과정상 수업시간 수의 100분의 50 이상만 운영하면 학력을 인정해주도록 하고 있다. 또한 각종학교의 경우 「대안학교의 설립·운영에 관한 규정」에서

〈표 1-7〉 법적근거에 따른 대안학교의 유형별 비교

구분	특성화 학교	각종학교
설립배경	교육의 다양성 추구	교육의 다양성 추구
기본이념	다양성	다양성
교육과정 편제	특성화 교과 23~110단위	- 국어 및 사회(국사나 역사 포함)를 포함하여 교육부장관이 정한 교육과정상 수업시간 수의 100분의 50 이상 운영 - 무학년제 교육과정 운영 가능 - 교과용 도서로 자체 개발 교과서 사용 가능
학생선발권	○	○
학교선택권	○	○

출처: 교육인적자원부(2007). 대안교육백서 1997~2007, 「대안학교의 설립·운영에 관한 규정」

무학년제나 교과용 도서 사용에서의 자율성을 확보하고 있다.

이상으로 법적인 측면은 대안학교를 육성하고 지원할 수 있는 하나의 체제를 의미하며, 학교 설립의 이념과 목적의 순수성을 유지시켜줄 수 있는 준거의 역할을 수행한다는 측면에서 매우 중요하다. 그렇지만 대안학교 관련 법령이 시대의 흐름을 반영하여 좀 더 유연하게 개정·신설될 수 있도록 현장의 목소리에 귀 기울여야 할 것이다.

3.
다문화 대안학교의 연구 동향

한국에서의 대안학교는 일반 공·사립학교에서 여러 가지 문제점이 노출됨에 따라 1990년대 이후의 시대적 상황에서 비롯되었으며, 그 후에도 지금까지 지속적으로 국민적 관심의 대상으로 대두되고 있다. 대안학교의 등장은 오늘날 교육이 지향해야 할 바가 무엇이며, 학교의 모습은 어떠해야 하는지에 대한 실천적 모색을 제시했다. 뿐만 아니라 대안학교의 이념은 공급자 중심의 교육적 관행에서 벗어나 교육 수요자의 요구와 선택을 반영하고자 하는 노력으로 나타났으며, 새로운 실험적 시도들이 용이하도록 제도적인 보완책을 제공하기도 했다.

현재 대안학교에 관한 기존의 연구들을 살펴보면, 대체적으로 몇 가지 분야로 분류되는 것을 알 수 있다. 대안학교의 개념 정의와 철학적 이론의 이해, 대안학교의 필요성, 대안학교 관련 정책과 법제, 대안학교의 현황 및 실태 조사, 교과 과정 분석, 대안학교의 발전 방향 등 기본적인 연구로부터 특정 종교의 교육적 이념에 따른 대안학교, 학교 또는 학생과 종교와의 관계, 학생들의 일반학교 부적응과 대안학교 적응 문제, 학생들의 심리·상담 문제, 다문화 대안학교 등으로 발전하고 있었다. 특히 정현주(2005)의 연구는 청소년의 심리적 변인에 대해 대안학교 학생과 일반학교 학생을 비교한 연구라는 점에 의의를 둘 수 있다.

그 뒤를 이어 대안학교의 제도적 정착을 위한 법제화 문제, 대안학교의 운영 성과에 대한 연구가 나타나고 있으며, 대안학교의 발전을 위한 정책 제안과 대안 교육 운영 실태 분석을 통한 발전 방향 제시 등에 관한 연구들이 계속되고 있다. 기존의 공교육에서 나타나는 문제에 대한 대안교육으로서 새로운 형태의 학교로 자리를 잡아가고 있는 상황에서 대안학교의 문제를 파악하여 학교 운영과 교과 프로그램의 개선·발전을 모색하는 것을 목적으로 하는 연구가 증가하고 있다. 예를 들어, 대안학교 교사들에 대한 연구와 교과과정 중 과학이나 사회 등 특정 교과에 대한 학생들의 태도 분석 등의 연구, 음악이나 연극을 활용한 교육 프로그램, 대안학교 학생의 진로에 대한 연구 등을 들 수 있다. 또한 대안학교 학생들의 학업성취도, 다문화 대안학교, 비인가 대안학교의 법적 지위에 대한 논의도 시작되고 있었다.

새로운 연구 동향으로는 학생들의 자기효능감, 학교만족 등 학생 내면의 문제에 대해 경험을 기초로 분석한 질적 연구도 찾아볼 수 있었다.

대안학교 관련 연구들에서 특이한 사항으로는 외국인근로자 자녀 특별학급 연구학교, 미인가 다문화 대안학교, 북한이탈 청소년의 학교 적응, 다문화 위탁교육기관의 교육 프로그램 등 다문화 대안학교에 대한 연구가 점진적으로 증가하고 있는 것으로 볼 때 한국사회의 다문화현상을 미루어 짐작할 수 있다.

한국에서 1990년대 중반부터 시작된 다문화가정 자녀교육에 대한 학술적 연구는 20년이 넘어 다문화교육 관련 연구가 양적·질적 수준으로 급격한 발전을 이룬 반면, 다문화 대안학교에 대한 연구는 2009년부터 불과 6년 정도밖에 되지 않은 실정이다. 그럼에도 불구하고 학술지 검색 사이트인 RISS(학술연구정보서비스)에서 주제어 '다문화 대안학교'를 검색해보면 649편의 연구물이 제시된다. 여기에는 논문 148편, 단행본 169편, 학위논문 325편, 공개강의 1강좌, 연구보고서 6편이 포함된다. 단행본을 확인해본 결과, 대다수의 도서가 대안교육의 이해, 대안학교 안내, 대안교육 프로그램 소개, 교육과정 운영모형 개발 연구, 교육과정 평가 및 운영 실태 분석 등을 주된 내용으로 하고 있을 뿐 다문화 대안학교에 관해 직접적으로 연구한 것은 미디어자료인 아시아공동체학교 하나밖에 없었다. 학위논문 326편 중 석사논문이 266편, 박사논문이 59편이다. 이 중 석사논문을 제외하고 박사논문만 선정했지만, 2편만 다문화 대안학교에 대한 내용을 담고 있다. 그리고 연구보고서 6편 중 단 한 편만이 공립형 다문화 대안학교의 설립에 관한 내용과 교육과정 편성 및 운영 방안을 제시했다.

학술논문 148편을 분석한 결과, 그중 다문화 대안학교와 관련된 연구들은 16편으로 나타났다. 이상 19편을 대상으로 현재까지 한국에서 연구된 다문화 대안학교의 동향과 흐름을 분석할 것이다.

다문화 대안학교에 대한 연구 흐름은 크게 세 가지 범주로 구분할 수 있다.

첫째는 북한이탈 청소년의 대안학교에 관한 연구다. 북한이탈 청소년은 한국사회에 존재하는 하나의 교육취약집단이라고 할 수 있다. 가정의 경제적 빈곤, 탈북 과정 전후에 경험한 학습결손으로 인한 기초학력부진, 낯선 상황에서 직면하는 심리적·정서적 어려움, 사회문화적 충격 등 여러 가지 문제로 인해 한국사회에서 학교생활을 하는 데 있어 많은 어려움을 안고 있기 때문이다. 북한이탈 청소년의 학업중단율을 살펴보면, 2008년 10.8%, 2009년 6.1%, 2010년 4.9%, 2011년 4.7%, 2012년 3.3%로 집계되었다. 어느 해이든 학업중단율은 늘 고등학교-중학교-초등학교 순으로 높게 나타났다. 이것으로 보아 어릴 때 입국할수록 한국사회에 정착하기가 쉬워진다는 점도 추측할 수 있다. 하지만 긍정적인 것은 해마다 꾸준히 학업중단율이 낮아지고 있다는 것이다. 이는 이들이 한국사회에 성공적으로 정착하고 있다는 것을 보여주고 있다는 것을 증명해주고 있다.

권효숙(2006)은 문화기술지적 사례연구를 통해 2000년도 중반에 북한이탈 청소년의 대안학교 적응교육에 대해 연구했다. 이 연구는 북한이탈 청소년들에 대한 적응교육이 주로 이루어지는 대안학교의 교육현실을 이해하는 데 그 목적을 두고 있다. 이 연구대상의 학교가 추구하는 적응교육은 ① 학생 개개인을 적응의 주체로 인정한다는 점, ② 집단적 요구와 개인적 요구의 조화를 도모하지만 전자에 의해 후자가 소홀히 다루어져서는 안 된다는 점, ③ 학교의 교육과정 운영이 역동적이고 유연하다는 점, ④ 일상적 삶과 교육목표 간의 괴리가 상대적으로 적다는 점이다. 박길태(2012)는 북한이탈 청소년 대안학교의 운영특성 및 발전방안을 연구했다. 이 연구에서는 내용분석과 심층면접 등을 통해 북한이탈 청소년 대안학교의 운영조직, 교육활동, 생활세계가 어떻게 이루어지고 있는지를 살펴보았다. 또한 운영실태 분석을 통해 나타난 북한이탈 청소년들의 욕구와 문제를 해결하기 위해 통합서비스가 가능한 새로운 대안학교 모형을 발전방안으로 제안했다.

둘째는 중도입국 학생들의 다문화교육 및 한국어교육에 관한 연구다. 이들에 대한 연구는 사회적으로 이슈화되면서 대부분 2010년 이후부터 이루어지고 있다. 중도입국 청소년들은 한국에서 출생한 다문화가정 자녀와는 달리 새롭게 구성된 가족문화와 이미 본국에서 형성된 가치관과 달라 이중문화를 접하면서 사회적 편견, 정체성 혼돈, 가치관 혼란 등으로 많은 갈등을 겪고 있는 학생들이다. 또한 이들은 한국 문화와 한국사회에 대한 전반적인 이해가 부족하며, 특히 언어 문제로 인해 학업 수행이 어려울 뿐만 아니라 낮은 자아존중감, 또래와의 관계성 결여, 심지어 학업 포기로 이어지기도 한다. 그래서 이들 중 많은 청소년들은 정규학교에 편입되지 못하고, 비정규 교육기관이나 대안학교에 다니는 경우가 많다. 김명정(2011)은 한국사회에서 다문화교육이 결혼이주가정 자녀들에 초점을 맞추고 있는 반면, 중도입국 자녀들에 대한 관심이 상대적으로 소홀하다고 비판했다. 그는 현재 한국사회에서 이들이 교육을 받을 수 있는 기관이 부족할 뿐만 아니라 학교를 다닌다고 하더라도 정상적으로 수업을 이수하기가 어렵다고 보고, 중도입국 자녀들의 특별한 교육적 수요를 충족시키기 위한 방법으로 다문화 대안학교의 운영을 제안했다. 오영훈 외(2012)는 중도입국 청소년에 대한 전반적인 문제점을 해결하고자 교육과학기술부에서 많은 대안을 내놓고 학교 밖의 중도입국 청소년들을 학교 제도권으로 편입하려는 움직임을 보이고 있지만, 구체적이고 실질적인 대안을 강구하지 않은 채 중도입국 청소년을 정규과정으로 유도하기가 쉽지 않다고 주장했다. 먼저 이들이 안정적으로 적응하기 위해서는 먼저 이들을 위한 한국어교재의 특성화가 선행되어야 한다고 주장하고, 중도입국 청소년의 요구와 특성에 부합하는 교재 개발의 방향을 모색했다. 강대중(2013)은 중도입국 학생들의 학교생활 모습을 분석하고자 중도입국 학생들이 생활하고 있는 다문화 대안학교인 새날학교 학생들의 생활 모습을 조사했다. 또한 학생들의 정의적 특성과 학업성취도와의 관계를 알아보기 위해 2012학년도 1학기 기말고사의 한국어 점수와 수학 점수를 결과변수로 사용했다.

김정민(2014)은 박사학위 논문에서 중도입국 다문화가정 청소년이 경험한 다문화 대안학교의 교육과정과 학교생활 내용을 탐색함으로써 그들의 대안학교 진학 동기와 진학 후 학습경험의 의미 및 졸업 후 미래에 대한 삶의 구상을 조사했다. 이를 위해 질적 연구방법인 내러티브 인터뷰를 수행했다. 그의 연구 결과에서 특이할 만한 사항은 다문화 대안학교가 중도입국 청소년들에게 개인의 심리적 안정감과 정상적인 관점으로 한국사회를 바라볼 수 있는 올바른 가치관을 확립할 수 있도록 학습자 중심 교육과정을 편성·운영하고 있다는 점이다. 결과적으로 다문화 대안학교가 중도입국 청소년들에게 지속적인 교육과 배움 및 인간관계 형성 기회제공 등에 큰 의미를 두고 있었으며, 청소년들의 한국어에 대한 부담과 이에 따른 스트레스는 오히려 학과수업을 따라가겠다는 적극적인 학업성취 욕구로의 전환 요인이 되었다고 이 연구는 결론짓고 있다.

셋째는 다문화 대안학교의 교육지원 프로그램과 교과과정에 관한 연구다.

먼저 김효선 외(2010: 2014)는 다문화 대안학교에서 학습자의 배움을 저해하는 요인이 무엇인지 살펴봄으로써 다문화 대안학교에서의 배움환경 개선 방안을 제안하고, 교사들의 효과적인 수업 진행에 일조하는 연구를 진행했다. 이들은 다문화 대안학교에서 학습자의 배움을 저해하는 학습자의 행동 특성 요인 중 놀림, 따돌림, 시기심을 중점적으로 분석했다. 또한 이들은 다문화 대안학교에 재학 중인 다문화가정 청소년의 문제행동과 그 원인에 대해 살펴보았다. 이 연구는 다문화 청소년들의 문제행동 원인을 알고, 다문화 청소년을 위한 심리 프로그램 개발과 다문화 청소년을 교육하는 교사들에게 도움을 주고자 진행되었다. 강일국(2010)은 다문화 대안학교인 '새날학교'가 실시하고 있는 다문화교육의 특징을 분석함으로써 기존의 학교교육이 다문화교육을 개선하기 위해 받아들일 수 있는 방안이 무엇인지 탐색했다. 그는 새날학교가 갖는 다문화교육의 장점을 공교육에 도입하는 방안을 모색하는 방안을 제안했다. 방기혁 외(2011)는 다문화 대안교육 프로그램을 분석하여 문제점을 규명하고, 발전 방향을 제시했다. 이들은 문헌 연구를 통해 대안학교의 개념, 유형 및 현황, 다문화교육과 대안학교의 관계, 학교교육 프로그램 개발 모형 등을 고찰했으며, 내용 분석으로 외국인근로자 자녀 특별학급 연구학교, 미인가 다문화 대안학교, 다문화 위탁교육기관의 교육 프로그램을 비교·분석했다. 이들은 발전적인 다문화 대안교육 프로그램을 개발하기 위해 국어와 사회과의 경우 교육과정상 교과별 수업시간 수의 100분의 50 이상을 운영하고, 수업 일수는 180일 이상을 제안했다. 그리고 창의적 체험활동의 시수와 영역 확대, 이중언어교육 실시, 교육과정의 탄력적 운영, 다양한 교수-학습 방법의 적용, 현장체험학습 강화, 인성교육과 감성교육의 실시, 지역사회 연계 협력 프로그램의 도입 및 운영, 진로 및 직업교육의 운영 등을 강화해야 한다고 주장했다. 방기혁(2011)은 2009 개정 교육과정을 토대로 초등학교 수준에 맞도록 다문화 대안학교 교육과정을 개발하기 위한 대안을 제시했다. 그는 초등 다문화 대안학교 교육과정은 학습자의 문제를 해결할 수 있는 방향으로 운영 방안이 모색되어야 할 것이고, 대안학교가 위치한 지역사회의 특성, 다문화가정 자녀의 현황 및 특성 등을 고려하여 재구성할 필요가 있으며, 통합교육을 위한 인적 및 물적 자원의 적극적인 지원에 의해 운영되어야 할 것이라고 주장했다. 또한 방기혁(2012; 2013)은 다문화가정 학생을 위한 중·고등학교 수준의 공립형 대안학교 교육과정 개발 및 편성을 연구함으로써 교육과정 개발을 위한 요구를 분석하고, 이를 토대로 교육과정을 개발 및 편성했다. 정문성(2011)은 공립형 다문화 대안학교의 설립 추진을 둘러싼 쟁점들을 확인하고, 공립형 다문화 대안학교의 한계와 가능성을 탐색했다. 그는 인천광역시에서 최초의 공립형 다문화 대안학교가 설립될 경우 다른 지방자치단체에도 큰 영향을 줄 것이며, 다문화교육 정책에 대한 국가기관의 적극적인 노력이 확대될 것으로 간주했다.

김효선 외(2012)는 안산에 위치한 다문화 대안학교인 '행복다문화학교'에서 교사봉사자로서의 경험을 자문화기술지의 연구논리와 기법을 활용해 서술했다. 이 연구는 교사봉사자로서 연구자의 솔직한 이야기를 통해 다문화교육기관 및 대안학교에서의 교사봉사자에 대한 이해를 넓히고, 미래 교사봉사자 및 예비교사들에게 도움을 주고자 했다. 김창아 외(2013; 2014)는 공립 다문화 대안학교인 인천한누리학교의 방과 후 KSL 프로그램에 대한 수업을 교육연극 기법을 활용하여 실행 과정을 연구했다. 이 연구는 교육연극을 활용한 KSL 프로그램의 실행 과정을 살펴보고, 실행 과정에 영향을 주는 요인을 분석하여 이후 이루어질 교육활동에 반영하는 것을 시도했다. 또한 이들은 인천한누리학교에서 시행한 교육연극 활동을 협동학습의 측면에서 고찰하고, 그 특징과 의미를 파악한 질적 연구를 진행했다. 특히, 인천한누리학교에서는 의사소통을 위한 사회적 기술이 중요한 역할을 하고 있다고 결론지었다.

김창아 외(2014 b)는 다문화가정 자녀의 다양한 요구 중에서 대학진학에 초점을 맞추어 사례화한 대안학교 유형별 교육과정 비교·분석을 통해 진학목적 교육과정의 특징을 제시했다. 이들은 현재 다양한 형태의 다문화 대안학교가 설립되었음에도 불구하고 대학진학을 위한 교육과정이 편성·운영되고 있지 않은 실정을 비판했다. 이 연구에서는 학습자의 다문화적 특성을 고려하여 다문화가정 학생들의 요구가 반영된 새로운 교육과정을 대안으로 제시했다.

이상으로 다문화 대안학교에 관한 기존 연구를 통해 규명된 분석을 토대로 다문화 대안학교의 연구방향을 몇 가지 제안하고자 한다.

첫째, 다문화 대안학교에 대한 연구가 초기 단계에 있음에도 불구하고 앞으로 다문화 대안학교의 연구 영역이나 연구방법은 확대되고 구체화될 필요성이 있다. 예를 들어, 연구 영역에 있어 현재 다양해지고 있는 다문화가정 구성원의 출신국가별 문화에 대한 연구로 확대되고 구체화되어야 할 것이다.

둘째, 상대적으로 인구통계·학업성취도·민족정체성 발달 등의 연구가 미흡했다. 앞으로 다문화가정 학생 중에서도 다양한 민족적 특성을 이해하고 존중할 수 있는 민족연구가 요구된다. 예를 들어, 다문화가정 학생들은 부모의 출신에 따라 국적과 민족이 각각 다르다. 출신국가별로 이들의 민족정체성이 어떻게 형성되고 발달되어가는지에 대한 연구가 필요하다.

셋째, 현재 다문화 대안학교에서 편성·운영되고 있는 문화적응 중심의 교육과정을 한국어교육 이외에 상급학교로 진학하는 데 필요한 교과목 중심으로, 즉 학습자 중심으로 운영될 수 있도록 양적 연구뿐만 아니라, 질적 연구가 뒷받침되어야 할 것이다. 현재 다문화 대안학교에서 제시된 고등학교 교육과정은 진로와 관련해서는 학습자의 다양한 요구가 반영되지 못한 채 주로 직업목적을 중심으로 운영되고 있는 실정이다. 오성배(2010)의 연구에서 제시했듯이 다문화가정 부모들은 자녀들에게 4년제 대졸 57.7%(348명), 석사 7.3%(44명), 박사 17.4%(105명)로 기대하고 있다.

4.
외국 대안학교의 현황 및 특성

　　다문화사회로의 안정적인 이행은 비교적 최근에 다문화가 진행되고 있는 우리나라뿐만 아니라 이미 다문화의 역사가 오랜 서구사회에서도 마찬가지다. 최근 들어 서구사회에서도 서로 다른 문화의 불편한 공존 문제들이 제기되고 있지만, 미국·캐나다·호주 등 신대륙 국가들은 교육기회 균등, 다양한 문화적 선택의 기회 존중, 이중언어교육 기회 제공 등 교육정책에 상대적으로 다문화주의를 강조하고 있다. 반면에 영국·프랑스·독일 등 구대륙의 서유럽 국가들은 동화주의로 회귀했다가 다시 상호문화주의로 전환하려는 경향을 보이고 있다.

　　이러한 서구사회에서도 초기에 다문화사회로 접어드는 주류사회는 대체로 지배적인 가치체계와 질서 속에 이주민을 흡수·통합하려는 경향을 보여왔다. 하지만 이주민의 규모가 확대되고 소수자들의 집단이 어느 수준에 이르게 되면 문화 간의 마찰이 불가피하게 되어 이와 같은 단계로 접어든 사회는 공존의 길을 모색하게 된다.

　　최근 우리 사회에서도 동화주의에서 다문화주의로 전환하려는 현상을 보이고 있으며, 그 대표적인 예로 다문화가정 학생들을 위한 다문화교육 정책과 대안학교의 설립을 들 수 있다. 다문화 대안학교가 우리 사회에 등장하게 된 것은 2000년 중반 이후로 그 기간이 매우 짧은 편이다.

따라서 이 장에서는 한국보다 먼저 다문화사회를 경험한 국가의 대안학교 및 다문화교육 방향과 학교 내에서의 교육과정 사례를 통해 한국 다문화 대안학교의 교육에 대한 시사점을 얻고자 한다.

1) 미국

사실상 미국의 많은 주에서는 주의 규칙과 규정의 통제를 받지 않아도 되는 공립학교 설립을 허용하는 학교법을 통과시키고 대안교육 프로그램 제공을 의무화하고 있다.

미국의 대안학교는 마그넷스쿨(magnet schools), 차터스쿨(charter schools, 협약학교), 영재교육 프로그램학교 등 다양한 형태로 이루어지고 있으며, 구체적인 운영방식은 주마다, 학교구마다 다르다. 한국에서 대부분의 대안학교들이 개인이나 단체가 운영하는 사립학교인 것과는 달리 미국의 마그넷스쿨과 차터스쿨은 공교육 시스템의 일환이다. 그러나 다른 공립학교가 학군에 따라 배정되는 것과는 달리 이들 학교는 학군에 관계없이 학생들의 지원을 받는 형태로 학생과 학부모에게 학교 선택권이 있다는 특징이 있다.

(1) 마그넷스쿨(magnet schools)

① 설립 배경

미국의 마그넷스쿨 프로그램은 1970년대 전통주의 교육방식을 개혁하고자 하는 움직임에서 출발한 일종의 대안학교다. 다민족국가인 미국은 인종 문제와 빈부격차로 인한 문제가 많이 나타나고 있다. 1970년대 들어서도 시정되지 않는 인종 문제, 흑백 간의 심각한 사회 불균형을 해결하기 위한 방안의 하나로 도입한 제도다. 당시 미국은 경제 여건이 나은 백인과 그렇지 못한 흑인이 다니는 학교가 따로 있을 정도로 사회적 인종차별 문제가 심각했다. 1960년대 흑인 민권운동이 활발해지면서 공공기관에서 공식적으로는 인종차별이 불법이 됐지만, 교육현장에서는 공공연한 인종차별이 계속되고 있었다. 부유층은 수준 높은 공립학교나 값비싼 사립학교를 선택할 수 있지만 빈곤층은 공교육 외에는 학교 선택권이 없다. 이러한 상황에서 흑·백인종 간 거주지 분리에 따른 격차 해소 방안으로 도입된 마그넷스쿨은 미국 대부분의 지역에서 정착할 수 있었다(김일형, 2004).

마그넷스쿨은 공교육 시스템의 일환이지만, 공립학교와는 달리 학군에 관계없이 학생들의 지원을 받는 형태로 학부모에게 부분적인 학교 선택권이 있다. 학교의 설립은 교육청에서 지정하기도 하고, 학교에서 전환을 신청하기도 한다.

② 특성

마그넷스쿨은 말 그대로 자석(magnet)처럼 학생들을 끌어들인다는 의미다. 학교의 운영을 수요자(학생) 중심으로 하여 컴퓨터, 커뮤니케이션, 수학, 예술, 과학 등의 특정 분야에 재능 있는 학생들을 특성화된 교육과정으로 끌어당기는 학교다.

마그넷스쿨의 학생 선발 방법은 추첨(lottery) 방식과 선발(selective) 방식이 있다. 추첨 방식의 경우는 원서를 제출한 학생 중에서 다른 요소를 전혀 고려하지 않고 제비뽑기 식으로 추첨하여 뽑는다. 선발 방식의 경우는 시험결과와 학교성적, 출석기록을 합한 지원 수에 의해 학생을 뽑는다. 이때 사용되는 시험은 ITBS, Terra Nova, CAT 같은 전국적이며 전형적으로 규격화된 시험에서 독해와 수학과목을 보며, 9등급 중 5등급 이상(상위 60%)인 학생들이 입학할 수 있다. 교장들은 이러한 지원 점수와 함께 학교의 문화적, 인종의 다양성에 기여하는 학생을 선발한다.

마그넷스쿨은 고등학교 졸업에 필요한 일반적인 과정을 기초로 진로, 직업,

예술, 환경 등에 초점을 맞춘 프로그램을 운영하고 있다. 또한 진로와 관련된 프로그램이 많아서 진로를 미리 생각하고 결정한 학생들이 선호한다. 즉 학생인구의 통합, 고교 필수 과정, 진로개발이라는 세 가지 기능을 모두 수행하고 있는 셈이다. 마그넷스쿨은 다양한 교육철학을 지니고 있기는 하지만 학생의 적성과 재능에 맞는 교육을 한다는 공통의 목표가 있으며, 각 학교에 따라 초점을 두는 프로그램이 정해져 있다(김일형, 2004). 학생들은 자신이 다니는 학교에서 일반 교과목을 듣고, 꼭 듣고 싶은 과목이 있으면 다른 마그넷스쿨에서 수강할 수 있다. 만약 어떤 학교의 마그넷 프로그램이 마음에 들지 않으면 학습자는 다른 학교의 마그넷 프로그램으로 옮겨갈 수도 있다.

마그넷스쿨은 기업과 지역사회집단들이 새로운 방식으로 공립교육에 참여할 것을 촉진시키고 있다. 학교-기업 파트너십, 기업-교육 원탁회의 프로그램 등을 통해 기업사회의 인적 · 물적 자원을 학교구와 개별학교에 투입하도록 한다. 예를 들어, 휴스턴에서는 마그넷스쿨이 베일러 의료센터(Baylor Medical Center)와 세계무역센터(World Trade Center) 내에 위치하고 있으며, 로스앤젤레스에서는 방송국 내에 위치해 있기도 하여 이 기관들의 자원을 활용하고 있다. 통상부가 경영 지향 마그넷스쿨을 지원하는 경우도 있다. 이와 같은 사회기관과의 파트너십은 학교와 지역을 발전시키는 데 도움이 된다.

학교-기업 파트너십으로 인해 특수 진로와 직업에 초점을 맞춘 마그넷스쿨이 발전하게 되었다. 이와 같은 새로운 마그넷스쿨의 성공으로 '마그넷'이라는 용어가 '인종통합학교'라는 의미에서 '특정 진로와 직업을 강조하는 학교'를 의미하는 것으로 변화했다.

최근에는 마그넷스쿨에서 석유화학공학, 보건 관련 직업, 예술 실기, 사법, 라디오와 텔레비전 방송, 패션과 디자인, 환경학, 국제학, 법과 공공서비스, 의료직, 교사직 등 다양한 분야의 진로 관련 프로그램을 운영하고 있다. 거의 모든 대도시 학교구에서 교육 프로그램을 다양화하고 학부모, 교사, 학생들에게 보다 광

범위한 선택의 여지를 제공하기 위해 마그넷스쿨을 활용하고 있다.

③ 효과

마그넷스쿨은 우선 인종통합에 효과적인 제도인 것으로 보고되고 있다(ABT Associates, 1978). 마그넷스쿨은 인종통합에 가장 효과적일 뿐 아니라 창의적이고 효율적인 학교로 평가되고 있다. 도심의 열악한 교육환경에 놓인 학생들에게 더 나은 교육기회를 제공한다는 긍정적 평가도 있지만 크게 달라진 것은 없다는 평가도 있다. 그러나 틀에 박힌 공교육을 변화시키는 자극제가 된 것만은 틀림없다. 이 학교의 관계자는"보통 수준의 학생들을 받아서 우수한 성적으로 졸업시킬 수 있는 학교가 최고"라며"빈부 간의 교육격차, 인종 문제 등을 치유할 수 있는 효과가 있다"고 했다.

또한 마그넷스쿨과 관련된 연구 결과에 의하면, 일반 공립학교에 비해 대부분의 마그넷스쿨은 출석률도 높고 특별활동에 참여하는 학생 수도 증가하고 있으며, 마그넷스쿨이 학교 폭력과 학생들의 파괴적인 행동을 현저하게 감소시키고 있다고 한다. 또한 학생들의 자아개념도 개선되고 있으며, 학교에 대한 태도도 더욱 긍정적이 되어가는 것으로 나타난다.

최근의 연구들은 보다 긍정적인 효과를 보고하고 있다. 마그넷스쿨이 성숙해가고 진로와 직업에 초점을 맞춘 고도로 독자적인 프로그램을 개발해감에 따라 학생들의 학업성취는 지속적으로 향상되고 있다. 마그넷스쿨 학생들의 학업성취도는 공립종합고등학교나 교구학교 학생들의 학업성취도에 비해 높은 것으로 나타났다(Gamoran, 1996). 대부분의 학부모와 교사들이 마그넷학교에 높은 만족도를 나타냈다(Estes et al., 1990).

그러나 이와 같은 긍정적 연구 결과에도 불구하고 몇 가지 문제가 제기되고 있다. 그중 하나가 입학시험에 관한 문제다. 다른 전통적 공립학교나 대안공립학교 중 입학시험을 실시하는 경우가 거의 없고, 협약학교(charter schools)는 어떠

〈표 1-8〉 마그넷스쿨의 프로그램

school / Elementary	Maget program/Thema	Grade
Barnard	Asian Pacific Languages with Mandarin immersion	K-6
Benchley Weinberger	Achievement through Communication	K-5
Birney	Academy of International Studies(IB)	K-5
Crown Point	Junior Music Conservatory with Suzuki Violin	K-5
Freese	Arts and Culture	K-5
Franklin	Science, Technology, Engineering, Arts and Math(STEAM)	K-5
Green	Academics & Athletics	K-5
Jefferson	IB, Science, Technology, Engineering, Arts and Math(IB, STEAM)	K-5
Johnson	Science, Technology, Engineering & Math(STEM)	K-5
Florence Griffith-Joyner	Micro-Society	K-5
Linderbergh Schweitzer	Service Learning	K-6
Oak Park	Music Conservatory with Enriched Studies	K-5
Spreckels	Academy of Bilingual Studies	K-5
Valencia Park	Science, Technology, Engineering, Arts and Math(STEAM)	K-5
Washington	Science, Technology, Engineering, Arts and Math(STEAM)	K-6
Webster	Academy of Science and Research	K-5
Zamorano	Fine Arts	-

한 시험이나 선발 절차도 실시할 수 없다. 선별적 입학 허가는 기회 균등을 제한한다. 특성화된 교육과정으로 특정 학생들을 유치하도록 설계된 마그넷스쿨들은 자신들이 추구하는 이념에 적합한 학생들을 선발하기 위해 입학시험을 실시하고 있다.

(2) 차터스쿨

① 생성 배경

차터스쿨(Charter Schools, 협약학교)은 "공적 자금을 받아 교사 · 부모 · 지역단체들이 설립한 학교"를 뜻한다. 미국 공립학교의 주요 개혁 방안 중의 하나로 시작되었으며, 학교와 학생의 학교선택에 의한 학생의 학습 촉진, 학습 기회 확대, 자치권 확립과 교사에 대한 새로운 전문직의 기회 제공 등을 목적으로 하는 새로운 형태의 학교다.

1980년 이후 공교육의 수준 저하에 대해 공교육에 대한 관료주의적 통제를 판단하고, 미국 공교육 개혁 과정에서 주정부와 교육구의 교육에 대한 권한을 단위학교로 이양하면서 학교의 자율성과 책무성 실현을 위해 만들어졌다(이화성, 2004). 책무성에 의해 기준에 미달하는 학교를 신속하게 개선할 수 있도록 학교의 평가기준을 명시하여 교장과 교사들에게 재량권을 부여하는 대신 실패에 대한 책임을 묻고 성과가 좋은 학교에 대해서는 이에 준하는 보상을 했다.

매사추세츠 애머스트 주립대학 교육학과 레이 버드 교수는 1974년 쓴 「차터에 의한 교육(Education by Charter)」이라는 논문에서 공교육 변화를 위해서는 학교 조직이 바뀌어야 한다고 주장했다. 버드 교수의 연구에 의하면, 4단계로 구성된 학군 제도를 2단계로 줄이고 교육위원회로부터 차터를 받아 교사들이 직접 학교를 운영할 수 있다는 것이다.

그 뒤 10여 년 후 「위기의 미국(the Nation at Risk)」이라는 보고서로 인해 교육 개혁의 필요성이 대두되었다. 미국 교사노조협회 앨 생커 회장은 교사들이 학교를 독립적으로 설립하는 발상을 지지하며 버드 교수의 이론을 약간 변형하면 기존 학교 운영을 하는 데서 더 나아가 새로운 학교도 만들 수 있다고 주장했다. 이 같은 앨 생커 회장의 적극적인 추진으로 이후 여러 주에서 차터스쿨 법안을 통과시키게 된다. 1991년에 미네소타 주에서 처음 도입되어 1997~98학년도(펜실베이니아 차터스쿨 원년)에는 6개교가 문을 열었고, 36개 주와 수도 워싱턴 시에 있는 차터스쿨은 2천여 개교, 51만여 명에 이르고 있다. 전국적으로 3,000개의 차터스쿨을 만들고 예산지원도 확대하겠다는 방침이다.

② 설립 및 운영

차터스쿨은 학교공동체와 교육행정 당국 사이에 법적 합의문서를 만들어 계약을 체결하고, 학부모 · 교사 · 지역단체 등이 공동으로 위원회를 구성해 자치적으로 공립학교를 운영하는 체제다(정제영 · 신인수, 2009). 차터스쿨은 새로운 학교를 설립하는 경우가 많지만 기존의 사립학교나 공립학교가 교사와 학교 교육위원회 과반수 이상의 찬성을 얻어 차터스쿨로 바꾸기도 한다. 교육위원회와 계약기간은 3~5년간이며, 계약기간 동안 일반 공립학교와 비교하여 학업수행능력(academic performance)이 뒤처지면 인가가 취소되어 폐교되는 경우도 있다. 따라서 학교의 폐쇄 문제로 법적 소송까지 가는 경우도 있다. 교육과정, 재정운영 등에 자율권을 주는 반면, 실적에 대해서는 엄정한 책임을 묻는 것이다. 정리하면 차터스쿨은 각 교육의 주체가 모여 자유스러운 학교 운영을 통해 학생들의 학습 기회와 능력을 키우고자 하는 것이다. 차터스쿨 중 하나인 게이트웨이고교의 교장은 "한 가지 잣대로 모든 것을 만족시킬 수는 없다(One size doesn't fit all)"며 "학생들이 학교에 만족하지 못하면 떠날 것이기 때문에 교사들이 최선을 다하고 있다"고 한다.

차터스쿨의 설립은 교육에 뜻이 있는 일반 시민이면 누구나 신청할 수 있으며, 희망자는 먼저 학교 운영위원회를 조직한 뒤 주정부 소속의 초 · 중 · 고등부 교육위원회에 차터스쿨 설립을 신청하면 된다. 신청 시 학교 운영위원회는 '일반 차터'로 할 것인지 '호레이스 맨 차터(Horace Mann Charter)'로 할 것인지 결정해야 한다. 차터스쿨 계획서가 제출되면 45일 이내에 공개 청문회를 실시하고, 교육위원회는 설립 희망자의 기획, 지원요구, 교육 프로그램 제공 능력 여부를 판단하여 결정하도록 하고 있다.

차터스쿨은 '일반 차터'와 '호레이스 맨 차터'로 구분된다. 이 두 차터스쿨은 교과과정, 운영규칙 등 모든 면에서 학군과 독립적이라는 점에서는 같지만, 호레이스 맨 차터는 교사 전원이 교사노조 조합원이어야 한다. 그러므로 호레이스 맨 차터는 급여나 근로 환경 등에서 '노동조합 조합원 규칙'을 따라야 하며, 주정부 외에 학군과 교사 노조의 동의도 받아야 한다. 학교 운영위원회 임원들이 공립학교 교사로 구성되었을 경우 호레이스 맨 차터로 신청하는 경향이 있다.

매사추세츠 규정에 의하면, 한 시점에 허가를 내줄 수 있는 120여 개의 차터스쿨 중 48개 학교가 호레이스 맨 차터 형식이다. 차터스쿨의 최초 허가 기간은 5년이며, 매사추세츠 종합평가 시험(MC AS) 성과에 따라 허가의 갱신 여부가 결정된다.

차터스쿨은 주정부의 기본적인 지원금 외에 연방·주정부 지원금을 신청할 수 있고 기부금도 받을 수 있다.

③ 특성

차터스쿨은 특정 과목을 중점적으로 교육하는 마그넷스쿨과 달리 전인교육과 창의성 위주의 교육방식을 추구하고 있으며, 행정상으로는 공립학교와 유사하다. 일반 공립학교에서 요구하는 수준으로 학생들의 학업성취수준의 개선에 대한 책무성(the performance-based for accountability)을 실현한다는 전제 조건하에 교육과정, 재정과 인사 등의 전반적인 학교 운영에 관해 자율성(autonomy for accountability)을 보장받은 학교다.

차터스쿨은 지역별 학교 교육위원회와 학부모, 교사 또는 지역사회 인사가 인가(Charter)를 받아 공동으로 참여하고 운영하는 학교이며 현장의 학습 프로그램에 대해 교사가 책임지는 방식을 도입하고 있다. 따라서 차터스쿨은 학교의 교육과정, 재정, 인사 등의 학교 운영 전반에 관한 교육행정기관의 각종 규제를 없애고 자율성을 보장받는 대신, 학교가 교육목표를 설정하고 운영성과에 대한 책임은 학교가 지도록 되어 있다. 종교나 지역에 따른 입학 차별이 없으며, 학교를 선택할 권리는 학부모와 학생에게 있다.

차터스쿨은 운영에 자율성을 보장하지만, 몇 가지 제한점도 있다. 차터스쿨은 학군을 통제하지는 않지만, 주 교육위원회 규정과 연방정부의 아동낙오방지법(NCLB)을 지켜야 하며 학생 선발 시 입학시험을 치를 수 없다. 그리고 차터스쿨은 반드시 비종교계 학교여야 한다는 제약도 있다. 종교와 관련된 어떠한 내용의 수업도 할 수 없으며, 종교적 상징물의 교내 게시도 제한된다.

교원에 대해 일반 공립학교는 대부분 100% 교사자격증 소지자로 제한하는데 반해 차터스쿨은 75%로 정해져 있다. 이는 차터스쿨의 특성상 교사자격증 소지자가 아니더라도 학교가 필요로 하는 사람을 채용할 수 있게 하기 위한 것이다. 그러나 교육의 질을 떨어뜨릴 수 있다는 비판의 원인이 되기도 한다.

차터스쿨은 유치원 전 단계에서 고등학교 3학년까지 모두를 대상으로 하며, 차터스쿨이 위치한 주에 거주하는 학생은 누구나 입학할 수 있다. 학군을 제한하지는 않지만, 해당 교육구의 학생들이 우선권을 가지며 입학 경쟁률이 높아지면 추첨에 의해 결정하거나 학교가 정한 특정 선발 기준에 의해 학생을 받아들이기도 한다. 학교위원회나 설립자 또는 저소득층, 다인종(multi-racial) 학생들에게 우선권을 부여한다. 그 외에는 학생 선발의 완전 자유화로 무조건 접수 순서대로 받아서 일반 공립학교에서 적응을 하지 못한 아이들이나 부진아 등이 상당수 입학하기도 한다. 그러나 피츠버그 인근의 펜 힐스 차터스쿨(Penn Hills Charter School)과 같이 지원자에게 높은 학점, 학생의 의무 준수, 지역사회 활동 참여, 다문화 학습 그리고 컴퓨터 활용 등을 요구하는 경우도 있다.

차터스쿨은 설립 이념부터 학교마다 같지 않으며, 그 운영 방식 또한 매우 다양하다. 피츠버그 인근 윌킨스버그에 소재한 '21세기 학습 실험실(The 21st Century Learning Laboratory)' 차터스쿨은 엘리트 사립학교처럼 대학 준비에 초점을 맞춰 운영하며, 또 다른 차터스쿨인 '서굿 마셜(Thurgood Marshall)'은 학생들에게 모두 교복을 입도록 하고 다른 공립학교가 연간 180일 동안 수업하는 반면 210일간 수업을 하고 있다. 펜실베이니아 주의 비버 카운티(Beaver County)에는 2000년 8월에 학생들이 집에서 컴퓨터를 통해 교육과정을 이수할 수 있는 '사이버 차터스쿨(K-12)'이 문을 열었다. 이 프로그램은 각 학생의 능력에 따라 조기 졸업이 가능하고 대학 인정 학점도 이수할 수 있다. 그리고 많은 수의 차터스쿨이 대학 진학을 목표로 하고 있다(이인회, 2008).

④ 효과

차터스쿨의 효과에 대해 연구 결과에 따라 다양한 결론이 나타나고 있으나, 학업성취수준에서 일반 공립학교에 비해 다소 떨어진다고 한다. 그러나 학교의 운영기간이 길어지고 학생들의 학년이 올라가면서 차터스쿨의 교육효과가 커진다는 분석이 나오고 있다. 학교의 특성과 재학생의 특성, 운영기간에 따른 학생의 학업성취 수준 변화 등 다양한 변인을 고려한다면 차터스쿨의 효과를 긍정적으로 볼 수 있다(정제영·신인수, 2009).

차터스쿨의 특징은 학생이나 학부모가 자율적으로 학교를 선택할 수 있다는 것이다. 학생과 학부모들의 기호와 관심에 따라 학교를 선택했기 때문에 공부에 더욱 적극적이어서 보다 큰 교육적 효과를 거둘 수 있다. 또한 공립학교와 달리 차터스쿨은 입학 시 학부모로부터 학교 운영에 적극적으로 참여하겠다는 명문화된 계약서를 작성시킬 정도로 학부모의 적극적인 교육 참여를 유도하고 있기 때문에 학부모들의 참여율이 매우 높다고 한다.

일반 공립학교에서 적응하지 못한 아이들이나 부진아 등의 입학으로 차터스쿨 내에는 '부적응아(square peg kid)'라고 불리는 아이들과 마찰이 있기도 하다. 이러한 단점에도 불구하고 차터스쿨의 학부모와 교사, 교육 행정가들은 지역사회의 요구와 목적에 부합하는 교육을 실시하고 있는 차터스쿨이 확대 실시되어야 한다고 주장하고 있다. 결론적으로 차터스쿨은 지방자치단체의 지원 아래 교육 주체의 적극적인 참여로 공립학교가 지니고 있는 문제를 해결할 수 있는 새로운 교육 형태의 공교육과정으로 인정할 수 있다.

(3) 시사점

미국의 대표적인 대안학교인 마그넷스쿨과 차터스쿨은 공교육의 범위 안에 있으면서도 학생과 학부모에게 학교 선택권이 있다는 것이 큰 장점이다. 인종차별 금지와 저소득층에 대한 교육기회의 확대, 학교의 개방으로 지역사회와의 교류, 학부모의 학교 참여 등은 다문화교육과 상호문화교육의 필수 교육 조건이다.

이와 같은 상호문화교육이 다문화현상이 심화되고 있는 한국의 공교육에서도 이루어져야 할 것이다.

2) 독일

(1) 다문화 현황

독일사회는 제2차 세계대전 이후 남유럽 국가들을 위시한 다수의 손님노동자, 제3세계로부터의 전쟁 또는 경제적 난민, 동독 출신 이주자, 동유럽으로부터의 독일계 역이민자 그리고 정치·종교적 망명자 등 다양한 문화권의 유입인구를 경험했다. 이처럼 유입동기가 다양하고, 사용하는 언어와 종교가 상이하며, 유입된 시기마저 각기 다른 여러 문화집단이 독일인과 함께 살아야 하는 상황은 이주배경을 지닌 어린이와 청소년들을 학교에서 교육하는 문제를 어렵게 하고 있다.

1970년대까지는 증가하는 외국인 학생을 긴급히 돕는다는 차원으로 이들을 '결핍'의 존재로 인식하고, 학교교육에 적응하고 귀국을 돕는 여러 정책을 실시했다. 그러나 1980년대 초부터는 이와 같은 동화주의 교육 프로그램에 대한 비판의 대안으로 타 문화의 고유성과 상이성을 이해하는 상호문화교육 프로그램이 제시되었다. 이 상호문화교육 프로그램은 한 사회를 구성하는 사회집단들의 고유한 문화적 특성이 다양하게 존재하고 있으며, 주류집단의 문화와 비주류집단의 문화가 동등하게 존중되어야 한다는 인식에서 출발한다.

1996년 독일 정부는 주교육부장관협의회(KMK)를 통해 기존의 외국인 아동 수업에 관한 권고안들과 '연대와 관용을 위한 지원' 권고안을 종합하여 '학교에서의 상호문화교육'이라는 권고안을 제시했다(Nieke, 2008: 105). 이는 인본성의 윤리원칙과 자유 및 책임, 연대의식과 민족 간의 상호 이해, 민주주의와 관용의 원리 등에 근거하여 학생들이 상호문화적 삶의 실천적 관점과 행동방식을 기르도록 요구한 것이다.

이러한 상황에서 독일의 학교는 다문화·글로벌화와 더불어 상호문화교육(interkulturelle Bildung)을 수행해가고 있다. 독일에서의 상호문화교육은 문화 간 만남과 교류의 지속적인 상호작용, 서로 배우기, 그리고 그에 따른 제3의 문화 창조 가능성을 강조하고 있다.

이주배경을 지닌 학생들은 상대적으로 낮은 수준의 중등학교에 많이 진학하고, 중도포기율도 독일 학생들보다 높은 편이다. 2002년의 '이주' 보고서는 이런 현상의 원인 중 가장 중요한 것이 학생들의 불충분한 독일어 능력으로 판단하고(KMK, 2002: 3), 이주배경 학생들을 지원함에 있어서 모든 주에서 독일어 습득에 최우선을 두고 있다. 또한 모든 주에서 출신국 언어 수업을 제공하고, 주마다 법적 근거에 따라 독일 교육행정기관 혹은 해당 국가에서 책임을 지고 있다. 이 수업은 이주배경 학생들의 귀국을 돕기 위해 기획되었지만, 현재는 다중언어를 지원하고 상호문화교육에 기여하기 위해 진행하고 있다.

독일 초등학교에서는 상호문화교육 프로그램으로 이중/다중언어교육, 프로젝트수업 및 연극 활동 등을 통해 교육적 목표를 달성시키고자 하고 있다. 예를 들어, 이중/다중언어교육으로 어린이들에게 지구 상의 사람은 상이한 언어들을 사용하고 있으며, 또 그것이 왜 그런지를 생각해보게 함으로써 자신이 사용하는 모국어의 존재 및 가치가 상대성을 지녔음을 인식하게 한다. 또한 프로젝트 수업이나 연극 활동 등을 통해 소수자 문화에 속하는 어린이나 제3세계 어린이들이 처한 상황에 대한 감정이입 능력을 발달시키고, 문화적 편차에 대한 관용 및 자민족 중심의 세계관에서 벗어나게 함으로써 연대의식을 기르며, 갈등해소 및 협동하는 능력을 기르게 한다.

이 외에도 세계 여러 나라의 동화나 민담을 해당 국가의 아동이나 부모가 교실에서 직접 읽고 설명하게 함으로써 학생들 서로 간에 자국 문화와의 유사점이나 상이점을 생각할 기회를 제공하거나, 학교에서 독일 학생과 외국인 학생이 서로의 언어를 사용해 인사를 나누게 하고 외국의 전통음식이나 노래 및 춤을 함께 배우고 경험하게 하는 등 어린이들의 흥미와 신체활동을 중심으로 하는 체험교육의 기회를 제공하기도 한다. 더 나아가 역사 수업에서는 다른 나라의 관점에서 서술된 역사를 문화 상호 간의 관점에서 분석하도록 이끌며, 글로벌시대에 필수적인 외국어 학습을 상호문화교육의 관점에서 구상함으로써 외국어 구사능력의 향상과 더불어 타 문화 이해를 증진시키고자 하고 있다.

따라서 상호문화교육은 어릴 때부터 다른 사람과 언어 그리고 다른 문화를 상이한 상황에서 접할 수 있도록 해주는 교육이며 학습활동이다. 지극히 개인적인 경험에서 낯선 것을 자신의 고유한 것과 비교하여 체험할 때 비로소 상호 문화적으로 성장할 수 있다.

(2) 베를린 국립유럽학교

독일에서 상호문화교육이 추구하는 지향점은 베를린 국립유럽학교(Staatliche Europa-Schule Berlin: SESB)의 이중언어 수업과 독일 초등학교의 상호문화교육 프로그램의 사례를 통해 파악할 수 있을 것이다.

새로운 학교실험으로 독일의 수도 베를린에 1992/1993학년도부터 국립유럽학교가 설립되었다. 베를린 교육당국은 SESB가 언어학습을 넘어서는 상호문화교육을 통해 베를린에 거주하는 타 문화권 출신의 동료 시민이나 외국인을 독일사회와 삶에 통합시키는 데 기여하기를 원했다. 그러므로 서로 다른 국가의 어린이들이 각기 다른 문화를 서로 배워가며 모국어 및 파트너 언어로 수업하도록 계획되었으며, 이중언어습득을 지원하면서도 단순히 이중문화교육이 아닌 상호문화교육을 동시에 추진했다. 제공되는 언어적 다양성의 확보라는 측면에서, 또 초등교육부터 이중언어로 수업을 한다는 점에서 SESB는 독일의 일반학교 교육과 비교할 때 독특하다고 볼 수 있다.

SESB는 초등학교 준비학년, 초등학교, 중등학교에 해당하는 레알슐레, 김나지움 그리고 종합학교의 유형으로 나누어져 있다.

SESB에서는 다양한 국적의 학생들이 독일 학생과 공동으로 모국어(또는 가장 능숙한 첫 번째 언어) 및 파트너 언어(Partnersprachen)*를 통해 수업을 받고 있다. 언어학습 외에도 파트너 국가의 생활, 문화, 사고방식, 풍습과 축제 등을 배우게 되는데, 이러한 상호문화교육을 통해 학생들이 세상만사에 편견 없는 의식을 기를 수 있도록 한다.

학생의 구성은 원칙적으로 독일어를 모국어로 하는 학생과 파트너 언어를 모국어로 하는 학생 각각 절반씩으로 이루어진다.

SESB에서의 학급 크기는 초등학교 준비반의 경우 16명, 1학년에서 6학년까지는 24~26명, 그리고 중등학교에서는 최대 29명이다. 학생들은 8학년이 끝날 때까지 여러 교과를 각각의 언어그룹으로 나누어 모국어와 파트너 언어로 수업을 하게 된다.

---

*   현재 이중언어수업을 하고 있는 파트너 국가의 언어는 영어, 프랑스어, 러시아어, 스페인어, 이탈리아어, 터키어, 현대그리스어, 포르투갈어, 폴란드어 등이다(정영근, 2009: 172).

(3) 베를린 국립유럽학교의 교과과정

학년별 수업 및 교육활동은 다음과 같다.

초등학교 준비반에서는 주로 놀이 및 창의적 활동을 통해 파트너 언어를 배우기 시작한다. 1학년은 모국어수업 교육과정의 틀에서 각기 분리된 언어그룹으로 모국어 읽기와 쓰기에 집중한다. 그런 다음 2학년 때부터 파트너 언어를 읽고 쓰는 수업이 진행된다. 1학년부터 4학년까지는 사회 및 자연과학 교과에 해당하는 생활세계 수업이 독일어가 아닌 파트너 언어로만 진행된다. 늦어도 3학년부터는 학생들이 각기 파트너 언어로 읽고 쓸 수 있다. 학생들은 5학년과 6학년 시기에 모국어와 파트너 언어로 말하기 및 글로 표현하는 지식을 확장하게 된다. 이때에도 지리, 생물 및 역사는 독일어가 아닌 파트너 언어로 수업을 한다. 늦어도 5학년부터는 제2외국어를 배우게 되며, 파트너 언어가 영어인 SESB에서는 프랑스어를, 그 밖의 파트너 언어를 지닌 SESB에서는 영어를 제2외국어로 선택하게 된다. 학생들은 8학년이 끝나면 학교가 제공하는 선택필수교과를 결정하여 9~10학년 동안 배워야 하며, 이러한 교과로 제3외국어, 사회과학 교과목 중 한 과목, 자연과학 교과목 중 한 과목 또는 음악이나 미술 가운데서 선택하게 된다. 수업계획은 베를린 교육당국이 제시한 교육과정에 근거하고 있지만, 파트너 언어 국가의 커리큘럼을 참고하고 있다.

수학교과는 처음부터 졸업할 때까지 독일어로 수업하며, 독일어를 모국어로 사용하지 않는 학생들에게는 주요 교과목 한 과목을 독일어로 수업한다는 의미가 있다. 음악·미술·체육·종교수업은 학교에서 결정하는 수업으로만, 즉 독일어 또는 파트너 언어 중 어느 한 언어로만 진행한다. 이처럼 SESB의 학생들은 일반 공립학교 학생들에 비해 더 많은 주당 수업시간을 소화하고 있으며, 교육과정상 여러 교과목이 이중언어로 몰입수업을 하게 된다는 차이점을 제외하고는 베를린의 기간학제 틀 안에서 이루어지고 있다. 따라서 유럽학교에서 다른 일반 공립학교로 전학하기가 쉬운 편이다. 또한 비록 기회가 적기는 하지만 SESB의 전제조건을 충족시킬 경우 일반 공립학교에서 유럽학교로 전학 가는 것 역시 가능하다. 이처럼 다양한 교육과정과 특성을 지닌 학교들이 서로 교류할 수 있다는 것은 베를린의 학제가 독일의 다른 주에 비해 개방적이며 사회의 필요와 요구에 적절히 대응할 수 있도록 구조화되어 있다는 것을 의미한다.

앞에서 언급한 것처럼 베를린의 초등학교를 졸업한 뒤 외국어 몰입수업 트랙이 설치된 중등학교에 지원하여 소정의 절차를 거쳐 입학하게 되면 7학년의 여러 학급 중에서 이중언어 학급에 배치된다. 이중언어 학급에 속한 학생들은 이때부터 2년간 일반학급 학생에 비해 최소한 주당 2시간 이상 목표 외국어 수업을 더 받는다. 그리고 늦어도 9학년부터는 사회과학이나 자연과학 교과목 하나를 목표 외국어로 몰입수업을 하게 된다.

특히 종합학교에 설치된 이중언어수업 트랙은 모두 영어 몰입수업을 하고 있으며, 대부분의 학교가 9학년부터 역사나 지리교과를 영어로 가르친다. 이러한 점 외에도 종합학교의 이중언어수업 트랙 학생들은 주당 3시간씩 선택필수 교과로 '영문학 및 영국학'을 이수해야 한다. 따라서 이중언어수업 트랙을 선택한 베를린의 종합학교 학생들은 7~8학년 네 학기 동안 일반 학급학생에 비해 영어를 더 많이 배울 뿐만 아니라, 그 이후에도 최소한 두 과목을 영어로 몰입수업하게 된다. 이들에게 제공되는 수업의 형식 또한 파트너와 자유로운 대화, 소그룹 활동, 영어로 된 청소년 잡지 독해, 영어 연극 등 다양하기 때문에 영어 구사 및 활용 능력이 빠르게 신장될 수 있다.

종합학교의 이중언어수업 트랙이 학교 간 비교적 균일한 몰입수업 프로그램을 유지하는 반면, 김나지움의 경우는 선택교과나 수업시수 및 수업운영 방식에서 서로 차이를 보이고 있다. 학교의 제반 여건 및 학교운영위원회의 결정사항에 따라 몰입수업을 하는 학급의 수에서 교육 프로그램 전반에 이르기까지 학교 간 서로 상이할 수 있다.

독일 다른 주의 학교교육과 비교할 때 베를린의 일반 공립학교에서 실험적으로 시행되는 이중언어수업 모델은 시간적으로 앞설 뿐만 아니라 규모나 내용에서도 선도적이라고 할 수 있다. 베를린 주 당국에서 이렇게 외국어 몰입수업 학교 및 교육 프로그램에 지대한 관심을 보이는 것은 역사적으로 다민족·다문화가 공존하면서 도시와 사회 및 문화가 발전해왔던 점과 통일된 독일의 수도로서 유럽을 대표하는 글로벌 경제 및 문화도시로 재탄생하기 위한 시도로 보인다.

(4) 시사점

독일의 경우 다문화교육과 관련하여 취학 전 단계에서의 언어교육을 강조하고 있다. 그래서 취학 전 단계와 초등학교 언어교육의 보다 밀접한 연계성을 찾아서 보완책을 마련하여 이를 제도화하는 주도 등장하고 있다. 언어가 학습을 하는 데 있어서 최우선적으로 고려해야 할 사항이라는 관점에서 보면 한국에도 시사하는 바가 크다고 생각한다.

또한 외국어 교육정책 차원에서 고찰할 경우 국립유럽학교(SESB)는 한국의 초·중등학교 외국어교육의 방향과 형식의 변화 필요성을 시사하고 있다.

국립유럽학교(SESB)가 언어근접성이 큰 주변 국가들의 언어에 초점을 맞춰 실용적인 외국어수업을 한다는 점에서 오로지 영어 몰입수업만을 강조하는 한국 교육에서 외국어교육의 다변화를 시도해야 할 것이다.

또한 언어진단능력 개선, 개별 학생의 특성에 맞는 능력개발, 다름과 차이를 유연하게 다룰 수 있는 문화이해역량이 무엇보다 시급하게 개선되어야 할 것이다. 이것은 다문화가정 학생뿐만 아니라 모든 학생에게 요구되는 것이기도 하다.

3) 영국

영국의 대안학교는 크게 네 가지로 분류한다.

급진적 대안학교와 중도적 대안학교, 인간중심의 소규모를 지향하는 인간중심 대안학교, 독특한 프로그램 중심의 대안학교로 나눌 수 있다.

첫째, 급진적 대안학교는 학교생활 전체가 기존 학교에 대안적인 학교로 이념적으로 우측 끝단에 위치하는 학교로서 교사와 학생의 관계, 수업 여부, 출·결 관계, 수업방식, 교육과정 등 학교생활 전부가 학생의 자율에 맡겨져 있는 학교다. 이런 유형의 대안학교로는 서머힐학교와 샌드학교 등이 있다.

둘째, 중도적 대안학교의 학교운영방식은 기존 학교와 비슷하나 다른 부분에서 기존 학교에 비해 대안적인 학교다. 이런 유형의 대안학교는 우측 중앙에 위치하는 학교로 교육과정에서의 강조점, 수업을 진행하는 방식, 교복, 교사-학생 관계, 학생자치 등에 상당한 진보주의 철학을 수용하고 있는 학교다. 이러한 유형의 대안학교로는 킹알프레드학교, 스텐턴베리학교, 성크리스토퍼학교, 브록우드파크학교 등이 있다.

셋째, 인간중심 대안학교는 교육의 주된 관심사가 학업이나 성적보다 인간과 인간관계에 있다. 이러한 대안학교는 대체로 작은 학교를 지향한다. 인간중심 교육을 지향하는 유형의 학교는 작은 학교가 여기에 속한다.

넷째, 프로그램 중심 대안학교는 학교생활 전체가 기존 학교와 비슷하나 교육과정이나 교육방법 측면에서 기존 학교에 비해 대안적인 학교다. 이 학교는 이념적으로 기존 학교보다 우측에 위치하며 표면상으로는 일반학교와 다를 바 없다. 이런 유형의 학교로는 슈타이너학교, 몬테소리학교 등이 있다(이병환·김영순, 2008).

여기에서는 영국의 대안학교 중 대표적인 서머힐학교 그리고 작은 학교의 특성과 교육과정 및 교육방법, 운영방식 등에 대해 살펴보고자 한다.

(1) 서머힐학교

서머힐학교는 세상에서 가장 자유롭고 행복한 학교를 지향하는 자율학교로, 학생들에게 맞는 학교를 만들어야 한다는 교육철학을 가진 닐에 의해 1921년 설립된 자유학교다. 서머힐학교는 인간의 내적충동을 교육의 전제로 하고 절대적 자유를 실현하는 자유학교로, 초ㆍ중ㆍ고교과정을 가르친다. 닐은 어린이들이 자유와 행복을 느끼는 학교를 만들기 위해 모든 교육과정과 훈육, 종교적인 교육을 없애는 대신 매일 일상생활을 교육내용으로 만들었다.

수업은 연령별로 편성된 반 위주로 진행되며 자신의 흥미에 따라 반을 선택하여 수업을 받을 수 있다. 학급에서 무엇을 가르칠 것인지는 교사의 교육방법에 달렸으나 수업에 참여 여부는 학생 개인이 선택할 수 있다. 그러나 2주 연속 수업에 들어가지 않으면 다시는 그 수업에 들어갈 수 없게 된다. 서머힐에 다니는 학생들의 연령은 대략 5세에서 15세이며, 평균 25명의 남학생과 20명의 여학생으로 이루어져 있다. 학생들은 연령에 따라 세 그룹으로 나누어지는데 5~7세, 8~10세, 11~15세로 나누고 있다. 학생들은 연령별 그룹에 따라 함께 생활하며 각 그룹에는 각 한 명씩 보모가 있어 그들을 보살핀다. 중간그룹의 어린이들은 세 명 또는 네 명이 한 방에서 자며 어린이들은 기숙사 검열을 받지 않고 자기 방은 스스로 청소해야 한다. 그리고 학생 수는 60명 안팎으로 아무리 많아도 70명을 넘지 않는다. 학급편성은 나이를 떠나 학습능력에 따라 6개 학급으로 나뉜다. 나이가 아닌 능력에 따라 반을 구성한다. 반을 구성하고 있는 아이들 중심으로 서머힐의 규칙이 생기고 유지되며 일주일 시간표에서 철저하게 학생의 자율에 맡기는 민주적인 자치교육의 모습을 엿볼 수 있다.

서머힐의 아이들은 서로에게 피해가 가는 일에 대해서는 회의를 통해 해결한다. 그리고 남에게 피해가 가지 않는 한도 내에서는 자신들이 하고 싶은 일을 한다. 그곳의 아이들은 담배를 피우고 술을 마시며 옷을 벗고 수영을 하는 것을 이상하게 생각하지 않는다. 모두 개인의 자유라고 생각하고 있다. 그리고 그런 행동은 스스로 없앨 수 있다고 생각한다. 또한 일정 기간 쓰라고 주는 용돈에 대해서도 자유롭다. 그날 받은 용돈을 하루 만에 다 쓸 수도 있다. 그러나 자신이 그렇게 행동하여 일어나는 결과에 대해서는 스스로 책임을 지게 된다. 이처럼 서머힐은 아이들이 자연스럽게 스스로 깨달아서 지식을 얻게 하려고 한다. 그래서 모든 것을 아이들이 스스로 하도록 한다. 다만 그들은 정기적으로 토요일에 회의를 통해 그 일에 대해 언급하게 된다. 회의 때도 훔친 행위에 대해 야단을 치거나 벌을 주지 않는다. 도둑질을 했을 때 혼을 내면 수치심이 생기고 죄의식으로 도둑질이라는 행위에 대해 치료가 더욱 늦어진다고 보기 때문이다. 그들은 그 나이에 일어날 수 있는 충분한 일이라고 본다. 그래서 아이들에게 그렇게 주지시키며 물건을 주인에게 돌려주려고 훔친 물건을 가져오라고 할 뿐이다. 서머힐의 아이들은 행복하게 웃는다.

또한 서머힐학교는 교육당국에서 정한 국가 교육과정을 따르지 않는다. 서머힐학교의 교육과정은 과학(생물, 물리, 화학, 천문학), 수학, 영어, 외국어(프랑스어, 독일어, 일본어), 목공, 도예, 연극, 역사, 지질학, 컴퓨터, 음악, 체육 등으로 구성되어 있다. 오전에는 지적교육, 오후에는 과외활동을 통해 일상생활을 교육하는데 지적교육보다는 정서교육을 강조하여 창의성 개발을 위해 연극, 댄스, 음악과목을 통해 모방보다는 창조를 배우게 하고 있다.

서머힐의 교육방법은 자유를 바탕에 두고 있기 때문에 억지로 시키지 않고 생활 속에서 배울 수 있게 한다. 구체적인 교육방법으로는 생활 속에서 민주절차를 배울 수 있는 자치회 운영과 사랑 그리고 정서교육을 강조하고 있다. 또한 교육내용 및 예술교육의 가장 뚜렷한 특징은 모든 수업이 선택적이라는 점과 일주일에 한 번씩 열리는 자치회의다. 전교회의에서 학생과 교사들이 모두 한 표씩 투표권을 가지고 학교 규칙을 만들고 개정하며 이 회의를 통해 정해진 규칙이 230여 개나 된다. 이를 어겼을 때는 식사배급시간에 줄을 설 때 맨 끝에 세우기, 쓰레기 줍기, 수영 또는 외출금지 등 여러 가지 형태로 제재를 가한다.

서머힐은 그저 교사들이 학생들을 가르치는 학교가 아니라 하나의 공동체다. 가르치는 것은 공동체의 일부분에 속하는 일이며 이곳에서 가장 중요한 일은 공동체의 모든 구성원이 조화와 자유를 누리며 공존하는 환경을 만들고 유지하는 것이다. 서머힐 학생들은 남이 시켜서가 아니라 스스로 남을 배려해 행동을 조절하는 능력을 키우며 공동체의 필요를 우선으로 생각하는 사회적 책임의식을 동반한 자유를 누리고 있는 것이다. 따라서 서머힐학교 학생들의 특징은 남을 배려하고 행동을 조절하는 능력을 키우며 공동체의 필요를 우선적으로 생각하는 사회적 책임의식을 동반한 자유를 누리고 있다는 것이다.

(2) 작은 학교

작은 학교는 1985년 "작은 것이 아름답다"라는 슈마허의 철학에 입각한 교육운동으로, 영국 대안교육운동의 실천적인 방향을 제시해주고 있다. 슈마허학회 회장인 쿠마르가 노스데본학교 살리기 운동을 펼쳤으며, 학교는 학생과 교사 간의 신뢰관계의 구축이 근본이며 인간규모에 적합한 작은 학교의 중요성을 강조했다.

쿠마르는 학교에서 학생을 가르치는 것이 마치 생산공장에서 제품을 생산하는 것처럼 비교육적으로 진행되고 있다고 인식하고 슈마허의 교육철학에 관심을 갖기 시작했다. 슈마허는 "작은 것이 아름답다"는 원리를 교육에 적용시켜 인간의 키에 맞는 교육, 학교교육의 형식이나 내용을 인간의 규모에 맞는 학교교육으로 전면 개편하여 작은 학교를 운영했다. 특히 학생과 교사 또는 학생 상호 간의 인간적인 친밀감이 절대적으로 중시되는 교육으로, 작은 학교의 설립에는 두 가지 철학적 특징을 가지고 있다. 하나는 슈마허의 "작은 것은 아름답다"는 원리를 학교교육에 적용한 것이며, 다른 하나는 생명가치 구현을 위한 공동체 학교다. 영국에서 인간규모 원리에 입각하여 운영되고 있는 많은 작은 학교의 전형적인 사례는 노스대본 중·고등학교다. 하트랜드에 위치한 이 학교는 1960년대까지 지역사회의 모형으로 존재하는 공동체 학교의 역할을 담당하고 있다. 쿠마르는 학교는 학생과 교사 간의 신뢰관계의 구축이 근본이어야 한다는 점에서 인간규모에 적합한 작은 학교의 중요성을 강조했다. 인간규모교육을 실시하는 데 있어 건물의 규모에 맞게 가장 적정한 학생 수 등 규모를 중요시했다.

영국의 작은 학교 교육운동의 특징은 대부분 작은 학교들이 지역사회학교의 특성을 지니고 있다. 학교의 조직, 교과과정, 교수방법 등이 지역사회 인사, 유지, 관심 있는 학부모의 공동참여에 의해 구체화된다는 것이다. 학교교육은 가정과 엄밀히 구분되는 것이 아니라 가정교육의 연장이라고 보았다. 그리고 지역사회 안에 있는 도서관, 공장, 관공서, 시장 등 모든 물리적 시설과 인적자원은 작은 학교의 교육을 위해 선용된다.

작은 학교의 교육과정을 살펴보면 하트랜드의 작은 학교는 쿠마르에 의해 철저히 인간규모 원리에 바탕을 둔 공동체 학교의 모델이 되었다. 따라서 학습규모, 학습내용, 학습방식 등 모든 교육을 인간규모 원리에 입각한 생명가치 구현에 두었다. 쿠마르에 의하면 모든 학교는 생활하고 학습하는 공동체가 되어야 하는데, 기존의 학교는 학습공동체가 아니라 공장의 복제품, 지식의 공장이 되어버렸다. 학교는 가정의 연장이어야 하며, 따뜻하고 신뢰할 수 있고 친근하고 두려움이 없는 가정이 되어야 한다고 강조한다(S. Kumar, 1993).

쿠마르는 가정의 중심을 두 가지로 보았다. 하나는 부엌이고 다른 하나는 난로다. 타고 있는 살아있는 불이 전통적으로 모든 가정의 중심이기에 하트랜드의 작은 학교에서는 중앙난방식이 아닌 살아있는 불을 피운다. 아이들은 그 둘레에 모여 몸을 덥힌다. 그리고 음식의 중요성을 강조한다. 음식은 생명유지에 가장 중요한 요소라는 생각에서 작은 학교에서는 채소밭과 부엌을 두고 음식을 학습도구, 교육의 기본적인 도구로 삼는다. 점심메뉴는 학교 밭이나 지역사회에서 재배

한 채소가 중심이 되고, 주 4일은 아이들의 도움을 받아 요리사가 준비하고, 일주일 중 하루는 아이들이 직접 식단을 짠 후 장보기와 요리를 아이들이 직접 해결한다. 식후 설거지와 청소도 아이들과 교사들이 순번제로 한다.

다음은 옷이다. 작은 학교에서는 아이들이 옷을 디자인하고 천을 짜는 법, 털실을 짓는 법을 배운다. 그리고 중요한 것은 집, 건물이다. 일을 할 수 있는 작업장 건설비 1만 파운드가 필요하게 되자, 학교에서는 아이들에게 직접 작업장 설계를 하게 했다. 담당 공무원의 조언을 통해 몇 번의 변경을 거쳐 설계허가를 받았고, 2년에 걸쳐 작업장을 완성하게 되었다. 아이들의 성취감과 자부심은 대단했다.

학교생활은 30분간의 전체 모임으로 시작된다. 모임은 노래와 이야기 낭송 혹은 책 읽기, 짧은 침묵의 시간, 세계뉴스나 지역 문제에 관한 토론, 그리고 다음날의 계획 등으로 구성되며 교사들이 교대로 모임을 이끈다. 교과과정은 지적인 부분과 심성을 기르는 정서적인 두 부분으로 구성된다. 먼저, 모든 학생이 공통으로 이수해야 할 필수과목이 있다. 즉 영어, 수학, 문학, 체육 그리고 과학이다. 필수과목 외에 학생들은 실기과목, 이를테면 건축, 조경, 목공, 천짜기, 치즈 가공, 재본 등의 과목을 선택한다. 이러한 과목들은 GCSE시험(중등교육학력평가)을 치르기 위해서도 필요한 것들이다. 모든 학생은 과목 선택을 할 때 자신이 능력, 소질, 취미, 취업 방향 등을 고려하여 교사와의 개별적인 면담과 토론을 통해 결정한다. 이런 공통 필수과목들은 학과 시간의 50%를 넘지 않는다. 필수과목과 더불어 작은 학교에서 중시하는 교육은 심성, 감성, 신체, 문학, 예술 등의 영역에 관련된 활동들이다. 교사들은 모든 학생이 시, 연극, 도기제조, 음악 등의 활동(즉, 측정하고 평가할 수 없는 인간 정신에 관련된 활동)에 자유로이 참여하도록 안내한다. 쿠마르는"진정한 교육, 진정한 학습은 평가될 수 없다. 아무도 시에서 GCSE에 통과되었다고 말할 수 없다. 혹은 상상력이나 영성이나 텃밭 가꾸기에서 GCSE에 통과했다고 말할 수 없다"고 말한다(S, Kumar, 1993: 124).

쿠마르는 인간규모 원리에 입각한 하트랜드의 작은 학교를 통해 영국 학교

교육의 하나의 모델을 만들려고 시도했으며 이런 정신을 따라 더비셔(Dirbyshire), 도싯(Dorset), 스코틀랜드(Scotland), 브리스톨(Bristol) 등지에 작은 학교들이 설립되었으며 영국 전역을 통해 이 운동은 점차 파급되고 있다.

(3) 시사점

영국에서는 '아이가 중심이 되는 학교'라는 슬로건으로 학생 중심의 학교를 만들기 위해 교육개혁을 했다. 서머힐 같은 실험학교가 등장하고, 교육개혁 운동가들은 강제적이고 제도적인 교육과정에서 벗어나 학생들의 자율을 주장하여 학생들이 필요와 동기에 의해 학습해야 한다는 것을 주장했다. 서머힐 같은 교육방법은 학생들의 자유를 바탕에 두고 인성교육에 초점이 맞추어져 있기 때문에 인성결핍이 되고 있는 현재의 우리 교육방법에 많은 시사점을 안겨준다. 현재 우리의 교육은 입시위주의 교육으로 교육과정에서 나타나는 가르침의 기쁨과 배움의 즐거움이 무시되고 있다. 학생들이 왜 공부해야 하는지 분명히 알고 확실한 동기를 가질 수 있도록 변화되어야 한다. 또 학생들이 공부를 통해 스스로 행복해질 수 있는 교육을 받도록 해야 한다.

또한 작은 학교는 소규모의 학교운영에서 개개인의 존중을 중요시하고 있으며, 이들은 규모가 커질수록 획일화될 수밖에 없다는 점을 강조한다. 한국의 경우 과대학교와 과밀학급은 획일적인 교육과 암기위주의 주입식 교육 등 비효과적인 교육이 이루어질 수밖에 없다. 따라서 작은 학교와 같이 작은 규모로 학생들의 참여를 유도하여 개개인의 특성에 맞는 다양한 교수방법이 적용될 수 있도록 변화되어야 한다. 따라서 한국의 대안학교는 작은 학교를 지향하고 있다. 교육다운 교육이 이루어지기 위해서는 작은 규모와 작은 학교를 지향해야 한다는 것이다.

4) 호주

(1) 다문화 현황

호주의 다문화정책은 호주를 구성하는 사람들의 다양한 민족적·문화적 정체성을 유지하는 동시에 조화롭게 어울려 사는 것을 목표로 하고 있다. 교육은 이러한 목표 달성을 위해 사람들의 생각과 태도 형성에 큰 역할을 하고 있다. 그래서 정부 차원의 정책 변화에 발맞춰 교육 부문에서도 사회통합, 관용, 언어·문화적 다양성에 대한 학생들의 이해를 높이기 위해 다문화교육이 실시되고 있다.

현재 연방정부 차원의 다문화정책은 이민시민부(Department of Immigration and Citizenship)에서 총괄하고 있다. 그리고 각 주정부에서도 다문화교육 관련 법령을 마련하여 정책을 펼치고 있다. 호주 수도특별구의 '다문화교육과정 지원법', 퀸즐랜드 주의 '다문화적 퀸즐랜드: 교육과 예술에 있어 다름의 세계 만들기', 빅토리아 주의 '학교 내에서의 문화·언어적 다원성 조정을 위한 가이드라인', 뉴사우스웨일스 주의 '문화적 다원성과 공동체 관계 정책: 학교 정책에서의 다문화적 교육' 등이 그 대표적인 사례다.

이러한 호주 연방정부 및 주정부의 다문화교육은 학생들이 다문화사회에서 필요한 지식, 기술, 가치를 갖출 수 있도록 학교를 개혁하는 공교육 프로그램을 중심으로 추진되고 있다.

호주는 중등교육의 공통적인 학습 영역으로 영어, 수학, 외국어, 과학, 기술, 사회와 환경, 보건 및 체육, 예술 등 8가지가 있다. 이 8가지 학습 영역에 다문화교육 요소들이 포함되어 있고, 특히 외국어, 사회, 환경 영역에서 다문화교육이 강조되고 있다.

언어는 다문화교육에서 중요한 위치를 차지한다. 이민학생이 자신의 언어·문화적 정체성을 잃지 않기 위해서는 모국어교육이 필요하고, 호주사회에 적응하고 조화를 이루기 위해서는 다수가 사용하는 영어교육도 필요하기 때문이다. 이로 인해 다문화교육에서 언어교육은 모국어교육과 영어교육 지원이라는 두 가지 측면에서 이루어진다.

현재 호주의 모든 초등학교에서는 '영어 이외의 언어교육(LOTE: Language Other Than English)' 프로그램이 실시되고 있다. 이는 이민학생들의 모국어 구사 능력을 유지 및 발달시키고, 다른 문화에 대한 호주 학생들의 이해를 넓히기 위한 것이다.

또 ELS(제2 언어로서의 영어) 교실 운영, 원격 방송 교육을 통한 영어 및 외국어교육이 실시되고 있다. 이로써 학생들은 다문화환경에서 의사소통할 수 있는 능력을 키우게 된다.

이뿐만 아니라 학교에 반인종차별 담당직원이 파견되어 인종차별을 부추기는 모든 행위를 불법으로 간주하여 단속하고 있다. 또한 사회복지사를 배치하여 이민자학생들의 복지 요구를 수렴하고 있다. 학교에서의 수업은 물론 수업 외적으로도 다양한 문화와 가치가 호주를 만들어간다는 의식을 키우는 교육이 이뤄지고 있는 것이다.

그리고 인종차별 없이 화합하는 사회를 만들기 위한 호주 연방정부 주도하의 '리빙 인 하모니(Living in Harmony)' 프로그램도 추진되고 있다. 이 프로그램의 일환으로 호주 정부는 매년 3월 21일을 '하모니 데이(Harmony Day)'로 정해 지역 다문화 커뮤니티와 학교가 참여하는 다양한 다문화 행사를 개최하고 있다.

(2) 랜드윅 남자고등학교

랜드윅 남자고등학교(Randwick Boys' High School)는 다양한 종류의 인구가 섞여 있는 시드니 동부 교외의 다문화 배경의 학교다. 이 학교는 자신의 학문, 스포츠, 사회·문화적 잠재력을 개발·성장시키기 위한 안전하고 배려하는 환경을 제공한다. 특히, 호주 내에서 스포츠 명문고로 유명하다. 이 학교는 책임 있는 교육과

학업 결과가 우수하여 학업과 스포츠에 대한 명성을 누리고 있다. 시드니 동부 근교지역은 훌륭한 대중교통 여건을 갖추고 있으며, 지역사회 주민은 역동적인 다양한 시설을 즐길 수 있다. 랜드윅 남자고등학교는 학생들과 직원 및 모든 구성원이 진정한 다문화학교를 열어가고 있다.

학생들은 이 학교에서 최고 수준의 학업 분위기와 학생들의 능력, 학문적 도전, 학술 활동, 스포츠, 예술, 리더십 등의 다양한 경험을 할 수 있으며, 특히 국제간 여행은 학생들에게 다양한 경험을 할 수 있도록 진행되고 있다.

(3) 교과과정

연구위원회가 설정한 모든 강의는 학생들의 능력과 재능을 모두 반영한다. 교과과정은 일반 학생들에게 많은 교육의 기회를 제공하기 위해 스스로 교과를 선택할 수 있도록 운영되고 있다. 또한 학생들은 자신의 능력에 따라 일반 과정과 심화 과정을 선택할 수 있다.

그리고 랜드윅 남자고등학교는 자신의 영어 실력을 향상할 필요가 있는 학생들을 위한 집중 영어 프로그램을 제공하고 있다. 중등 고등학교 적응에 전환 프로그램이 포함되어 약 20주 동안 집중 영어 프로그램이 실시된다. 수학, 과학, 역사, 지리를 포함한 주요 학습 영역 등 높은 수준의 영어 몰입학습을 통해 영어를 집중적으로 배울 수 있다.

대학교육을 받은 제2언어(ESL) 교사는 영어 몰입수업을 진행한다. 학생들에게 이중언어를 구사하는 통역도 지원되고 있다. 팀 교육 프로그램은 특히 영어 학습의 초기 단계에서 개인 또는 소규모 그룹 지원이 필요한 학생들에게 제공된다. 과제에 대한 도움이 필요한 경우, 학생들이 추가로 무료 수업을 받을 수 있도록 방과 후에 학교 도서관에서 사용할 수 있다.

스포츠 프로그램은 특별 프로그램으로 럭비, 배구, 탁구, 농구, 축구, 체스, 수구, 크리켓 중에서 원하는 과목을 선택하여 배울 수 있다. 또한 창조적인 예술 프로 젝트, 호주의 생활방식 체험, 국제 학생들과의 오찬 등도 특별 프로그램에 속한다.

각 학년별 교과과정은 다음과 같다.

① 4단계(7~8학년)

모든 학생은 영어, 수학, 과학, 지리, 역사, 디자인 및 기술, 시각예술, 음악, (프 랑스, 그리스, 이탈리아, 일본 포함) 언어 및 개인 개발, 보건 및 체육을 연구한다.

② 5단계(9~10학년)

모든 학생은 영어, 수학, 과학, 호주 지리, 호주 역사, 시민과 시민권을 연구한 다. [또한 프랑스어를 포함하여 상업, 디자인 및 기술, 그래픽 기술, 식품 가공, 정보 소프트웨어 기술, 건물 건 축, 무용, 연극, 시각예술, 음악과 언어(그리스어, 이탈리아어, 일본어) 중에서 학생들은 두 과목을 선택할 수 있다].

③ 6단계(11~12학년)

영어: 표준, 고급, ESL, 기본, 심화 1 및 심화 2(12학년만 해당)와 영어 연구

수학: 일반 수학, 수학, 심화 1, 심화 2(12학년만 해당)

과학: 생물, 화학, 물리, 지구환경

기술 및 응용 연구: 디자인 및 기술, 공학 연구, 산업 기술 목재, 산업 기술 멀 티미디어, 정보 프로세스 및 기술, 정보 기술, 금속 공학, 식품 기술 그리고 소프트웨어 설계 및 개발

역사: 고대의 역사, 현대 역사, 종교와 발전 역사의 연구(12학년만 해당)

사회과학: 경영학, 경제학, 지리학 및 법률 연구

언어: 인도네시아어, 프랑스어, 중국어, 일본어

예술: 시각예술, 음악 및 사진

체육: 스포츠, 라이프스타일 및 레크리에이션 연구

(4) 시사점

　　호주는 다양한 인종과 종교, 문화를 인정하고 이들 간의 조화와 소통을 강조하며, 어떠한 특정한 문화나 언어 사용자를 호주인으로 규정하지 않고 있다. 언어 문제에서도 영어가 공용어이기는 하나 주류 언어인 영어와 소수 언어인 외국어가 공존하는 것이라는 태도에서 벗어나 각 언어가 영어인 언어와 '영어가 아닌 언어(Language Other Than English, LOTE)'로 대등한 지위를 인정받음으로써 소수자들의 언어에 대해서도 교육의 기회가 제공되고 있다.

　　호주의 다문화 언어교육정책은 이처럼 국가 주도의 언어교육정책이 실질적으로 호주의 경제적 · 사회적 발전에 도움이 된다는 인식하에 모국어교육과 지역사회 언어교육으로 나누어 실시되고 있으며, 매우 구체적이고 상세한 교육 계획 수립하에 이루어지는 특성을 가지고 있다. 이러한 호주의 다문화 언어교육정책은 자체적으로 상당히 성공적인 것으로 평가되고 있다. 호주의 다문화 언어교육정책에 힘입어 랜드윅 남자고등학교는 '다문화 호주를 위한 국가 아젠다'*에 따라 다문화교육을 실시하고 있다. 특히, 모든 교육과정에서 영어를 습득할 수 있도록 지도하고 있으며, 영어를 습득할 때도 자국어를 이용하여 먼저 설명하고, 나중에 영어로 설명하여 학습자의 이해를 높이는 등 이중언어 접근방식으로 교육하고 있다. 모든 학생의 체육활동을 중심으로 한 건강한 학교생활과 제2 언어로서의 영어(ESL) 과정 운영이 특징이라 할 수 있다.

---

*　호주의 다문화 국가 아젠다는 ① 문화 정체성, ② 사회 정의, ③ 경제 효율을 표방하고 있다. 1978년 갤벌리(Galbally) 보고서는 "다원주의와 문화적 다양성에 대한 존중이 소수 민족집단에게 안정감을 가져다주고 사회적 결속력을 강화시킨다"는 이념 아래 작성되었다. 가장 눈에 띄는 점은 영어를 습득할 때 이중언어 접근방식을 사용한다는 원칙을 강조하고 있다. 이 보고서의 네 가지 내용은 다음과 같다. ① 모든 사회 구성원이 자신의 잠재력을 최대한 발휘할 수 있게 균등한 기회 보장, ② 모든 사회 구성원은 주위의 편견으로부터 자신의 문화를 유지할 수 있어야 하며, 다른 문화를 이해하고 포용, ③ 이주민들을 위한 서비스의 질을 보장하는 데 필요한 특별 서비스들과 프로그램을 유지하는 동안 이주민들의 개별적인 필요들이 전체 사회가 이용할 수 있는 프로그램과 서비스에 의해 충족, ④ 모든 프로그램과 서비스들은 이주민들과의 충분한 논의 속에서 설계 및 운영, 빠른 사회적 응을 위해 가급적 자력구제의 원칙을 도모한다.

5) 일본

(1) 설립 배경 및 역사

일본사회에서 생활하는 외국인은 제2차 세계대전 이전부터 거주하는 구식민지(旧植民地) 출신자인 올드커머*와 그 자손들, 그리고 주로 1980년대 이후 이민 온 아시아나 남미 출신자인 뉴커머의 존재에 따라 다국적화(多国籍化)되면서 다양한 민족 구성원들이 증가했다. 특히, 1990년대 들어 급속한 경제성장의 세계화에 따라 뉴커머들이 급증했다.

올드커머는 종전(1945년) 후 외국인으로 간주하여 많은 사회보장제도에서 배제되었다. 그들은 차별의 대상이었고, 귀화수속 시에는 일본식 개명을 강요하는 등 동화주의 정책을 강행했으나 1970년대부터는 시민적 권리의 폭이 넓어지기 시작했다. 예컨대 일본 헌법에서 의미하는 자유권, 수익권, 평등이나 행복추구권 등이다. 또한 1981년 난민조약 가입으로 사회보장법상의 국적요건을 철폐하고 개명(改名)을 강요하는 귀화수속이 폐지되면서 본격적으로 뉴커머 입국이 증가했다. 1991년에는 올드커머 1세부터 그 자손들에게 '특별영주자'의 지위가 인정되었으며, 외국인에게 사회적 권리가 보장되면서 그 자녀에게도 공평한 교육지원정책 마련이 시급히 전개되었다(近藤, 2009; 福田·末藤, 2005)[박봉수 외, 2014 재인용].

1960년대 이후 유럽과 미국에서 전개된 대안학교 운동의 영향으로 일본에서도 프리스쿨에 대한 관심이 높아지고 있다. 1980년대 이후 사립학교 주도(1990년대에는 공립학교도 등장)로 중도탈락자를 대상으로 연령대와 시기의 제한 없이 누구나 자유롭게 교육을 받을 수 있도록 하는 대안교육 학교들이 등장하게 되었다. 일본은 1980년대 들어 히키코모리**의 증가로 인해 심각해진 부등교(不登校) 문제 역

---

*   올드커머: 제2차 세계대전 전후 일본 국민으로 징용 또는 경제 난민으로 중국, 한국, 북한에서 온 이민자

**   집안에 틀어박혀 있어 사회 또는 학교에 적응이 안 되는 증상 또는 그런 사람

시 학생 개개인의 문제일 뿐 교육제도나 학교의 문제로 보지 않았고, 이를 해결하려는 움직임의 하나인 프리스쿨에 대해서도 공교육의 보완적인 학습의 장으로서만 인식했다. 1992년 문부성이 대안교육시설의 출석 일수를 정규학교에 인정하는 조치를 취하면서 학교 탈락자들을 정규학교에 복귀시킬 목적으로 재정지원을 골자로 하는 제도를 시행하게 되었고, 문부과학성은 대안학교의 교육을 '홈스쿨링'으로 간주하여 학교출석으로 인정하는 등 제도권 내로 수용하고 있는 상황이다(정진주 외, 2008).

프리스쿨***은 아동의 자유와 자주성을 존중하는 것을 교육이념으로 삼으며, 교사와 학생의 신뢰관계를 기반으로 하여 학교생활의 규칙 준수와 수업, 출석 등의 학사운영을 학생의 책임과 자율에 맡기는 교육적 시도를 하고 있다.

도쿄슈레****는 일본에서 프리스쿨의 원조라 할 수 있다. 프리스쿨은 전통적인 학교 자체의 존재를 부정하는 경우는 드물며, 대부분은 학교가 만능은 아니기 때문에 전통적인 학교에서 적응할 수 없는 아동들을 수용한다는 입장을 견지하고 있다.

도쿄슈레의 설립자인 오쿠치 게이코는 장남이 학교에 다니지 않으려고 하자 '등교를 거부하는 자녀를 둔 부모의 모임'을 만들어 경험과 고민을 나누고 여러 기관과 전문가들에게 자문을 구하는 등의 노력으로 시작되어 부모들이 자금을 출자하여 만들었다. 이런 과정에서 등교거부를 문제현상이라 보고 학교에 복귀시키는 것보다 자녀의 의사를 이해하려는 태도가 중요하다는 것을 깨달아 아이들이 있을 곳을 마련해주기 위해 'ok하우스'를 만들었고, 1985년 '도쿄슈레'로 개명했다(興地, 1981).

도쿄슈레의 설립목적은 첫째, 학교에 가지 않는 아동이 급증하면서 그들이 있을 곳과 갈 곳이 필요하게 되었다는 현실적인 요청에 부응하는 것이다. 둘째,

*** 일반적으로 '프리스쿨'이란 아이가 주체가 되어 아이 중심의 교육을 실시하고 교육내용을 자유롭게 만들어내는 학교를 일컫는다.
**** '슈레'라는 말은 그리스어로 '정신을 자유롭게 쓰는 곳'이라는 뜻이다.

장기적인 안목에서 학교의 관리적·경쟁적 교육을 배제하고 자유와 개성을 존중한 배움과 만남을 통해 성장할 수 있는 터전을 만드는 것이다. 이는 등교거부의 근본원인이 아동의 학교 부적응이나 가족 문제에 있는 것이 아니라 수험체제를 전제로 조직화되어 있는 학교제도와 이를 정당화하는 사회 전체에 있다고 보는 인식의 전환이다.

슈레는 보통 그 지역 부모들이 자금을 출자하여 만들고, 학생 수는 50인 이하의 작은 규모가 많다. 일본 프리스쿨 네트워크 및 대안학교협회에 등록되어 있는 수는 약 145개 정도이고, 비공식적으로 확인할 수 있는 학교는 200여 개에 가까우며, 공부방 정도로 운영되는 소규모 프리스쿨도 포함한다면 1,000여 개가 넘을 것으로 추산하고 있다(강혜정, 2003).

(2) 교육과정

슈레에 입회할 수 있는 유일한 조건은 아이가 들어가고 싶다는 의지가 있어야 한다는 것이다. 별도의 입학시험이 없으며, 배제 조건 또한 존재하지 않는다. 6세부터 18세의 사람이라면 누구나 입회가 가능하며, 20세까지만 회원으로 유지할 수 있다. 도쿄슈레는 아이 또는 학생중심이 교육을 표방하는 프리스쿨로 학생들의 부모들로 구성된 위원회를 통해 운영된다. 운영회의 기능은 학교 운영에 필요한 재정을 확보하고 학생들을 교육·보조할 운영진을 모집하는 역할을 한다.

도쿄슈레의 운영방침은 자유, 자치, 개인존중이라는 세 가지 원칙에 기초하며, 모든 활동에는 이 원칙이 반영된다. 학교 활동 시간은 10시부터 17시까지이며, 등교 시간은 본인이 정한다. 교사와 교직원은 20명 정도이며, 대학생 아르바이트나 자원봉사자들이 많은 도움을 주고 있다. 일반적으로 학습지원중심, 생활체험중심, 상담지원, 기타 등으로 분류할 수 있다.

문부성은 1992년부터 학생들이 학교 외의 배움터에 가도 출석으로 인정하고 있으며, 원래 적을 둔 학교의 출석으로 인정하여 원적 학교에서 졸업장을 받을 수 있다. 장래 진로에 불안을 가지고 있는 사람은 많지만 슈레의 나이든 소년·소녀는 실제로 음악, 그림, 컴퓨터 등 자기가 하고 싶은 일에 집중하기 때문에 전문 직업인으로 성장하는 경우가 많다. 첫째, 진학하는 유형으로 고등학교, 전문학교, 직업훈련학교, 대학입학검정, 대학, 해외 유학 등 다양한 진로를 선택하고 있다. 둘째, 취업하는 유형으로 회사에 취직하거나 아르바이트부터 정사원, 창업, 인턴 등 다양하다. 셋째, 자신이 하고 싶은 것을 하면서 진로를 찾는 유형으로 밴드, 일러스트, 발레, 프로그래머, 카메라맨 등 다양하다. 대다수의 아이들은 진로지도에 대한 학교의 압력이나 부담에서가 아닌 자신이 생각한 진로를 선택할 뿐만 아니라 취미나 하고 싶은 일을 하면서 현재의 소득원과 연결되어 있는 졸업생들도 적지 않다.

도쿄슈레의 교육과정은 강좌·수업, 여가 시간, 서클활동, 미팅, 학교활동으로서 연간 행사나 이벤트 등이 자유롭게 운영되고 있다.

첫째, 강좌·수업은 자신이 알고 싶은 것에 대해 경험해보는 시간으로 일반학교의 수업과는 다른 형태로 운영한다. 즉, 수업이나 강좌를 담당하는 강사나 스태프들은 그 시간에 나오는 아이들과 함께 무엇을 어떻게 할 것인가를 결정하여 운영한다. 물론 국어, 수학, 과학, 사회, 영어 등 일반교과목도 있다. 하지만 가르치고 배우는 방식에서의 차이가 존재한다. 또한 음악, 댄스, 미술 등 분야마다 특징을 살려 즐기고 있다. 만화, 일러스트, 수채화, 기타, 피아노, 드럼, 하모니카, 합창 등을 운영하고 있다. 이 밖에 '시리즈 인간'이라는 강좌는 만화의 원작자, 텔레비전 게임의 설계자 등 일선에서 활약하고 있는 전문가 등과 함께하는 수업으로 주인공이 되기도 한다.

둘째, 슈레의 아이들은 여러 형태로 여가시간을 즐기고 있다. 예컨대 수다를 좋아하는 사람들은 여기저기 모여서 이야기를 하거나 만화 또는 책 등 자신이 좋아하는 것을 읽는 것이다. 텔레비전을 시청하거나 탁구를 치기도 한다. 피아노나 기타 연주, 노래, 하모니카를 불거나 자신이 가지고 온 CD를 듣기도 한다.

셋째, 서클활동으로 스포츠나 음악 등을 좋아하는 사람들로 구성된 서클모임은 축구, 야구, 트레인클럽 등이 있다. 축구를 좋아하는 아이들은 경기가 있으면 가까운 공원이나 운동장에 가서 연습을 하거나 합숙 계획을 짜서 숙박을 하면서 연습하기도 한다. 또한 철도를 좋아하는 아이들은 PC로 여러 가지 정보를 조사하거나 사진 촬영을 하기도 하는데, 회원들의 능력에 따라 미니 트레인을 제작하는 등 서클활동을 통해 재능과 끼를 펼치기도 한다.

넷째, 미팅은 슈레에서의 활동을 결정하거나 외부로부터 취재를 받는 것에 관한 것으로 새로운 강좌의 제안이나 화제 등을 서로 공유하는 중요한 장소다. 아이들의 모든 활동이 미팅에서 결정되기 때문이다. 특히 미팅에서는 스태프나 전문가도 아이와 같이 동등한 투표권을 가지고 있으며, 사회 진행이나 회의록 작성도 그 자리에 참석한 구성원이 담당한다. 세계 프리스쿨대회나 전국 아이 교류합숙대회 등 매년 실시하는 행사 외에 크리스마스 파티, 할로윈 파티, 여름 합숙, 스키 캠프 등의 행사 기획은 모두 하고 싶어 하는 아이들이 직접 계획하고 진행하기 때문에 아이들한테 인기가 많다.

(3) 시설 현황

도쿄슈레는 도심 중심부에 위치하고 있는 학교로 다른 프리스쿨과 비교하여 220여 명의 비교적 많은 학생 수로 인해 5층 규모의 단일 건물을 사용하고 있다. 2층은 스태프들이 사용하는 사무공간으로 구성되어 있고, 3층은 고등부 학생들을 위한 개인별 · 그룹별 자유공간과 전체 회의실, 4층은 특별교실 같은 성격인 강좌실, 5층은 초 · 중등부를 위한 자유공간으로 구성되어 이용되고 있다. 교육공간도 본인이 원하지 않으면 그룹 수업에 참여하지 않고 혼자 개별적으로 원하는 내용을 공부할 수 있는 개별적 공간을 존중해주고 있으며, 고등부 학생들이 주가

되어 매 학기 초 초·중·고등부 공간을 어떻게 분할하여 사용할지에 대해 결정하는 방식으로 운영하고 있다. 슈레는 기존에 창고로 사용했던 건물을 이용해 학생과 스태프가 협의하여 개축하여 사용하고 있다. 위치는 조언자들이 찾아오기 쉽도록 교통이 가장 편리한 지역에 있다.

1층에는 강의실, 컴퓨터실, 회의실, 음악실, 사무실 등이 위치하고 있으며, 1층 중앙에는 모든 학생이 시간대별로 자유롭게 운영할 수 있도록 가변적 공간으로 다목적실로 구성했다. 2층에는 학생들 스스로 등교하지 않는 어린 학생들 및 지역 주민과 함께할 수 있는 플레이 룸을 마련하여 자신들의 경험을 나누고 다양한 커뮤니티를 형성하고 있다.

(4) 시사점

일본의 대안학교는 주로 농촌지역이나 수도 외곽지역에 위치하고 있는 우리나라와는 달리 주로 도시 중심부에 분포하고 있는 특징을 나타내고 있다. 공립학교 이외의 학교에서 학습자가 흥미를 가지는 것을 중심으로 학습시키지만, 공립학교에서도 사용되는 경우가 있는데, 전통적인 학교 같은 엄격한 규제가 없고, 학생과 교사가 커리큘럼과 학습경험을 자유로이 결정하는 것이 특징이다. 교육제도와는 무관하게 학생 개개인에게 모든 자율을 부여하는 제도와 교육이라는 의미에서 '프리스쿨(free school)'이라는 개념을 추구한다. 일본은 문부과학성에 등록하지 않아도 NPO법에 따라 운영하는 학교와 순수 민간에서 운영하는 학교 등의 주도로 자율적인 운영을 할 수 있기 때문에 정확한 통계치를 파악하기 힘들다.

초·중·고별 프리스쿨의 수는 전체 수보다 더 파악하기 어려운데, 이는 프리스쿨의 시스템상 학생이 주체가 되는 수업방식을 운영하고 있고 학년이나 나이를 중시하지 않고 나이가 다르더라도 같은 수업을 듣는 경우가 많기 때문이다. 이 때문에 일본의 프리스쿨은 초·중·고가 함께 있는 경우가 일반적으로 나타난다. 이는 일본의 프리스쿨이 개인의 차이와 선호도를 인정하여 교사나 어른의 도움 없이도 능동적으로 해결해낼 수 있는 능력을 배양시키겠다는 기본철학을 배경으로 하고 있기 때문에 기존의 부등교, 대인관계가 어려운 학생, 정신적 장애를 가지고 있는 학생들로 하여금 직접 사람과 만나서 커뮤니케이션을 하면서 삶을 이어나갈 수 있게 해주고 있다. 이는 대다수의 교사들이 이곳 학교를 졸업한 후에 그곳에서 일하고 있는 사례를 들어 교육이 얼마만큼의 효과를 거두고 있는지를 알 수 있다.

이상과 같이 일본의 프리스쿨은 우리의 대안학교들과 학교설립의 취지 면에서는 유사하나 교육과정 및 운영방식 등에서는 많은 차이점을 가지고 있다. 특히 스태프와 조력자는 교사-학생 같은 상하관계가 아니라 인간끼리의 대등한 관계를 맺고 있기 때문에 함께 놀고 이야기를 하거나, 함께 생각하며 함께 배우고 있다. 또한 때로는 친구관계, 부모관계, 연애, 진로 등에 대한 고민을 상담하면서 아이들의 권리를 신장시키려는 노력을 하고 있다.

시설 및 공간 등에서 일반교과교실, 학교별 특화된 특별교실, 공동체 생활을 위한 기숙사 등을 확보하여 운영하고 있는 우리나라의 사례들과 달리 소규모의 최소한의 공간과 다목적 공간을 갖춘 미니학교로 운영되고 있다는 것을 알 수 있다.

II

다문화 대안학교의
현황 및 특성

1.
개요

대안학교는 각종학교에 해당하며 학업을 중단하거나 개인적 특성에 맞는 교육을 받으려는 학생을 대상으로 현장실습 등 체험위주의 교육, 인성위주의 교육 또는 개인의 소질·적성 개발 위주의 교육 등 다양한 교육을 하는 학교를 말한다.

다문화 대안학교는 대안학교의 한 종류이지만, 일반적인 대안학교가 전인교육을 교육목적으로 삼는 것과 달리 한국사회에 적응하는 것을 가장 큰 목적으로 한다는 점에서 다르다. 또한 특정한 단기 적응 과정이 아니라는 점에서 다문화학생을 위한 예비학교와도 구별될 수 있다. 뿐만 아니라 다문화 대안학교에 입학할 수 있는 자격을 갖춘 학생들이 가질 수밖에 없는 그들의 독특한 언어문화 능력과 환경을 감안한다면 특수목적학교의 성격도 일부 갖는다고 보아야 할 것이다.

다문화 대안학교는 현재 그 설립목적에 따라 크게 다음과 같이 세 가지 유형으로 나눌 수 있다. 첫째, 인천한누리학교 유형으로 가장 큰 목적과 특징은 한국학교로의 적응이다. 둘째, 국제다솜학교 유형으로 한국생활 적응을 위한 한국어교육과 직업교육을 다루는 특성화고등학교의 성격을 갖는다. 셋째, 새날학교 유형으로 한국생활 적응을 특징으로 한다.

<표 2-1> 다문화 대안학교의 유형과 특징

유형	인천한누리학교	새날학교	국제다솜학교
설립 배경	공립 지역교육청이 설립주체	인가형 학교	정부기관 혹은 유관부서를 기반으로 설립
특징	위탁교육	종교단체와 관련	직업학교의 특징
교육목표	한국어 습득 및 학교 적응	한국사회 적응과 종교적 가치 실현	한국어교육과 직업교육
교육기간	1년, 원적교 복귀 후 1년 추가 가능	졸업 시까지	졸업 시까지
해당 학교	인천한누리학교	새날학교, 부산아시아공동체 학교 등	국제다솜학교, 한국폴리텍학교
공통	다문화학교		

출처: 김창아 외(2014)

<표 2-1>과 같이 인천한누리학교 유형은 교육과학기술부의 지원을 받은 인천교육청이 설립주체로 공립의 특성을 갖고 예비학교로서 기능한다. 국제다솜학교 유형은 정부기관 혹은 유관 부서를 기반으로 설립되고, 직업교육학교로서의 특징을 갖는다. 새날학교 유형은 사립 다문화 대안학교를 말하는 것으로, 특히 인지도가 높은 새날학교, 아시아공동체학교, 지구촌학교 등이 있다. 불과 몇 년 전만 하더라도 비인가 학교로 운영되었으나, 2011년 6월 새날학교를 비롯하여 점차 인가형으로 전환되고 있는 추세다. 이 학교들은 공동체적 삶과 인류에 기여하는 삶을 사는 것에 교육의 역점을 두고 있다.

이 장에서는 현재 대표적인 다문화 대안학교라고 불리는 5개 다문화 대안학교의 현황과 특성을 살펴볼 것이다. 이를 위해 문헌연구 및 해당 학교 홈페이지에 소개된 자료를 통해 대안학교 방문 목적과 내용을 구체화하고 전반적인 대안학교 기초연구와 설문지를 작성했다. 수집된 자료의 종류는 해당 학교의 홈페이지 탑재자료, 개방형 질문지에 의한 인터뷰 자료, 해당 학교의 교육과정집이 있으며, 각 자료의 상호 비교를 통해 내용의 타당성을 확보했다.

2.
학교별 현황 및 특성

1) 인천한누리학교

(1) 개요 및 특성

인천한누리학교는 다문화가정 학생들이 교육의 수요자로 등장하고 있는 시기에 이러한 학생들의 진학 및 적응을 돕기 위해 설립한 전국 최초 초·중·고 통합 공립형 다문화 대안학교다.

공립형 다문화 대안학교의 이름으로 본 한누리학교의 성격을 보면, 명칭에서 나타나듯이 대안학교로서의 성격을 가지고는 있지만 디딤돌 학교로서의 성격이 강하기 때문에 공교육과의 호환성이 수월하고, 기초적인 체제는 공교육의 형태를 따르고 있다.

현재 초·중등학교법에서는 중·고등학교에서만 특성화 학교가 가능하고 초등학교에서는 특성화 학교를 실시할 수 없다. 그러나 한누리학교는 초등학교에서부터 고등학교까지의 전 과정이 포함되어 있어 특성화 학교가 아닌 대안학교의 명칭을 사용했다. 그리고 특성화 학교보다 대안학교가 교육과정의 자율성이 더 보장되어 있어 다문화가정 학생들에게 더 적합한 교육과정을 편성 · 운영할 수 있다는 것이 장점이라 할 수 있다.

우리나라 대부분의 다문화 대안학교는 사립 형태를 갖추고 있으나, 본 학교는 대안학교의 특성을 가지고 공립의 형태를 취하고 있으므로 본 학교의 특성을 나타내기 위해 공립형 대안학교로 명명했고, 교육을 받는 학생들이 다문화가정의 자녀를 대상으로 한다는 특성을 나타내기 위해 다문화 대안학교라고 칭했다. 또한 공립형 다문화학교가 의미하는 바는 학교의 형태가 대안학교이지만, 공립으로 국가와 시 · 도에서 지원하고 있음을 나타내기도 한다(장인실, 2011).

한누리학교의 가장 큰 특성 중 하나는 디딤돌 학교의 역할로 한국의 공교육 체제로 유입되기 어려운 다문화가정 학생들을 위한 중간 과정으로의 특성을 가지고 있다. 또한 다문화가정 학생과 일반학생을 영원히 분리하여 교육하는 것이 목적이 아니라 이들이 정규 일반학교에 적응할 수 있도록 이들에게 필요한 교육과정을 제시하는 디딤돌 형태의 학교를 지향한다. 특히 한국어 의사소통의 어려움을 겪는 학생들을 위해 체계적인 한국어 강좌를 마련하고 있으며, 중국 · 몽골 · 일본 · 러시아 등의 이중언어교사와 한국인 교사의 협조로 학생들이 수업을 수월하게 이수할 수 있도록 지도하고 있다.

한누리학교의 경영 방향은 크게 '다문화교육으로 꿈을 실현하는 글로벌 인재 육성'이라는 교육목표와 세 가지 경영방침을 가지고 있다. 경영방침으로는 첫째, 사랑이 가득한 학교, 둘째, 꿈과 희망이 가득한 학교, 셋째, 창의적 인재를 육성하는 학교다. 또한 세부적으로 교육의 주체인 학생, 교사, 학부모가 함께 교육의 참여자로 인식하고 한누리학교에서 추구하는 학생상, 교사상, 학부모상을 학교의 경영 방향 지침으로 삼고 있다.

먼저, 학생상은 자주적이고 창의적인 학생, 나눔과 배려를 실천하는 학생, 자신을 찾고 자신을 사랑하는 학생으로서 창의성과 예절을 갖추고 정체성을 찾아

갈 수 있는 학생으로서의 모습을 지향한다. 다음으로 교사상은 꿈과 희망을 심는 학습지도, 사랑과 인내의 생활지도, 사명감을 갖고 책임교육을 실현하는 교사로서 학생에 대한 사랑과 신뢰를 바탕으로 학생의 장래까지 고민하고 책임지는 모습을 추구한다. 마지막으로 학부모상은 학생과 교사를 신뢰하는 학부모, 사회통합에 기여하는 학부모, 자발적으로 참여하는 다양한 공동체의 일원으로서 기본적으로 학교에 대한 믿음을 갖고 능동적인 참여하기를 추구하고 있다.

(2) 현황

한누리학교는 2012년 7월 인천광역시 남동구 논현동에 학교 설립인가를 받고, 2013년 3월에 개교했다.

① 조직 및 교직원 구성

한누리학교의 조직을 크게 살펴보면, 먼저 관리직으로 교장 1명, 교감 2명(초등/중등 각 1명)이 있고, 부장교사로는 교무기획부장, 교육연구부장, 생활안내부장, 한국어교육부장, 교류협력부장, 기숙사지원부장, 특성화 교육부장으로 구성되어 있다. 담임교사로는 초등학교 1~6학년 각 1학급의 담임교사와 디딤돌반 담임교사, 중·고등학교는 중학교 1학년 2학급과 2~3학년 각 1학급, 고등학고 1~3학년 각 1학급의 담임교사와 (중·고)디딤돌반 담임교사로 구성되어 있다. 비담임교사로는 중국어, 일본어, 러시아어를 가르치는 외국어 교사를 포함하여 일반교과 전담교사와 보건교사, 영양교사가 있다. 학교의 행정업무를 담당하는 행정실에는 행정실장을 비롯하여 예·결산 담당과 학교시설관리 및 조리에 관한 업무를 담당하는 행정직원이 있다.

한누리학교의 조직도는 다음과 같다.

〈표 2-2〉 한누리학교 운영 조직

지도 기관	총괄	자문 기관
• 인천광역시교육청 • 인천광역시교육과학연구원	교장	• 한국교육개발원 • 중앙다문화교육센터

관리
초등교감 / 중등교감

기획
교육연구부장

기획평가분과	운영분과	실행분과	홍보분과	자료분과
연구 · 기획 · 평가	교육과정 편성 · 운영	특성화 프로그램 실행	홍보 및 MOU	일반화자료 개발 및 자료수집

② 학급구성

2014년 7월 18일 기준으로 학년별 현황을 살펴보면, 모집인원은 초등학교, 중 · 고등학교 각 학년 15명으로 전체 모집 정원 225명 중 현 학생 수는 93명이다. 국적별로는 중국, 우즈베키스탄, 필리핀, 몽골, 에티오피아, 러시아, 아프가니스탄, 태국, 리비아, 카자흐스탄, 타지키스탄, 파키스탄, 베트남, 키르기스스탄, 우크라이나 등의 국가에서 온 다문화가정 학생들이 있고, 이 중에서 중국과 우즈베키스탄 학생들이 다수를 차지하고 있다. 재학 중에 있는 학생들이 거주하는 지역은 인천지역 중에서도 학교가 소재하고 있는 남동구보다 남동구 이외 지역과 인천 이외 지역에 거주하는 학생 수가 과반수 이상을 차지하고 있다.

③ 부지 및 시설 현황

한누리학교의 부지 및 시설 현황을 살펴보면, 〈표 2-3〉과 같다.

한누리학교는 초등학교 1~6학년과 디딤돌반, 중학교 1~3학년(단, 중1은 2학급),

고등학교 1~3학년, (중·고)디딤돌반이 사용할 수 있는 보통 교실 15실과 교사들의 수업 준비를 위한 학습준비실을 포함하여 학생들의 다양한 활동과 체험을 할 수 있는 과학실, 어학실, 컴퓨터실, 음악실, 미술실, 다목적실 등 특별실을 다수 갖추고 있다. 특히 주목할 만한 것은 다른 다문화 대안학교의 상담실이 1실인 데 비해 한누리학교에서는 상담실 3실을 확보하고 있어 학생들의 정신적·심리적 안정감을 주고 타 문화의 이해를 돕고자 하는 데 주력하고자 한다는 것을 알 수 있다.

〈표 2-3〉 학교시설 현황

(2015년 2월 기준)

구분	총면적			건축연면적			교사부지		운동장		건물	
면적	10,981.50㎡			9,065.25㎡			5,656㎡		2,567㎡		지하1층 지상4층	

구분	보통교실 및 특별실															관리실		
종류	교실	학습준비실	과학실	융합교육실	어학실	컴퓨터실	음악실	미술실	가정실습실	다목적실	상담실	보건실	방송실	국제예절실	도서실	교장실	교무실	행정실
실수	15	4	1	1	1	1	1	1	1	2	3	1	1	1	1	1	4	1

구분	기타									기숙사								
종류	숙직실	급식실	탈의실	인쇄실	화장실	교사휴게실	면학실	자료실	강당	물품보관실	기숙사방	교사실	휴게실	사감실	세탁실	다림질실	탈의실	화장실
실수	1	1	1	1	24	2	1	1	1	1	30	3	1	3	3	3	1	6

출처: 한누리학교 홈페이지

2) 새날학교

(1) 개요 및 특성

광주 새날학교는 사립학교로서 광주광역시 교육청으로부터 공립인가를 받은 위탁교육기관이다. 중도입국자 자녀, 국제결혼자 자녀, 새터민(북한이탈주민 자녀) 등 다문화가정 자녀를 대상으로 교육하고 있으며, 2015년부터 외국인노동자 자녀, 고려인, 외국에 오래 거주한 한국인까지 입학 대상자를 확대하고 있다. 새날학교는 인가를 받고 학교가 모습을 갖출 때까지 많은 어려움을 겪었다. 처음에는 길거리학교로 시작하여 다른 학교의 교실 한 칸을 빌려 수업을 이어가다가 설립자인 교장과 자원봉사자들의 노고로 설립된 학교다. 그런 어려운 과정 속에서 학교 설립자와 교감, 교사들의 유대감과 정열은 어느 학교보다 더 강렬했고, 아이들에 대한 사랑도 매우 높았다. 따라서 이 학교의 자발적인 교원 구성은 학교를 성공적으로 운영하는 데 가장 큰 원동력이 되었다. 새날학교는 광주 외에도 인천, 시화, 청주, 파주, 연기, 부천, 화성에 분교를 두고 있다. 이 장에서는 광주 새날학교를 중심으로 알아본다.

설립자 및 교감이 가장 강조하는 것은 교사의 헌신과 교사가 보육교사라는 생각으로 학생들의 교육과 생활지도에 임하는 자세, 즉 교육자의 자세다. 비록 정규 교사들에 대한 보수 등 지원에 있어 타 일반학교에 비해 현저히 낮은 수준이기 때문에 교사들의 불만이 높을 수 있지만, 관리자가 담임교사의 영역에서 상담교사의 역할을 하는 방식으로 최대한의 근무 여건을 보장해주는 등 교사에 대한 배려로 학교가 하나의 공동체로 운영되고 있다.

새날학교는 초 · 중 · 고 통합형 대안학교로 2007년 1월에 설립하여 2011년 6월에 광주광역시 교육청으로부터 75명 정원의 6개 학급의 학력인정학교로 인정받았다. 그 후 2013년에 고등학교 과정을 추가로 인정받았다.

새날학교는 첫째, 큰 꿈을 이루는 삶, 둘째, 세계를 변화시키는 삶, 셋째, 다문화를 포용하는 삶을 교육목표로 하고 있다.

그리고 비전으로는 첫째, 소명을 품은 비전을 가진 삶을 살게 한다. 둘째, 다양한 특기 · 적성교육을 실시해 능력 있는 사회인을 기른다. 셋째, 선한 청지기로서 겸손의 삶을 살 수 있는 아름다운 심성을 기른다. 넷째, 다양한 언어능력을 매체로 국제적인 협력과 발전에 기여하는 삶을 살게 한다는 것을 제시하고 있다.

새날학교가 지도하는 데 중점으로 삼는 것은 네 가지가 있다. 첫째, 학생의 학습 지도, 특기 지도, 인성 지도 및 한국문화 적응 지도에 힘쓴다. 둘째, 교육과정은 한국어 언어 습득 및 기초 학습능력 향상에 관한 내용을 포함한다. 셋째, 교육과정은 교과와 창의적 체험활동, 체험학습을 통해 한국사회와 문화에 대한 긍정적인 가치관을 확립하고, 모국어 교육을 통해 모국의 문화에 대한 건강한 정체성을 확립하며, 자신의 적성에 맞는 진로를 인식할 수 있도록 지도한다. 넷째, 문화차이를 극복하고 적응력을 신장시킬 수 있는 다양한 문화 체험 학습 기회를 부여한다.

(2) 현황

① 조직 및 교직원 구성

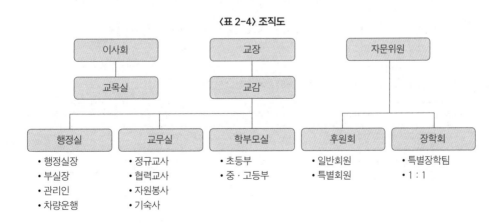

〈표 2-4〉 조직도

새날학교는 교장과 교감을 중심으로 8명의 일반교사와 5명의 보조교사 외에 5명의 직원이 중도입국 학생을 비롯한 다문화가정 학생들을 일반학교로부터 위탁받아 교육하고 있다.

새날학교의 조직도는 〈표2-4〉와 같다.

② 학급구성

새날학교는 초등학교는 1~4학년과 5~6학년의 2개 학급으로 구성하고 있으며, 중학교와 고등학교 과정은 학년당 1개 학급으로 구성하고 있다. 학급 수는 2011년 인가 후부터는 대부분 5~6학급으로 편성되고 있다. 2011년과 2012년에는 초등 2학급과 중등 3학급으로 5학급이 구성되어 있었다. 2013년에 고등 교과 과정이 추가되면서 초등 2학급, 중등 3학급, 고등 1학급으로 모두 6학급이 구성되었다. 2014년에는 초등 2학급, 중등 3학급, 고등 2학급으로 7개 학급이 되었다.

③ 부지 및 시설 현황

새날학교는 광주광역시 광산구 삼도동에 위치하고 있으며, 총 면적 11,680m² 다. 새날학교는 일반교실 6, 상담실 1, 양호실 1, 남녀 기숙사 각각 1 등 게스트룸 3개를 포함하여 노작체험장 등을 운영하고 있다.

새날학교의 부지 및 구체적인 시설은 다음과 같다(2015년 기준).

시설 현황을 살펴보면 교목실과 예배당 같은 종교시설이 눈에 띈다. 그리고 기숙사는 남·여를 구분하여 1개소씩 있는 것으로 나타나고 있다.

〈표 2-5〉 부지 현황(3,539평)

구분	소재지	지번	지목 및 건물명	구조	면적
토지	광주광역시 광산구 삼도동	823-1	학교용지		9,900
	광주광역시 광산구 삼도동	823-3	학교용지		1,780
소계					11,680

<표 2-6> 시설 현황

일반교실	6	식당	1	교사휴게실	1	기획실	1
상담실	1	과학실	1	게스트룸	3	교장실	1
양호실	1	컴퓨터실	1	노작체험장	500평	교목실	1
교무실	1	유치원	1	운동장	1,500평	강당	1
남학생기숙사	1	수유실	1	식당	1	예배당	1
여학생기숙사	1	샤워실	2				

새날학교는 길거리학교로 출발하여 2011년 공립형 위탁학교로 교육청의 인가를 받은 대안학교의 성공적 사례라 하겠다. 2013년 고등학교 과정까지 인가받음으로써 학교의 틀이 완성되었다. 교사들은 일반학교에 비해 열악한 조건에서 1인 다역을 수행할 수밖에 없을 것이다. 그럼에도 이러한 결과를 얻을 수 있었다는 것은 교직원들의 노력과 헌신을 미루어 짐작할 수 있다. 그리고 새날학교의 시설 중에서 교목실과 예배당이 새날학교의 종교적 특징을 보여주고 있다. 앞으로는 학교의 종교적 책임감과 지속적인 교사들의 노력을 기초로 학교의 내실을 공고히 하여 다문화가정 자녀의 교육 발전에 일조할 것으로 기대한다.

3) 서울다솜학교

(1) 개요 및 특성

서울다솜학교는 서울특별시 중구 다산로 209에 위치한 다문화 청소년을 위한 고등학교 학력인정 공립 대안학교다. 서울다솜학교는 2012년에 개교했으며, 다문화 다솜공동체 구성을 목표로 창의적인 다문화 공동의 기능기술 습득과 문화체험 중심의 인성교육으로 민주시민의 자질 육성에 기여하고 있다. 이를 위해 한국어교육을 통한 사회적응능력 향상 및 국가기술자격증 취득과 취업능력 고취, 다문화사회의 선도적 역할을 담당하는 일원으로 육성하기 위해 설립된 기술학교다. 직업교육과 한국어교육에 역점을 두고 인성교육과 더불어 한국사회에 잘 적응할 수 있도록 내실 있는 교육과정을 운영하고 있다. '바른 마음 모두 하나'라는 교훈을 바탕으로 학생들이 각자의 소중한 꿈을 키우고, 한국 및 세계를 무대로 활약하는 당당한 직업인으로서 스스로 미래를 개척할 수 있도록 돕는 역할을 하고 있다.

다솜학교의 중점과제는 맞춤형 기초학습능력 보장과 지원을 하고, 체험 중심의 나라사랑교육을 활성화하며, 서울교육가족과 함께하는 독서문화 확산, 특별배려학생에 대한 종합지원 체계를 구축하는 한편, 교원의 사기 진작 및 교육활동 전면을 지원하는 것이다. 또한 학교 기본시설의 확충 및 개선과 더불어 지역사회 교육자원 활용 및 교육기부 활성화와 함께 일반고로 점프업할 수 있도록 집중 지원을 한다.

특히 전문교과 과정으로 컴퓨터미디어과와 관광호텔과를 운영하고 있다. 컴퓨터미디어과는 21세기 지식정보화사회의 컴퓨터와 정보통신의 급격한 발달로 인터넷을 기반으로 한 멀티미디어 및 다지털산업 분야의 급성장에 맞추어 편성·운영하고 있다. 컴퓨터미디어 분야에 관한 실무중심의 교육을 통해 컴퓨터와 인터넷, 홈페이지 활용 등의 실무를 익히고, 컴퓨터를 활용한 멀티미디어 원리를 이해하며, 멀티미디어 제작 능력을 함양하여 문화기술 분야의 전문가 양성을 목표로 하고 있다. 뿐만 아니라 관광관련 분야의 심도 깊은 이론과 전문 지식, 실제를 학습하고 한국어 능력을 향상시키는 데 중점을 둔 호텔관광과는 세계화·국제화 시대를 주도할 국제적인 감각과 매너, 다양한 외국어 구사 능력을 지닌 유능한 전문 관광인력 양성을 목표로 하고 있다. 국제적인 관광 관련 산업에 종사할 수 있는 자질과 능력을 키울 수 있도록 관광지 답사 및 관광자원 답사, 호텔업무실습에 중점을 두어 운영하고 있다. 또한 한국어 및 외국어 회화 구사 능력, 비즈니스 업무, 국제 매너, 관광 경영 실무 등 전문 교육과정을 편성함으로써 이론과 함께 실습을 통해 졸업 후 진로 선택의 폭을 확장하고 있다.

(2) 현황

다솜학교는 교장과 교감을 중심으로 18명의 일반교사와 6명의 이중언어강사 외에 5명의 직원이 있다. 다솜학교의 조직도는 다음과 같다.

① 조직 및 교직원 구성

다솜학교의 위원회 조직은 서울특별시교육청 자문기관이며, 협력기관으로는 지구별자율장학회로 구성했다. 위원장은 교장이며, 부위원장은 교감이다. 또한 5개 분과로 구성하여 기획분과에는 교무기획부장, 조사통계분과에는 교육연구부장, 교과 · 인성분과에는 인성교육부장과 교과주임을, 기능 · 취업분과에는 실과부장과 각과 부장, 외부위원은 학부모대표 2인과 산업체대표 2인으로 구성되어 있다.

〈표 2-7〉 조직도

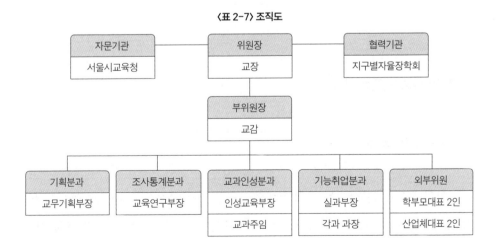

② 학급구성

다솜학교의 학급 수는 각 학년에 2개로, 한 학급의 정원은 20명이다. 모두 6
개 반이 있으며, 총 학생 수는 104명이다.

③ 부지 및 시설 현황

다솜학교는 서울특별시 중구 흥인동에 위치하고 있으며, 성동공업고등학교
를 빌려서 사용하고 있다. 구체적인 시설은 〈표 2-8〉과 같다.

다솜학교는 교장실을 비롯하여 교무실 3, 행정실, 보건실, 실과부(미술, 언어, 감
사실)가 있다. 이 밖에도 일반교실 6, 미디어실습실 1, 컴퓨터실습실 1, 호텔실습실
1, 관광실습실 1, 수준별교실 1, 예비학교교실 1, 다목적실 1, 자율학습실 1, 특별
활동실 1개가 있다.

〈표 2-8〉 학교 현황

(2015. 04. 01. 기준)

일반교실	6	미디어실습실	1	교무실	3	보건실	1
수준별교실	1	컴퓨터실습실	1	자율학습실	1	교장실	1
예비학교교실	1	호텔실습실	1	특별활동실	1	행정실	1
다목적실	1	관광실습실	1				

4) 한겨레중 · 고등학교

(1) 개요 및 특성

한겨레중 · 고등학교는 창의적인 인재육성, 통일인재육성, 배움의 공동체 형
성, 맞춤식 배려교육의 기회확대라는 비전 아래 2006년 개교한 학교로 북한이탈

청소년들이 탈북과정에서 받은 심리적 상처를 치유하고 남한사회 적응력을 향상시킬 목적으로 설립한 학교다. 한겨레중·고등학교는 북한이탈 청소년들의 장기간 학습공백을 메우고 새로운 교육체제의 학습에 원만히 적응할 수 있도록 특성화된 프로그램을 제공하고 있으며, 학생들의 학령과 학력 간의 격차를 극복하고 북한교육의 특징을 파악하여 북한이탈 청소년에게 자유민주주의 사회에서 진로를 선택하고 자아를 실현할 수 있는 기회를 부여하고자 한다. 이를 통해 북한이탈 청소년들이 남한사회와 제도교육 현장에 안정적으로 적용할 수 있도록 교육하는 기관이다.

더불어 학생의 인격과 개성을 존중하고 학습에 대한 흥미와 동기를 유발하여 잠재된 소질과 적성을 최대한 발휘할 수 있도록 특기적성교육과 실천중심의 인성교육에 중점을 두는 대안교육 특성화 학교다. 또한 한겨레중·고등학교는 전환기학교로서의 교육과정을 운영하고 있으며, 특히 전환기교육과정으로 초기 정착지원 중심의 학교교육과정을 운영하고 있다. 운영내용은 첫째, 학령조정업무를 통한 학적 및 자격생성, 둘째, 기초학력극복을 위한 학교적응력 함양, 셋째, 청소년 문화사회 적응력 통합관리 지원, 넷째, 초기정착지원 업무 매뉴얼 및 자료개발 보급이다.

(2) 현황

① 조직 및 교직원 구성

한겨레중·고등학교는 2004년 교육인적자원부 북한이탈 청소년을 위한 학교로 설립하여 2005년 경기도교육청 안성교육청에서 학교설립인가를 받아 2006년 특성화 중·고등학교로 지정되었다. 특히 북한이탈 청소년 정착지원 중심학교로서의 기능을 확대하고 이들의 효율적 정착지원을 위한 연구시범학교를 운영하고 있다.

학교의 조직도는 〈표 2-9〉와 같다.

교직원 구성을 살펴보면, 교장과 교감 2명을 중심으로 학교가 운영되고 있다. 교감은 중등과 고등 급별로 교감이 따로 배정되어 있으며, 교사는 교과교사와 비교과 교사로 나누어져 있다.

교과담당교사는 국어과 3명, 수학과 3명, 영어과 3명, 중국어과 1명, 사회과 5명, 과학과 2명, 정보컴퓨터과 2명, 음악 1명, 체육 1명, 미술 1명이다. 비교과 교사로는 진로담당교사 2명, 보건교사 1명이 근무하고 있다. 또한 학교운영을 위해 급식실에 영양사 1명, 조리원 5명, 생활관 사감 2명, 행정직원 6명, 학교지킴이 2명, 교육실무사 4명, 사회복지사 1명이 배치되어 있다.

한겨레중·고등학교의 교직원 현황을 살펴본 결과, 많은 교사가 교과별·학

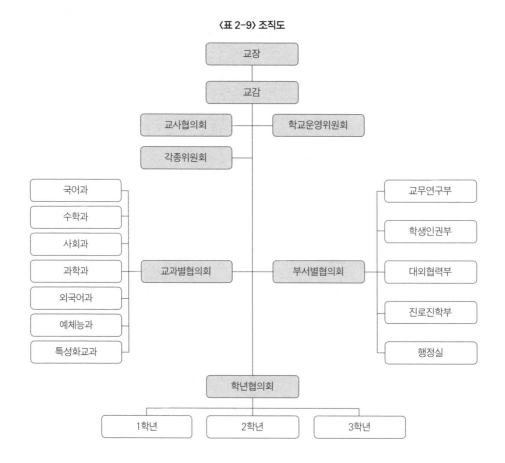

〈표 2-9〉 조직도

교급별로 구성되어 있을 뿐만 아니라, 상담교사 외에도 진로담당교사, 사회복지사 등이 학생들의 진로와 복지에 많은 관심을 가지고 있다는 것을 알 수 있다.

② 학급구성

학급구성은 중학교 학년별로 1학년 1학급, 2학년 1학급, 3학년 2학급을 운영하고 있으며 고등학교는 학년별 2학급씩 운영하고 있다.

〈표 2-10〉 학급구성인원

구분	1학년	2학년	3학년	계
중학교	20	20	40	80
고등학교	40	40	40	120

특히 한겨레중·고등학교는 선진형 교과교실제를 운영하는 학교로서 교과군·학년군제 도입 및 전 과목 교과교실제를 통해 학생들의 장기간 학습공백을 메워 학령과 학력의 격차를 극복하고 창의적 학교교육과정의 혁신적인 편성·운영으로 미래형 교실을 운영하고 있다.

③ 부지 및 시설 현황

한겨레중·고등학교는 경기도 안성시 죽산면 칠장로에 위치하고 있으며, 수도권에서 1시간 30분 거리이고, 안성시에서도 20분 거리에 있는 유서 깊은 칠장사 인근에 위치하여 칠현산과 칠장산을 병풍처럼 바라보는 안정을 위하는 지리적 조건을 갖추고 있다. 또 전원 기숙사생활을 할 수 있으며 기숙사는 아파트형으로 5~10명이 함께 생활하고 있다.

구체적인 시설은 다음과 같다.

한겨레중·고등학교의 시설 현황은 크게 교과전용교실, 특별교실, 수준별 교

<표 2-11> 시설 현황

실명		실계	면적계(m^2)	비고
교과전용교실	국어, 사회, 수학Ⅰ, 수학Ⅱ, 영어활동실, 영어강의실, 중국어실	7		Lab시설
특별교실	과학실, 음악실, 제과제빵실, 컴퓨터실, 무용실, 도자기실, 피부미용실, 사이버학습실	9		실험실 포함, 급·배수, 방음, 서버실 포함
수준별교실	국어, 영어, 수학	3		
특수활동실	다목적실, 도서관, 상담실, 방송실, 체력단련실	5		무대, 조명, 음향, 조정실, 편집실
특수교육실	천체관측실, 조직배양실	2		
관리실	교장실, 행정실, 교무실, 당직실	4		
보건 위생실	보건실	1		
화장실	화장실	10		남녀 구분
식당		1	$300m^2$	급식실, 조리실 포함
체육관		1	$1,200m^2$	탈의실, 샤워실 포함
총합계		43	$7,316m^2$	
생활관	학생	$14.2m^2 \times 140$명 $=1,988m^2$		학생 1인당 $14.2m^2$
	교직원	$30m^2 \times 20$명$=600m^2$		교사 1인당 $30m^2$

실, 특수활동실, 특수교육실, 관리실, 보건위생실, 체육관과 생활관으로 나뉘어 있다. 특히 모든 학생은 생활관 생활을 의무화하고 있으며, 생활관은 교사와 학생들이 함께 생활하면서 학생들의 관리·감독을 하고 있다는 것이 특징이다.

5) 아시아공동체학교

(1) 개요 및 특성

부산 남구에 소재하고 있는 아시아공동체학교는 언어 문제 때문에 학습에 어려움을 겪고 있는 다문화가정 자녀를 위한 학습공동체다. 2006년 9월 15명의 학생으로 시작하여 2011년 3월에 초등학교 2학급, 중학교 1학급, 고등학교 1학급의 위탁형 대안학교로 인가받았다. 한국어 능력 향상, 기초학습능력 개발, 부모의 모국어를 학습함은 물론 예술과 체험학습으로 풍부한 감수성을 기르는 교육과정을 통해 다문화가정 아이들을 글로벌 인재로 육성하고자 한다. 아시아공동체학교는 다문화 및 비다문화, 이주아동 청소년 및 중도입국 자녀뿐만 아니라, 모든 아이들을 위한 학교다.

아시아공동체학교는 공동체학교만이 가지는 아름다운 실질적 교육을 통해 미래사회의 주역이 될 인재 육성을 시도한다. 위탁교육기관으로서의 한국공통교과의 기본적 개념을 위한 학습을 익히고, 그들이 가지고 있는 외국어 역량을 강화하며, 감성을 자극한 예체능 활동, 교감과 공동체 삶을 연계하는 생태활동을 통해 다문화교육, 평화교육, 인권교육, 생태교육이 아름다운 조화를 이루는 교육적 가치를 실현할 것이다.

(2) 현황

① 조직 및 교직원 구성

아시아공동체학교는 다문화자녀 교육경험을 바탕으로 학교적응능력을 키우고 일탈위기에 처해 있는 다문화자녀를 위해 새로운 교육 대안을 마련하여 다음과 같이 운영하고 있다.

첫째, 다문화자녀를 위한 교육과정을 운영하여 이들의 한국사회 적응 능력을 배양한다. 둘째, 다문화자녀의 장점을 살려 다국어교육으로 국제화 시대에 필요한 인재로 양성한다. 셋째, 1인 1기 특기적성교육으로 지역의 대학 및 산업체와의 연계로 현장실습을 활성화하여 전문직업인으로서 경쟁력 있는 한국사회 구성원으로 성장시킨다. 이 학교의 조직도는 〈표 2-12〉와 같다.

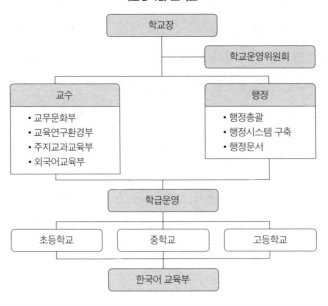

〈표 2-12〉 조직도

〈표 2-13〉 조직 및 교직원 수

구분	구성					사무직원
	교장	교감	부장교사	교사	계	행정
2014년	1	–	1	9	11	1
계	1	–	1	9	11	1

　　2014년 현재 교장 1명, 부장교사 1명, 교사 9명으로 총 11명의 교사와 행정교사 1명이 근무하고 있다.

② 학급 구성

　　전 학년 정원이 10명이고, 다문화가정 자녀 7명, 일반자녀 3명을 한 학급으로 운영하고 있다. 입학 대상은 다문화가정 자녀 및 이주 아동, 청소년 또는 다문화적 특성에 맞는 다양한 교육을 받기 원하는 학생이다(부산광역시교육청 대안교육기관의 지정 및 학생 위탁 등에 관한 규칙).

총 7학년(1~6학년과 디딤돌반)으로 구성되어 있으며, 각 학년별로 교육목표와 커리큘럼에 차별성을 두어 학습할 수 있도록 하고 있다.

학생의 국적으로는 중국 15명, 러시아 12명, 베트남 12명, 우즈베키스탄 5명, 필리핀 4명, 미국 5명, 일본 2명, 이집트 2명, 영국 2명, 태국 1명, 페루 1명, 캐나다 1명, 대만 1명, 파키스탄 1명, 한국 19명으로 총 83명이 재학 중이다.

③ 부지 및 시설 현황

아시아공동체학교는 부산광역시 남구 문현4동 1000-1번지에 위치하고 있다. 이 학교는 건물과 운동장을 포함하여 총 7,272m²의 면적을 차지하고 있다. 그리고 교무실 1개를 포함하여 교실은 13개, 도서관 1개, 식당 1개, 창고 1개 등 총 24개의 공간을 사용하고 있다. 구체적인 시설은 다음 〈표 2-14〉와 〈표 2-15〉와 같다.

〈표 2-14〉 면적

토지	건물	운동장
7,272㎡(2,200평)	1,322㎡(400평)	3,305㎡(1,000평)

〈표 2-15〉 일반교실 및 특별실

구분	교실	교무실	도서관	어학실	보건실	PC실	강당	음악실	미술실	과학실	식당	창고	계
수	12	1	1	2	1	1	1	1	1	1	1	1	24

III

다문화 대안학교의
교육과정

1.
개요

    이번 장에서는 다문화 대안학교의 학교 운영에 있어 가장 중요한 사항 중의 하나인 교육과정 운영에 관해 교육과학기술부(2010)의 『교과교육과정 내용 연계와 적정화 방안 연구』를 참조하여 논의할 것이다. 이 적정화 방안 보고서는 일반 공립학교 학생들에게 있어 2009 개정 교육과정의 교과교육과정 내용 연계와 적정화에 대한 필요성을 요구하고 있다. 교육과정의 적정화는 기존의 교육과정에서 적합하지 않은 것을 삭제 · 폐지 · 축소 · 약화하거나 더 적합한 것을 확대 · 강화 · 추가 · 신설하는 활동이며, 교육과정 연계는 시기적으로 서로 다른 학년이나 학교 간의 교육과정, 또는 같은 학년이나 같은 시기의 서로 다른 교과나 교과 외 교육과정 또는 교육목표, 교육내용, 교육방법, 교육평가 등 교육과정 요소들을 계속성 · 계열성 · 통합성에 따라 조직하는 것을 의미한다.

    2009 개정 교육과정 총론에서 도입한 학년군제, 교과군제, 집중이수, 진로 집중과정 등은 교과 내용의 총제적인 정비와 함께 학생, 사회 및 교사의 특성과 요구에 적합한 교육이 이루어지도록 교과교육과정을 설계하기 위한 방안이라는 점에서 교과교육과정 내용의 연계와 적정화를 구현하기 위한 방안이라 할 수 있다.

이에 2009 개정 교육과정 총론과 각 교과의 특성에 적합한 구체적인 교과교육과정 내용 연계와 적정화 방안이 마련되어야 할 것이다.

2009년 초 · 중 · 고등학생을 대상으로 국가수준 학업성취도평가가 실시되었다. 평가 결과는 4단계로 구분되었고, 이 가운데 '우수학력'과 '보통 이상'을 성취기준 도달이라고 볼 때 '기초학력'과 '기초미달'은 성취기준에 도달하지 못한 것으로 해석할 수 있다. 초등학교 6학년의 경우, 과목별 성취기준 미도달 학생의 비율은 국어 19.9%, 사회 29.3%, 수학 12.5%, 과학 10.4%, 영어 15.6%로 나타났으며, 중학교 3학년의 경우 국어 31.1%, 사회 36.6%, 수학 43.8%, 과학 41.1%, 영어 28.8%다. 또한 고등학교 1학년의 경우 국어 13.8%, 수학 36%, 영어 34.2%다 (한국교육과정평가원 · 한국교육평가학회, 2009).

초등학교에서 중학교, 고등학교로 올라갈수록 성취기준(총점의 50%)의 미도달 비율이 높아지고 있으며 초등에서는 사회과가, 중학교에서는 5개 교과 모두, 고등학교에서는 수학과 영어의 미도달 비율이 전수학생의 약 1/3로 학습자의 학업성취 정도가 매우 낮은 것을 알 수 있다. 특히, 중학교의 수학과 과학교과는 전수학생의 40% 이상이 기본적인 학력수준을 갖추지 못한 것으로 나타나고 있다.

하지만 이 전수조사는 특수학급 대상 학생과 학력이수에 문제가 있는 다문화가정 자녀들을 제외한 나머지 학생들을 대상으로 한 결과다. 기존 다문화 대안학교에서도 초등의 경우 공립학교에서 학력이나 학교생활 적응 등에서 심각한 문제를 보이고 있지 않지만, 중학교 이상에서는 심각한 문제가 있어 이들을 대상으로 한 공립학교 입학 이전 교육을 담당하는 다문화 준비학교나 대안학교가 필요할 것이다.

또한 PISA나 TIMSS 같은 국제학력비교평가에 따르면, 우리나라 학생들은 성적은 높지만 이런 성적을 내기 위한 시간 투자 측면에서 보면, 다른 나라 학생들이 주당 30시간 내외인 데 비해 우리나라 학생들은 주당 50시간 내외나 된다. 시간 투자 대비 성적은 최하위 집단에 속하는 것이다(홍후조 · 김대석, 2008). 그만큼 공부하는 방법을 모르거나 교과 특성에 맞는 공부를 제대로 하지 못하고 있다는 증거라고 할 수 있다.

더욱이 교과학습에 대한 자신감이나 흥미도가 가장 낮은 편에 속하는 것으로 나타나며, 가장 우수한 학생의 확보 비율도 상대적으로 낮은 편에 속한다. 이는 우리 학생들이 학습의 참다운 의미를 모를 뿐만 아니라 유능한 학생의 경우 해외 유학을 택하고 있다는 것을 생각하게 한다. 수능을 비롯한 주요 평가시스템과 학기당 이수과목 수(12~15개)를 고려한다면, 이런 폐단을 단기간에 교정하기는 쉽지 않다. 학습의 동기나 학습의 목적 및 학습하는 방법이나 학습의 참된 맛을 알게 하려면 학교의 교육목표, 교육과정, 교수학습, 교육평가 등의 측면에서 여전히 교정할 부분이 적지 않다(교육과학기술부, 2009). 이는 일반학생과 비교해 한국어 능력 및 학교적응 부분에서 제한점을 가지고 있는 다문화가정 자녀들에게 더 특화된 교육과정이 요구된다는 점을 시사한다.

이번 장에서는 이러한 기존의 교육과정 내용 연계 및 적정화 관련 연구를 토대로 다문화 대안학교의 교육과정을 분석하고자 한다.

2.
학교별 교과과정

    대안학교의 교육과정은 일반학교와 차별성을 갖는 이념적 지향을 담고 있어야 한다. 특히 다문화 대안학교도 교육수요자가 일반학교와 다르기 때문에 대상에 대한 특별하고 차별화된 교육과정이 있어야 한다.

    대안학교의 교육과정이 지향하는 교육이념의 특성은 대체적으로 공동체 안에서의 자주적이고 전인적인 개인의 발달에 있다고 할 수 있다. 이러한 대안학교의 이념적 특성은 개인의 자유로운 발달을 통해 공동체적 사회를 회복하려는 대안교육의 이념을 반영하고 있다고 볼 수 있다(장인실, 2011). 이것은 개인과 공동체를 통합시켜 보려는 일련의 교육철학적 흐름과도 맥을 같이할 뿐 아니라 다문화 사회에서 민족, 인종, 종교, 문화 등의 다양성에 대한 이해와 공존을 통해 사회통합을 이루고자 하는 측면에서도 기여하는 것을 알 수 있다.

1) 한누리학교

한누리학교는 다문화 학생들의 적응을 돕기 위해 전국 최초로 설립된 초·중·고 통합 기숙형 공립 다문화학교다. 한누리학교 학급 수는 총 14학급으로 초등학교 6학급과 중학교 3학급, 고등학교 3학급으로 구성되며, 한국어에 어려움을 겪는 학생들을 위해 초·중등 디딤돌 2학급을 운영하고 있다.

한누리학교는 인천 지역뿐만 아니라 중도입국을 포함한 전국 다문화가정 자녀들이 다닐 수 있다. 이를 위해 기숙사가 운영되며, 초등학교 고학년부터 고등학생까지 기숙사를 이용할 수 있다.

교육과정은 다문화가정의 자녀가 일반학교 교육과정에 잘 적응할 수 있도록 돕기 위해 정규 교육과정을 50%로 줄이는 대신 나머지 50%는 특성화과정으로 운영되고 있다. 특성화과정은 한국어와 한국문화, 다문화교육 등으로 구성된다. 특히, 한국어 의사소통의 어려움을 겪는 학생들을 위해 체계적인 한국어 강좌를 마련하고 있으며, 중국, 몽골, 일본, 러시아 이중언어교사와 한국인 교사의 협조로 학생들이 일반 교과과정의 수업을 수월하게 이수할 수 있도록 지도하고 있다.

(1) 초등학교 교육과정

한누리학교의 초등학교 교육과정은 2009 개정(2011 고시) 교육과정 총론을 기초로 공립 다문화 대안학교로서 대안학교와 특성화 학교의 절충적인 형태의 개념으로 구성했으며, 2009 개정 교육과정에서 기본교육과정 이수시간은 전체의 50% 시수를 이수하고, 나머지 50%는 특성화 교육과정으로 구성했다. 기본교육과정은 교과군과 창의체험활동으로 구성되며, 초등학교는 1~2학년, 3~4학년, 5~6학년군으로 편성·운영하고 있다. 교과는 국어, 사회/도덕, 수학, 과학/실과, 체육, 예술, 영어로 구성되지만, 초등학교 1~2학년의 교과는 국어, 수학, 통합교

<표 3-1> 한누리학교 초등학교 교육과정 편성 현황

(2015학년도 기준)

구분			1~2학년		3~4학년		5~6학년	
기본 교육 과정	교과군	국어	국어(225) 수학(128) 통합교과(352)		204		204	
		사회/도덕			136		136	
		수학			136		136	
		과학/실과			102		170	
		체육			102		102	
		음악/미술			136		136	
		영어			68		102	
		바른생활						
		슬기로운생활						
		즐거운생활						
	교과군(계)		704		884		986	
	창의적 체험활동	자율활동	70	26	29	29	29	29
		동아리활동	10	10	10	10	10	10
		봉사활동	6	6	6	6	6	6
		진로활동	4	4	6	6	6	6
	창체(계)		90	46	51	51	51	51
기본교육과정(계)			841(+1)		986		1,088	
특성화 교육 과정	학력신장	학력신장 과정	국어보충	839시간		986시간		1,088시간
			수학보충					
	진로과정	특기/ 적성과정	악기연주					
			생활체육					
			가창					
		인성/ 생활과정	상담					
			자기이해					
	다문화 과정	한국어 습득 과정	한국어					
		다문화 교육과정	전통문화					
			세계이해					
			상호존중					
특성화 교육과정(계)			839(-1)		986		1,088	
총 수업시수			1,680		1,972		2,176	

과로 운영하고 있다. 창의적 체험활동은 자율활동, 동아리활동, 봉사활동, 진로활동을 포함한다.

기본교육과정의 총 이수단위는 〈표 3-1〉에서 보는 바와 같이 초등학교 1~2학년은 840 기준시간에 841시간으로 1시간 증가, 초등학교 3~4학년은 986 기준시간, 초등학교 5~6학년은 1,088 기준시간에 맞추어 편성 · 운영하고 있다.

특성화 교육과정은 크게 학력과정과 진로과정, 다문화과정으로 편성 · 운영하고 있다. 각 하위범주로 학력과정은 한국어 및 교과 심화 · 보충, 진로과정은 진로탐색 및 진로체험, 다문화과정은 인성/생활과정과 문화이해 등으로 시행하고 있다. 초등학교 1~2학년(저학년) 단계에서는 국어과목의 경우 고학년에 비해 상대적으로 많은 시간을 배정하여 운영하고 있으며, 특성화 교육과정에서도 다른 과정 영역에 비해 한국어 시간에 상당히 많은 시수를 배정하고 있다. 이는 다문화가정 학생들의 한국어교육을 통한 소통능력 활성화에 치중하고 있는 것으로 보인다.

또한 한누리학교의 특이사항으로는 주산 · 암산으로 계산력을 증진시키고자 하며, 합창수업을 통해 혼자서 할 때보다 함께할 때 더욱 자신감을 높일 수 있는 경험을 하며, 각 파트의 조화를 통해 아름다운 하모니를 구성하여 하나가 되는 우리를 강조하고 있다. 그리고 1인 1악기 연주를 통해 개인별로 악기 하나씩은 필수로 다룰 수 있도록 지도하여 소근육 발달을 촉진하는 것은 물론 자신감과 정서적인 안정감을 추구하도록 하고 있다.

(2) 중학교 교육과정

한누리학교의 중학교 교육과정은 2009 개정(2011 고시) 교육과정 총론을 기초로 대안학교와 특성화 학교의 절충적인 형태의 개념으로 구성했다. 중학교 교육과정을 살펴보면, 크게 기본교육과정과 특성화교육과정으로 나누어져 있음을 알

〈표 3-2〉 한누리학교 중학교 교육과정 편성표

(2015학년도 기준)

구분			1학년		2학년		3학년		디딤돌반	
			1학기	2학기	1학기	2학기	1학기	2학기	1학기	2학기
기본교육과정	교과군	국어	51	34	34	34	34	34	디딤돌반은 기본교육과정 시간에 한국어	
		사회/역사/도덕	34	68	34	51	34	34		
		수학	17	34	34	34	34	34		
		과학/기술가정	34	34	51	68	51	85		
		체육			51	51		34	예비반 수업진행	
		음악/미술	34		34		68			
		영어	34	34	17	17	34	34		
	선택과목	정보	34	17						
		중국어	17	34						
	창의적 체험활동	자율활동	21	6	21	6	21	6		
		동아리활동	6	15	6	15	6	15		
		봉사활동	7	3	7	3	7	3		
		진로활동	3	7	3	7	3	7		
기본교육과정(계)			1,783							

특성화과정은 무학년 4개 반 운영			1학년	2학년	3학년	다딤돌반
특성화 교육과정	학력신장	학력신장과정	과학탐구			
			심화수학			
			스크린영어			
	진로과정	특기/적성과정	생활스포츠			
			합창			
			합주			
			컴퓨터활용			
			수학체험			
			가정실습			
		인성/생활과정	상담	561시간	561시간	561시간	(561)시간
			진로와 직업			
			미술치료			
	다문화과정	한국어습득 과정	한국어			
		다문화교육과정	문화			
			세계이해			
			역사탐구			
			지역사회이해			
특성화 교육과정(계)			1,683			
총 수업시수			(기본교육과정+특성화 교육과정) 3,417			

수 있다. 중학교 1, 2, 3학년 과정과 디딤돌반으로 운영하고 있다. 기본교육과정은 교과군, 선택과목, 창의적 체험활동 등으로 이루어지며, 국가 수준 교육과정에서 제시한 필수 이수시간의 50%를 감축하여 제시하고 있다. 나머지 50%의 시수는 특성화과정으로 제시하고 있다. 교과군으로 국어, 사회, 역사, 도덕, 수학, 과학, 기술가정, 체육, 음악, 미술, 영어의 11과목, 선택과목에는 정보와 중국어 2과목, 창의적 체험활동에는 자율활동, 진로활동, 봉사활동, 동아리활동의 4영역으로 운영하고 있다. 창의적 체험활동은 배려와 나눔의 실천활동을 주로 하고 있으며, 이는 학생들의 도덕성 함양, 준법정신 및 윤리의식 강화를 위해 기존의 교과중심 교육에서 체험중심 교육으로 전환하기 위해 노력하고 있다.

〈표 3-2〉에서 보는 바와 같이 특성화과정은 학년/학급별에 맞추어 4개 반, 디딤돌반 1개 반, 총 5개 반으로 편성 · 운영하고 있으며, 특성화과정 중 한국어 시간은 한국어 수준에 맞추어 4개 반(A~D), 디딤돌반(E) 1개 반, 총 5개 반으로 무학년 편성 · 운영하고 있다. 디딤돌반은 한국어 예비반으로 기본교육과정 수업시간에 함께 편성 · 참여하되, 학생/과목에 따라 디딤돌 학급에서 별도로 한국어 수업을 운영하고 있다. 또한 학력신장, 진로과정, 다문화과정의 3개 영역으로 나누어져 있다. 학력신장 영역은 과학탐구, 심화수학, 스크린영어 등 기본교육과정의 심화 · 보충수업을 하고 있으며, 진로과정으로는 특기/적성 계발을 위해 생활스포츠, 합창, 합주, 컴퓨터활용, 수학체험, 가정실습 등 학생들 개개인의 적성을 찾을 수 있도록 흥미와 함께 체험할 수 있는 시간을 갖고 있다. 인성/생활 부문은 상담, 진로와 직업, 미술치료 등 심리치료나 정서적인 지원과 더불어 미래를 위한 진학과 사회진출에 대한 실질적인 대비를 하고 있다. 다문화과정으로서는 한국어 습득을 위해 제2언어로서의 한국어교육을 지도하는 데 어려움이 많지만, 교내 특수 분야 직무연수 이수 및 『한국어교원 양성과정』 이수 등 한국어 교수-학습 방법 개선을 위한 자기 연찬을 통해 학생들을 지도하고 있다. 다문화교육과정으로는 문화, 세계이해, 역사탐구, 지역사회이해 등을 개설하여 한국의 문화와 세계

여러 나라 문화에 대한 이해를 돕고 있으며, 담임교사(또는 담당교사)가 다문화 언어 강사와의 협력 수업의 형태로 진행하고 있다. 이와 같이 특성화과정의 총 기준시수 1,683시간에 맞추어 기본교육과정과 더불어 각 50%씩 교육과정을 운영하고 있다.

(3) 고등학교 교육과정

한누리학교의 고등학교 교육과정은 초등학교 · 중학교 교육과정과 같이 2009 개정(2011 고시) 교육과정 총론을 기초로 대안학교와 특성화 학교의 절충적인 형태의 개념으로 교육과정을 구성하고 있다. 또한 기본교육과정과 특성화과정으로 나누어져 있으며, 기본교육과정은 또다시 기초, 탐구, 체육/예술, 생활/교양, 창의적 체험활동으로 나뉜다.

〈표 3-3〉에 제시한 것처럼 기초 영역은 국어 · 수학 · 영어, 탐구 영역은 사회 · 역사 · 도덕 · 과학, 체육/예술 영역은 체육 · 음악 · 미술, 생활/교양 영역은 기술가정 · 정보 · 중국어 등으로 세분화되어 수업하고 있으며, 인문계 진학을 위한 교육과정만 편성 · 운영하고 있다. 창의적 체험활동은 자율활동, 진로활동, 봉사활동, 동아리활동을 중심으로 배려와 나눔의 실천활동을 주로 하고 있다. 이는 학생들의 도덕성 함양, 준법정신 및 윤리의식 강화를 위해 기존의 교과중심 교육에서 체험중심 교육으로 전환하려고 노력하고 있다.

〈표 3-3〉 한누리학교 고등학교 교육과정 편성표

(2015학년도 기준)

구분				1학년		2학년		3학년		단위합계
				1학기	2학기	1학기	2학기	1학기	2학기	
기본교육과정	기초	국어	국어1	1	1					8
			독서와 문법 I			2	2			
			문학					1	1	

구분				1학년		2학년		3학년		단위합계
				1학기	2학기	1학기	2학기	1학기	2학기	
기본 교육 과정	기초	수학	수학1	1						8
			수학 II		1					
			수학 I			1	1			
			미적분과 통계기본					2	2	
		영어	기초영어	1	1					8
			실용영어 I			1	1			
			실용영어회화					2	2	
	탐구	사회	사회		4					21
			세계지리				4			
		역사	한국사	4						
			세계사					3		
		도덕	윤리와 사상			3				
			생활과 윤리				3			
		과학	지구과학 I			2	2			8
			화학 I					2	2	
	체육, 예술	체육	운동과 건강생활	2	2					7
			스포츠 문화					3		
		음악	음악과 생활	2	2					14
			음악실기			2	2			
		미술	미술문화	2	2					
			미술과 삶						2	
	생활, 교양		기술가정			4				16
			가정과학						4	
			정보	2	2					
			중국어					2	2	
	창의적 체험 활동		자율활동	4		4		4		12
			진로활동							
			봉사활동							
			동아리활동							
기본교육과정(계)				102						
특성화과정은 무학년 2개 반 운영				1~3학년						

구분				1학년		2학년		3학년		단위합계
				1학기	2학기	1학기	2학기	1학기	2학기	
특성화 교육 과정	학력 신장	학력신장 과정	과학탐구	102단위						
			심화수학							
	진로 과정	특기/ 적성과정	생활스포츠							
			합창							
			합주							
			컴퓨터활용							
			가정실습							
		인성/생활 과정	상담							
			미술치료							
	다문화 과정	한국어 습득과정	한국어							
			글쓰기							
		다문화 교육과정	문화							
			세계이해							
			역사탐구							
			지역사회이해							
특성화 교육과정(계)				102						
총 수업시수				기본교육과정+특성화 교육과정						204

특성화과정은 학년/학급별에 맞추어 2개 반(고A: 고 1학년, 고B: 고 2, 3학년)으로 무학년 편성·운영하고 있으며, 특성화과정 중 한국어 시간은 한국어 수준에 맞추어 2개 반으로 운영하고 있다. 디딤돌반은 한국어 예비반으로 기본교육과정 수업시간에 함께 편성하여 참여하되, 학생/과목에 따라 디딤돌 학급에서 따로 한국어 수업을 운영한다. 그리고 특성화과정을 크게 학력신장과정, 진로과정, 다문화과정으로 구분하여 다문화학생이 겪는 어려움을 해소하기 위해 한누리학교만의 특성을 살리려고 교육과정을 구성했다. 학력신장을 위한 과정으로 과학탐구, 심화수학 등의 심화과정을 통해 기본교육과정에 대한 이해를 돕고 있으며, 진로교육은 특기/적성과정으로 생활스포츠, 합창, 합주, 컴퓨터활용, 가정실습 등 학생들

이 자신의 흥미와 적성을 찾고 다양한 직업에 대해 이해하며 자신의 진로를 찾아갈 수 있는 수업을 구안했다.

고등학생의 경우에는 취업과 관련된 다양한 정보를 제공하는 등 실질적인 도움이 되도록 학생들의 요구를 최대한 반영한 프로그램을 운영하고 있다(한누리학교, 2014). 인성/생활과정으로는 상담, 미술치료 등을 통해 심리적인 안정감을 누리도록 지원하고 있으며, 특히 3C(Communication, Culture-understanding, Confidence) 프로그램을 구안·적용함으로써 학생들이 일반학교에서 잘 적응할 수 있는 기반을 마련하기도 했다. 한국어 습득과정으로 초등학교·중학교 특성화과정에 비해 글쓰기 과정을 추가하여 보다 자유롭게 한국어 소통을 할 수 있도록 지도하고 있으며, 다문화교육과정의 문화, 세계이해, 역사탐구, 지역사회이해 등을 통해 한국문화와 지역사회를 이해하고 다문화에 대한 감수성을 높일 수 있는 체험학습이 되도록 장소를 선정하는 등 유관기관과의 연계 및 사회적 기업의 참여를 권장하고 있다(한누리학교, 2014). 이처럼 기본교육과정 102단위, 특성화과정 102단위로 각 50%씩 나누어 공립 다문화 대안학교의 특성에 맞추어 운영해가고 있다.

2) 새날학교

새날학교 교과과정의 기본방향은 다문화가정 자녀(국제결혼가정 자녀, 외국인 자녀, 북한이탈 청소년)의 학습 및 문화 적응력을 향상시키고, 문화 공동체의식을 형성할 수 있도록 하는 것이다. 새날학교는 교육과정을 교과활동, 창의적 체험활동으로 나누어 편성하며 교과활동은 보통교과와 대안교과로 운영한다. 모든 교육과정은 학습자의 한국어 능력과 한국문화 이해 수준을 고려하여 구성·운영하고 있다.

새날학교는 전체 학급 편성에서 초등학교를 1~4학년과 5~6학년으로 편성하는 특징이 있다. 보통의 경우 초등학교를 2개 반으로 편성할 때 1~3학년과

4~6학년으로 구분하는 것과는 다른 학급 편성이다. 중학교 과정은 한글반, 1학년, 2학년, 3학년의 4개 반으로 편성되어 있으며, 한글반을 별개의 반으로 운영하는 특징이 있다. 고등학교 과정은 2014년 현재 1학년과 2학년 2개의 반이 편성되어 있다.

새날학교의 교과과정은 기본교과와 대안교과로 구분되어 있으며, 기본교과는 일반 공립학교와 동일하게 운영하고 있다. 대안교과과정은 국어와 체육교과 부문에 편성되어 있다.

(1) 초등학교 교육과정

새날학교의 초등학교과정에는 전체 11개(창의적 체험활동 포함) 과목 중 모국어와 태권도 2개 과목이 편성되어 있다. 대안교과과정은 1~4학년의 경우 모국어가

〈표 3-4〉 초등학교 전체 교육과정

교과	교과과목		1~4학년		5~6학년	
			1학기	2학기	1학기	2학기
보통교과/ 대안교과	국어	국어	170(10)	136(8)	204(12)	170(10)
		모국어(대안교과)		34(2)		34(2)
	바른생활/사회 · 도덕			34(2)		34(2)
	수학		68(4)	68(4)	68(4)	68(4)
	슬기로운생활/과학 · 실과		34(2)		34(2)	
	음악		34(2)	34(2)	34(2)	34(2)
	미술		34(2)	34(2)	34(2)	34(2)
	체육	체육	34(2)	34(2)	34(2)	34(2)
		태권도(대안교과)	34(2)	34(2)	34(2)	34(2)
	영어		34(2)	34(2)	34(2)	34(2)
창의적 체험활동			68(4)	68(4)	68(4)	68(4)
연간 수업시수			1,020(30)		1,088(32)	
총 대안교과			102(6)		102(6)	

※( ) 안은 주당 시간 수

연간 34시간(2학기 중에만 주당 2시간)이고, 체육과목의 태권도가 38시간(1학기와 2학기에 각 34시간씩, 주당 2시간)이다. 연간 대안교과의 총 시수는 102시간으로 연간 총 수업 시수 1,020시간(주당 30시간)의 10%다. 마찬가지로 5~6학년도 대안교과과정은 연간 102시간(2학기 중에만 주당 2시간)이지만, 연간 총 수업시수가 1,088시간(주당 30시간)으로 대안교과과정이 9.375%를 차지하고 있다. 교과과목은 국어과목의 모국어와 체육과목의 태권도가 개설되어 있다. 학교 관계자의 말에 의하면, 초등교과과정은 수업시수나 교과목에서 일반 공립학교와 동일하게 운영하고 있다고 한다. 그러나 공립학교와 비교하여 새날학교에서는 대안교과 외에 일반 교과목 수업에서도 다문화교육 관련 내용을 학습할 수 있도록 재구성하여 운영하는 차이점이 있다고 한다. 〈표 3-4〉는 대안교과를 포함하는 초등학교 전체 교육과정의 수업시수를 정리한 것이다.

새날학교는 위탁교육을 하는 공립형 대안학교로 학생들의 일반학교 전입을 목표로 하고 있다. 이와 같은 이유로 교과 재구성의 많은 부분이 한글 기초에 중점을 두고 이루어지고 있다. 또한 학생들의 한국어 어휘력 향상을 위해 한글교육을 별도로 시행하고 있다.

〈표 3-5〉는 초등학교 전체 교육과정 중에서 대안교과가 포함되어 있는 국어

〈표 3-5〉 초등학교 대안교육과정

교과과목		1~4학년		5~6학년	
		1학기	2학기	1학기	2학기
국어(68)	국어	170(10)	136(8)	204(12)	170(10)
	모국어(대안교과)		34(2)		34(2)
체육	체육	34(2)	34(2)	34(2)	34(2)
	태권도(대안교과)	34(2)	34(2)	34(2)	34(2)
연간 대안교과 수업시수		102(6)		102(6)	
연간 전체 수업시수(대안교과 포함)		1,020(30)		1,088(32)	
연간 수업시수 대비 대안교과 수업시수 비율		10%		9.375%	

※ ( ) 안은 주당 시간 수

와 체육과목의 일반교과와 대안교과의 수업시수를 비교·정리한 것이다.

〈표 3-5〉에서 알 수 있는 것과 같이 새날학교의 초등학교 과정에서의 연간 수업시수 대비 대안교과 수업시수 비율은 1~4학년이 10%, 5~6학년이 9.375%로 대안교과의 시수가 절대적으로 부족하다.

(2) 중학교 대안교육과정

〈표 3-6〉 중학교 전체 교육과정

교과	교과과목		1학년		2학년		3학년	
			1학기	2학기	1학기	2학기	1학기	2학기
보통교과/ 대안교과	국어	국어	85(5)	85(5)	85(5)	85(5)	85(5)	85(5)
		언어실습(대안교과)	153(9)	119(7)	153(9)	119(7)	153(9)	119(7)
		모국어(대안교과)		34(2)		34(2)		34(2)
	도덕	도덕	34(2)	34(2)	34(2)	34(2)	34(2)	34(2)
	수학	수학	34(2)	34(2)	34(2)	34(2)	34(2)	34(2)
	과학/ 기술가정	과학	34(2)	34(2)	34(2)	34(2)	34(2)	34(2)
		기술가정	17(1)	17(1)	17(1)	17(1)	17(1)	17(1)
	예술	음악	17(1)	34(2)	17(1)	34(2)	17(1)	34(2)
		미술	34(2)	17(1)	34(2)	17(1)	34(2)	17(1)
	체육	체육		51(3)		51(3)		51(3)
		태권도(대안교과)	51(3)		51(3)		51(3)	
	영어		34(2)	34(2)	34(2)	34(2)	34(2)	34(2)
	선택(택1)	프랑스어	17(1)	17(1)	17(1)	17(1)	17(1)	17(1)
		러시아어						
창의적 체험활동			68(4)	68(4)	68(4)	68(4)	68(4)	68(4)
학기별 이수과목 수(대안교과 제외)			9	10	9	10	9	10
학기별 이수시수			1	156	1	156	1	156
최소 수업시수			1,156		1,156		1,156	
연간 수업시수			3,366					
총 대안교과			204(12)	153(9)	204(12)	153(9)	204(12)	153(9)

※( ) 안은 주당 시간 수

새날학교는 중학교과정에도 전체 14개(창의적 체험활동 포함) 과목 중 모국어와 태권도 2개 과목이 대안교과과정으로 편성되어 있다. 중학교의 대안교과과정은 1, 2, 3학년 모두 1학기에는 국어과목에 모국어 없이 언어실습만 153시간(주당 9시간), 체육과목의 태권도가 51시간(주당 3시간) 있으며, 2학기에는 체육과목 없이 국어과목에만 언어실습 119시간(주당 7시간), 모국어 34시간(주당 2시간)이 있다. 대안교과목과 창의적 체험활동을 포함한 연간 총 수업시수가 1,156시간이고, 연간 대안교과 수업시수는 357시간으로 대안교과과정이 약 30.88%를 차지하고 있다. 〈표 3-6〉은 대안교과를 포함하는 중학교 전체 교육과정의 수업시수를 정리한 것이다.

　　〈표 3-6〉에 의하면, 국어의 경우 일반 공립학교의 연간 기준 수업시수인 442시간보다 많은 476시간을 수업하고 있으며, 그중 36% 정도인 170시간이 국어시간이고 나머지 64% 정도가 언어실습과 모국어 수업인 대안교과로 이루어져 있다. 체육과목도 1학기에는 태권도로 재구성되어 있는 것을 알 수 있다.

　　〈표 3-7〉은 중학교 전체 교육과정 중에서 대안교과가 포함되어 있는 국어와 체육과목만 일반교과와 대안교과의 수업시수를 비교할 수 있도록 정리한 것이다.

〈표 3-7〉 중학교 대안교육과정

학교과정	교과과목		1학년		2학년		3학년	
			1학기	2학기	1학기	2학기	1학기	2학기
중학교	국어	국어	85(5)	85(5)	85(5)	85(5)	85(5)	85(5)
		언어실습(대안교과)	153(9)	119(7)	153(9)	119(7)	153(9)	119(7)
		모국어(대안교과)		34(2)		34(2)		34(2)
	체육	체육		51(3)		51(3)		51(3)
		태권도(대안교과)	51(3)		51(3)		51(3)	
	연간 대안교과 수업시수		357		257		257	
	연간 전체 수업시수 (대안교과 포함)		1,156		1,156		1,156	
	연간 수업시수 대비 대안교과 수업시수 비율		약 30.88%		약 30.88%		약 30.88%	

※( ) 안은 주당 시간 수

〈표 3-7〉에 제시한 것처럼, 새날학교의 중학교 과정에서 연간 수업시수 대비 대안교과 수업시수 비율은 약 30.88%로 초등학교의 약 10%와 비교하면 매우 많이 증가한 것이지만, 대안교과를 전체 교과의 50%까지 배정할 수 있는 것과 비교하면 대안교과목의 시수 배정은 많은 편이 아니라고 할 수 있다.

(3) 고등학교 대안교육과정

새날학교는 2013년에 고등위탁과정을 신설하여 2014년 현재 고등학교 1학년과 2학년 과정이 개설되어 있다. 새날학교의 고등학교 대안교과과정에는 초등학교와 중학교와 달리 태권도 시간은 제외되고, 전체 18개(창의적 체험활동 포함) 과목 중 국어과목에서 모국어와 언어실습 2개 과목이 편성되어 있다. 모국어 과목은 1, 2학년 모두 1학기에는 없고 2학기에만 42시간(주당 2시간)씩 편성되어 있으며, 언어실습은 1학기에는 153시간(주당 9시간), 2학기에는 119시간(주당 7시간)이 편성되어 있다. 대안교과목과 창의적 체험활동을 포함한 연간 총 수업시수가 1,156시간이고 연간 대안교과 수업시수는 306시간으로 대안교과과정이 약 26.47%를 차지하고 있다. 〈표 3-8〉은 대안교과를 포함하는 고등학교 전체 교육과정의 수업시수를 정리한 것이다.

〈표 3-8〉 고등학교 전체 교육과정

교과	교과 영역	교과(군)	과목	1학년		2학년	
				1학기	2학기	1학기	2학기
보통 교과/ 대안교과	기초	국어	국어 I	85(5)	85(5)		
			화법과 작문 I			85(5)	85(5)
			언어실습(대안교과)	153(9)	119(7)	153(9)	119(7)
			모국어(대안교과)		34(2)		34(2)
		수학	기초수학	34(2)	34(2)		
			수학 I			34(2)	34(2)

교과	교과 영역	교과(군)	과목		1학년		2학년	
					1학기	2학기	1학기	2학기
보통 교과/ 대안교과	기초	영어	기초영어		34(2)	34(2)		
			실용영어 I				34(2)	34(2)
	탐구	사회	도덕				34(2)	34(2)
			생활과 윤리		34(2)	34(2)		
		과학	과학		17(2)	17(2)		
			지구과학 I				17(2)	17(2)
	체육 · 예술	예술	음악과 생활		17(1)	34(2)		
			음악 실기				17(1)	34(2)
			미술 창작		34(2)	17(1)	34(2)	17(1)
		체육	운동과 건강생활		51(3)	51(3)	51(3)	51(3)
	생활 · 교양	기술 · 가정/ 제2외국어/ 한문/교양	기술 · 가정		17(1)	17(1)	17(1)	17(1)
			제2 외국어	프랑스어 I	17(1)	17(1)	17(1)	17(1)
				러시아어 I				
창의적 체험활동					68(4)	68(4)	68(4)	68(4)
학기별 이수시수					578(34)	578(34)	578(34)	578(34).
연간 수업시수					1,156		1,156	
최소 이수단위(1~3학년)					204			
총 대안교과					153(9)	153(9)	153(9)	153(9)

※( ) 안은 주당 시간 수

고등학교 교육과정의 대안교과에는 국어과목만 포함되어 있다. 국어의 경우 중학교와 마찬가지로 476시간 중 36% 정도인 170시간은 국어시간이고, 대안교과인 언어실습과 모국어 수업이 약 64%를 차지하고 있다.

고등학교 대안교과에는 초등교과과정과 중학교교과과정과는 달리 체육과목이 제외되어 있다. 〈표 3-9〉는 국어과목의 일반교과와 대안교과의 수업시수를 비교 · 정리한 것이다.

새날학교의 고등학교 과정에서의 연간 수업시수 대비 대안교과 수업시수 비율은 약 26.47%로 초등학교의 약 10%보다는 많은 편이나, 중학교의 30.88%보다는 적다. 그러나 중학교와 비교한다면 체육의 태권도 시간이 줄어든 것으로 국어의 언어실습과 모국어의 시간은 같다,

〈표 3-10〉은 새날학교 초 · 중 · 고등과정의 대안교과 과정만 모아서 한눈에

<표 3-9> 고등학교 대안교육과정

학교과정	교과과목	과목	1학년		2학년	
			1학기	2학기	1학기	2학기
고등학교	국어	국어 I	85(5)	85(5)	–	–
		화법과 작문 I	–	–	85(5)	85(5)
		언어실습(대안교과)	153(9)	119(7)	153(9)	119(7)
		모국어(대안교과)	–	34(2)	–	34(2)
	연간 대안교과 수업시수		306		306	
	연간 전체 수업시수 (대안교과 포함)		1,156		1,156	
	연간 수업시수 대비 대안교과 수업시수 비율		약 26.47%		약 26.47%	

※ ( ) 안은 주당 시간 수

<표 3-10> 대안교과 편성 현황

학교과정	교과과목	과목	1학년(초: 1~4학년)		2학년(초: 5~6학년)		3학년	
			1학기	2학기	1학기	2학기	1학기	2학기
초등학교	국어	모국어		34(2)		34(2)		
	체육	태권도	34(2)	34(2)	34(2)	34(2)		
	총계(204)		34(2)	68(4)	34(2)	68(4)		
중학교	국어	언어실습	153(9)	119(7)	153(9)	119(7)	153(9)	119(7)
		모국어		34(2)		34(2)		34(2)
	체육	태권도	51(3)		51(3)		51(3)	
	총계(1,071)		204(12)	153(9)	204(12)	153(9)	204(12)	153(9)
고등학교	국어	언어실습	153(9)	119(7)	153(9)	119(7)		
		모국어		34(2)		34(2)		
	총계(612)		153(9)	153(9)	153(9)	153(9)		

※ ( ) 안은 주당 시간 수

볼 수 있도록 표로 정리한 것이다.

　새날학교의 대안교과과정은 국어와 체육 교과과목에 포함되어 있다. 세부 과목으로는 국어에 모국어와 언어실습, 그리고 체육교과에 태권도가 있다. 모국 어는 초·중·고등학교에서 모두 같은 시수로 편성되어 있고, 언어실습은 초등학 교과정은 제외하고 중학교와 고등학교의 교과과정에 포함되어 있으며, 체육의 태 권도는 중학교과정에서만 포함되어 있다.

(4) 현장체험학습

　새날학교 학생들은 원적 학교에 복귀해야 하기 때문에 전 단계 통합교육이 필요하다. 현장체험학습은 찾아가는 '일일 통합교육'과 찾아오는 '다문화 체험장' 을 운영하고 있다. 찾아가는 '일일 통합교육'은 학생들이 일반학교에 찾아가서 일 일 공동학습을 하며, 이를 통해 학생들은 한국 학교 학습 방법과 한국 학교 문화 를 익힐 수 있다. 찾아오는 '다문화 체험장'은 일반학교 학생들이 새날학교를 찾 아와서 다문화를 체험해보는 학습형태로, 서로 소통하는 경험을 통해 일반학교 학생들과 새날학교 학생들이 서로를 이해하는 장으로 마련하고 있다. 이 학습은 학생들의 원적 학교로의 조속한 복귀에 도움이 되고, 복귀 시 적응하기 쉽도록 돕 는 것을 목표로 하고 있다.

① 찾아가는 일일 통합교육

　찾아가는 일일 통합교육은 일반학교에서의 일일 공동학습을 통해 한국 학교 학습 방법과 한국 학교 문화를 익혀 학생들이 조속히 원적 학교에 복귀하는 데 도 움을 주고 새날학교 문화를 알리는 데 목적이 있다. 이 행사와 연계되어 있는 대 상 일반학교에는 송정서초등학교, 송정동초등학교, 송정중학교, 운남중학교, 광 일고등학교로 초등학교 2개, 중학교 2개, 고등학교 1개가 있다.

<표 3-11> 찾아가는 일일 통합교육의 대상 일반학교

구분	학교별	대상학교	참가 학생 수	시기
1	초등학교	송정서초등학교	21명	5월
2	초등학교	송정동초등학교	21명	9월
3	중학교	운남중학교	36명	5월
4	중학교	송정중학교	36명	9월
5	고등학교	광일고등학교	9명	9월

새날학교는 찾아가는 일일 통합교육을 통해 다음과 같은 효과를 기대하고 있다.

　가. 본교 학생들에게는 한국 학생이 공부하는 방법을 알게 될 것이다.

　나. 학생들의 문화예술을 터득하게 될 것이다.

　다. 서로 다른 문화를 인식하고 서로의 문화에 대한 장점을 터득하게 될 것이다.

　라. 서로의 문화예술 분야를 표현하는 기회를 갖게 될 것이다.

　마. 서로의 문화 차이를 알게 될 것이다.

② 찾아오는 '다문화 체험장' 운영

찾아오는 '다문화 체험장'은 일반학교 학생들이 새날학교를 찾아와서 새날학교 학생과 함께 다문화를 체험해보는 학습형태다. 이 체험은 일반 학교 학생들에게 새날학교 학생들의 다양한 문화를 소개하고 서로 소통하는 경험을 통해 일반 학교 학생들과 중도입국 학생이나 다문화 학생들이 서로를 이해하고, 새날학교 학생들의 원적 학교 복귀 시 적응을 잘 할 수 있도록 돕는 것을 기본 목표로 하고 있다.

찾아오는 '다문화 체험장'은 통합교육의 일환으로 일반학생들을 초청하여 본교의 교사와 학생들이 5개 영역의 다문화 체험 부스를 준비하고 운영한다. 초

〈표 3-12〉 다문화체험학습의 내용

다문화체험학습별 분류		내용	
공연		새날학교 학생 공연 - 태권도, 난타, 밴드공연, 아리랑 제창 - 각국 민속춤(중국, 우즈베키스탄, 필리핀 등)	
부스별 체험	공예체험	팬시우드 핸드폰 줄 만들기	
	언어체험	각 나라의 간단한 인사와 일상용어 몇 마디 배우기 (필리핀어/타갈로그어, 러시아어, 베트남어, 중국어)	언어체험, 의상체험 중 택1
	의상체험	각 나라별 의상 체험해보기(베트남, 중국, 우즈베키스탄, 필리핀, 몽골 등)	
	놀이체험	각 나라의 전통놀이를 직접 체험해보기(러시아 고르드키, 중국 콩쥬)	
	음식체험	우즈베키스탄 전통 음식 샤스릭(숯불 꼬치구이) 직접 만들어보기	
점심		태국(얌), 중국(지), 러시아(카트레트), 한국(김밥), 인도(카레)	

청된 일반 학교 학생들은 새날학교 학생들의 발표 공연과 함께 언어체험, 의상체험, 놀이체험, 음식체험, 공예체험의 5개 영역을 체험하게 되며, 이 중 언어체험, 의상체험은 한 가지를 택하여 체험할 수 있다.

다문화체험학습에 대한 구체적인 내용은 〈표 3-12〉와 같다.

〈표 3-12〉에 의하면, 새날학교 학생 공연에 새날학교의 체육 대안교과로 편성되어 있는 태권도 시범을 보여주는 것을 확인할 수 있다. 중국, 우즈베키스탄, 필리핀, 러시아, 베트남, 몽골, 태국, 인도 등 다양한 나라의 문화를 체험할 수 있도록 구성되어 있음을 알 수 있다.

이와 같이 새날학교의 교과과정에는 정규 교과 외에 '찾아가는 일일 통합교육'과 '찾아오는 다문화 체험장'의 두 가지 현장체험학습이 계획되어 있다. 새날학교는 위탁학교로 새날학교의 모든 학생은 언젠가는 원적 학교로 복귀해야 한다. 새날학교 학생들의 원적 학교 체험도 중요하지만, 일반학교 학생들이 다문화학교와 학생을 이해하는 것도 매우 중요하다. '찾아오는 다문화 체험장'은 새날학교 학생들의 원적 학교 복귀에도 도움이 되겠지만, 다문화사회에서의 일반학생을 위한 다문화이해교육의 일환으로 필요한 교육 프로그램이라고 할 수 있다.

3) 서울다솜학교

    서울다솜학교 교육과정은 교육과학기술부 교육과정과 서울시의 고등학교 교육과정 지침을 바탕으로 학교의 특수성과 실정을 고려하여 단위 학교 수준에서 재구성하여 모든 학생의 꿈과 끼를 함께 키우는 행복한 교육을 비전으로 교육하고 있다. 또한 다문화 청소년을 위한 대안학교의 정체성을 확립하여 다문화가정 청소년에 대한 교육격차 해소 및 책임교육 실현을 위해 교육목표를 충실히 달성할 수 있도록 전문교과와 보통교과의 이수단위 수를 균형 있게 편성했다. 특히 교육과정은 학생 · 학부모의 요구와 교사 및 산업체전문가 등의 의견과 학과별 특성을 반영했다.

(1) 교육과정

    다솜학교는 2011년 10월 성동공업고등학교의 시설을 빌려 시작했으며 2011년 11월 대안학교 설립인가 심의(서울특별시교육청 대안학교 설립운영위원회)를 통과하여 2012년 1월 조례 공포를 확정하고, 그해 3월 48명의 학생이 입학식을 했다.

    교육과정은 정상적으로 운영할 수 있도록 계획을 수립하여 다문화 청소년을 위한 대안학교 교육목표인 졸업과 동시에 취업할 수 있는 직업 · 기술교육을 병행한 교육과정을 편성 · 운영하고 있다. 또한 교사들의 창의적인 교수 · 학습 활동을 강화시키고 학생들에게 알맞은 학습 경험이 제공되도록 편성하여 교육의 질을 향상시킬 수 있게 편성했다. 뿐만 아니라 정상적인 교육과정 운영을 토대로 창의적 체험활동 등을 통한 다양한 체험의 기회를 갖도록 함으로써 소질 · 적성 계발을 통한 조화로운 인간 발달을 도모하는 데 중점을 두었다.

    〈표 3-13〉은 2014년 교육과정이다. 컴퓨터미디어과의 교육과정은 21세기 지식정보화사회에 걸맞게 컴퓨터와 정보통신의 급격한 발달로 인터넷을 기반으

로 한 멀티미디어 및 디지털산업 분야가 급성장하고 있는 것에 대비하여 편성되었다. 이러한 교육과정은 컴퓨터미디어 분야에 관한 실무중심의 교육을 통해 컴퓨터와 인터넷, 홈페이지 활용 등 실무를 익히고, 컴퓨터를 활용한 멀티미디어 원리를 이해하며, 멀티미디어 제작 능력을 함양하여 문화기술 분야의 전문가 양성을 목표로 하고 있다.

〈표 3-13〉 컴퓨터미디어과 2014년 교육과정

교과영역	교과(군)	세부과목	기준단위	운영단위	1학년 1학기 이론	1학년 1학기 실습	1학년 2학기 이론	1학년 2학기 실습	2학년 1학기 이론	2학년 1학기 실습	2학년 2학기 이론	2학년 2학기 실습	3학년 1학기 이론	3학년 1학기 실습	3학년 2학기 이론	3학년 2학기 실습	단위 이론	단위 실습	이수단위
기초	국어	국어 I	5	4					2		2						4	0	8
		화법과 작문	5	4									4				4	0	
	수학	수학 I	5	4													4	0	8
		수학 II	5	4					2		2						4	0	
	영어	실용영어회화	5	4	2		2										4	0	8
		실용영어 I	5	4					2		2						4	0	
탐구	사회																0	0	8
		한국사	5	8	2		2		2		2						8	0	
	과학	과학	0	0													0	0	0
체육예술	체육	운동과 건강생활	5	4	2		2										4	0	10
		스포츠 문화	5	6					1		1		2		2		6	0	
	예술	음악과 생활	5	4	2		2										4	0	4
		미술	0	0													0	0	
생활교양	기술가정 제2외국어 한문교양	미술심리치료	5	4	2		2										4	0	10
		음악심리치료	5	4					2		2						4	0	
		집단상담	5	2									2				2	0	
		한국어	10	8	4		4										8	0	8

교과영역	교과(군)	세부과목	기준단위	운영단위	1학년 1학기 이론	1학년 1학기 실습	1학년 2학기 이론	1학년 2학기 실습	2학년 1학기 이론	2학년 1학기 실습	2학년 2학기 이론	2학년 2학기 실습	3학년 1학기 이론	3학년 1학기 실습	3학년 2학기 이론	3학년 2학기 실습	단위 이론	단위 실습	이수단위
보통교과 소계				64	16		16		11		11		8		2		66	0	64
전문교과	이론실습 통합교과	정보기술과 활용	5	10	1	4	1	4									2	8	104
		사무관리실무	5	10	1	4	1	4									2	8	
		공업 일반	5	4	2		2										4	0	
		기초 제도	5	6						3		3					0	6	
		컴퓨터 구조	5	12					2	4	2	4					4	8	
		컴퓨터그래픽	5	22					2	6	2	6			2	4	6	16	
		프로그래밍	5	12									2	4	2	4	4	8	
		미디어콘텐츠 실무	5	16									2	6	2	6	4	12	
		전자전산응용	5	12									2	4	2	4	4	8	
전문교과 소계			104		4	8	4	8	4	13	4	13	6	14	8	18	30	74	104
			12		12		17		17		20		26						
이수단위 소계					28		28		28		28		28		26		104		168
창의적 체험활동	자율활동 동아리활동 봉사활동 진로활동			24		2		2		2		2		1		1		10	24
						1		1		1		1		1		1		6	
						1		1		1		1		1		1		6	
														1		1		2	
	계				0	4	0	4	0	4	0	4	0	4	0	4	0	24	
학기별 총 이수단위					32		32		32		32		32		32				192
학기당 과목 수					7		7		7		7		3		0				
학년별 총 이수단위					64				64				64						192

<표 3-14> 호텔관광과 2014년 교육과정

교과영역	교과(군)	세부과목	기준단위	운영단위	1학년 1학기 이론	1학년 1학기 실습	1학년 2학기 이론	1학년 2학기 실습	2학년 1학기 이론	2학년 1학기 실습	2학년 2학기 이론	2학년 2학기 실습	3학년 1학기 이론	3학년 1학기 실습	3학년 2학기 이론	3학년 2학기 실습	단위 이론	단위 실습	이수단위
기초	국어	국어 I	5	4					2		2						4	0	8
		화법과 작문	5	4									4				4	0	
	수학	수학 I	5	4	2		2										4	0	8
		수학 II	5	4					2		2						4	0	
	영어	실용영어회화	5	4	2		2										4	0	8
		실용영어 I	5	4					2		2						4	0	
탐구	사회																0	0	8
		한국사	5	8	2		2		2		2						8	0	
	과학	과학	0	0													0	0	0
체육 예술	체육	운동과 건강생활	5	4	2		2										4	0	10
		스포츠 문화	5	6					1		1		2		2		6	0	
	예술	음악과 생활	5	4	2		2										4	0	4
		미술	0	0													0	0	
생활 교양	기술가정 제2외국어 한문교양	미술심리치료	5	4	2		2										4	0	10
		음악심리치료	5	4					2		2						4	0	
		집단상담	5	2									2				2	0	
		한국어	10	8	4		4										8	0	8
보통교과 소계				64	16		16		11		11		8		2		66	0	64
전문 교과	이론실습 통합교과	정보기술과 활용	5	10	1	4	1	4									2	8	104
		사무관리 실무	5	10	1	4	1	4									2	8	
		공업 일반	5	4	2		2										4	0	
		기초 제도	5	6						3		3					0	6	
		컴퓨터 구조	5	12					2	4	2	4					4	8	
		컴퓨터그래픽	5	22					2	6	2	6			2	4	6	16	

교과영역	교과(군)	세부과목	기준단위	운영단위	1학년 1학기 이론	1학년 1학기 실습	1학년 2학기 이론	1학년 2학기 실습	2학년 1학기 이론	2학년 1학기 실습	2학년 2학기 이론	2학년 2학기 실습	3학년 1학기 이론	3학년 1학기 실습	3학년 2학기 이론	3학년 2학기 실습	단위 이론	단위 실습	이수단위
전문교과	이론실습 통합교과	프로그래밍	5	12									2	4	2	4	4	8	
		미디어콘텐츠 실무	5	16									2	6	2	6	4	12	
		전자전산응용	5	12									2	4	2	4	4	8	
전문교과 소계				104	4	8	4	8	4	13	4	13	6	14	8	18	30	74	104
				12	12		17		17		20		26						
이수단위 소계					28		28		28		28		28		26		104		168
창의적 체험활동		자율활동		24		2		2		2		2		1		1		10	24
		동아리활동			1		1		1		1		1		1		6		
		봉사활동			1		1		1		1		1		1		6		
		진로활동											1		1		2		
		계			0	4	0	4	0	4	0	4	0	4	0	4	0	24	
학기별 총 이수단위					32		32		32		32		32		32				192
학기당 과목 수					7		7		7		7		3		0				
학년별 총 이수단위					64				64				64						192

교육과정은 교과활동, 창의적 체험활동으로 나누어져 있으며, 교과는 보통교과와 전문교과로 세분화되었다.

보통교과는 4개 영역으로 구분하여 기초, 탐구, 체육·예술, 생활·교양으로 나누어 편성되었다. 보통교과에는 국어, 수학, 영어, 사회, 과학, 체육, 예술, 기술가정, 제2외국어, 한문교양이 있다. 전문교과는 이론실습, 통합교과 수업으로 편성되었으며, 세부내용에는 정보기술과 활용, 사무관리 실무, 공업 일반, 기초 제도, 컴퓨터그래픽, 프로그래밍, 미디어콘텐츠 실무, 전자전산응용으로 구성되었다. 이러한 교과 구성은 학교의 특성과 학생들의 진로에 중점을 두었다.

선택과목은 학교의 실정과 학생의 요구를 반영하여 편성하지만, 서울특별시교육청의 지침에 제시되어 있는 과목 외에 새로운 과목을 개설할 수 있도록 했다.

단, 새로운 과목을 개설하여 운영하고자 할 경우에는 사전에 교육감의 승인을 받아야 한다. 또한 학교에서 개설하지 않은 선택과목 이수를 희망하는 학생이 있을 경우, 그 과목을 개설한 다른 학교에서의 이수를 인정할 수 있도록 했다. 학교는 필요에 따라 대학과목 선이수제 과목을 개설할 수 있고, 국제적으로 공인받은 교육과정과 과목을 교육감의 승인을 받아 선택과목으로 편성 · 운영할 수 있다. 학생이 3년간 이수해야 할 학년별 · 학기별 과목을 안내해야 한다. 이 경우 학교 지정 필수과목과 학생 선택과목을 구분하여 안내하지만, 학생의 선택권이 확대될 수 있도록 노력해야 한다.

주당 수업시간 배당은 연간 34주를 기준으로 하지만, 학기당 17회의 수업을 1단위로 하며, 1시간 수업은 50분으로 휴식시간은 10분을 원칙으로 한다. 교육과정의 총 이수단위는 192단위이며, 교과(군) 168단위, 창의적 체험활동 24단위로 나누어 편성하며, 교과(군)는 보통교과와 전문교과를 편성했다. 3개년 동안 이수할 단위는 192단위를 기준으로 한다.

학년별로 1학년은 6개 영역에 11개 과목을 운영하고 있다. 탐구 영역에 한국사, 체육 영역에 운동과 건강생활, 음악과 생활 등이 있다.

2학년은 모두 6개 영역으로 나누어 14개 과목을 운영하고 있다.

기초 영역에는 국어, 수학의 활용, 실용영어 1을, 탐구 영역에는 한국사를 운영하고 있다. 체육예술 영역에는 운동과 건강생활, 음악 실기를 운영하고 있으며 전문교과 컴퓨터미디어과는 기초 제도, 컴퓨터 구조, 사무관리 실무, 디지털 영상 제작 등을 운영하여 다양한 자격증 취득으로 취업경쟁력을 갖출 수 있도록 지원하고 있다. 생활 · 교양 교과 영역에서 다문화 대안학교의 특성을 반영한 교과로서 미술 심리치료, 음악 심리치료, 진단 상담, 한국어를 편성 · 운영하고 있다.

교과과정에는 기초, 탐구, 체육예술, 전문교과 컴퓨터미디어과, 전문교과 호텔관광과, 생활교양 영역으로 나누어 운영하고 있다. 또한 전문교과 호텔관광과는 관광 일반, 관광경영 실무, 식음료 실무를 운영하여 수업시간에 배운 내용을 실제 생활에 적용할 수 있도록 기회를 제공하고 있다. 또한 음악 심리치료를 운영함으로써 한국생활 적응에서 오는 스트레스와 부적응 현상을 예방하고 있다.

3학년은 모두 6개 영역으로 나누어 17개 과목을 운영하고 있다. 기초 영역에는 독서와 문법 1, 수학의 활용, 실용영어회화로 구성했으며, 탐구 영역에는 한국지리를, 체육예술에는 운동과 건강생활, 음악, 미술을 운영한다. 전문교과 컴퓨터미디어과는 웹프로그래밍, 인터넷웹디자인, 컴퓨터그래픽, 디지털영상편집을 운영한다. 또한 호텔관광과에서는 사무자동화실무, 관광경영실무, 호텔경영일반, 관광영어로 구성하여 전문 인력 양성을 지원하고 있다. 생활교양 영역은 한국어와 집단 상담으로 구성한다.

(2) 창의적 체험활동

창의적 체험활동은 자율활동, 동아리활동, 봉사활동, 진로활동으로 구성한다. 교육의 효과를 높이기 위해 학생의 학기당 이수과목 수를 8개 이내로 편성하되, 이때 이론 실습 통합교과는 과목 수에서 제외한다.

〈표 3-15〉는 컴퓨터미디어과의 및 호텔관광과의 창의적 체험활동 교육과정이다.

〈표 3-15〉 컴퓨터미디어과 및 호텔관광과의 창의적 체험활동

영역	항목	세부 활동	편성단위
창의적 체험활동	자율활동	학교특색활동 (1학기-보건, 2학기-동아시아 역사와 인물탐구)	2
		학교특색활동(태권도 교육)	2
		자치, 행사, 적응활동	6
	동아리활동	동아리활동(동아리별 활동)	6
	봉사활동	지역사회, 자연보호, 캠페인 활동	6
	진로활동	직업 능력 함양	2
		계(단위)	24

창의적 체험활동 중 컴퓨터미디어과의 교과과정은 자율활동에 학교특색활동으로 보건, 동아시아 역사와 인물탐구, 자치, 행사, 적응활동 등이 있다. 또한 동아리활동과 봉사활동이 있으며 봉사활동 영역에는 지역사회, 자연보호, 캠페인 활동 등이 있다. 또한 진로활동으로 직업 능력 함양을 위해 노력하고 있다.

(3) 전문교과 운영

전문교과를 운영하는 목적은 학교의 특성을 살려 중도입국 다문화가정 청소년을 대상으로 한 일대일 맞춤식 진로지도를 통해 학생들이 자기의 특기적성을 발견하고 이에 맞는 직업을 선택할 수 있는 능력과 다양한 자격증을 취득하여 취업경쟁력을 갖추게 하기 위한 것이다. 예를 들어, 전문교과과정을 통해 수업시간에 배운 내용이 실제 생활에 어떻게 적용되고 있는지 확인해볼 수 있는 기회를 제공함으로써 다문화가정 청소년들에게 한국 산업사회를 좀 더 깊이 이해시키기 위한 것이다.

컴퓨터미디어학과는 분야에 관한 실무중심의 교육을 통해 컴퓨터와 인터넷, 홈페이지 활용 등 실무를 익히고, 컴퓨터를 활용한 멀티미디어 원리를 이해하며, 멀티미디어 제작 능력을 함양하여 미래 정보사회의 리더가 될 수 있도록 교육한다. 또한 민족과 문화적 환경이 다른 학생들의 특수한 상황을 활용하여 지도함에 따라 글로벌한 IT 전문 인재로 발돋움할 수 있도록 다양한 교육활동이 이루어지도록 노력한다. 교육과정 운영의 내실화 및 현장 적응력 강화를 위한 현장학습과 견학을 활성화하고 있다. 현장체험학습으로 당진 현대제철 견학과 보령 화력발전소, 아산 현대자동차, 차세대 컴퓨팅 전시회 등을 견학하여 직업탐색 및 체험학습 활동을 적극 추진하고 있다. 이를 통해 직업윤리관 확립과 전교생이 1인 2 자격증 이상 취득을 목표로 지도하고 있다.

호텔관광과의 목표는 예의바른 생활습관을 통한 서비스 마인드 형성과 여행, 호텔, 항공산업 등 전반적인 관광 분야의 전문지식을 습득하는 것이다. 또한 이론과 실습을 겸한 국제매너 및 서비스 실무 능력을 향상시키고, 관광 외국어 및 한국어 구사 능력 향상에 목적이 있으며, 호텔관광 관련 자격증 취득을 위한 맞춤식 교육을 하고 있다. 호텔 및 여행사와의 협약을 통한 체험교육 및 관광지 답사 현장교육과 21세기를 주도할 실력과 인성을 갖춘 창의적 인재육성을 목표로 교육하고 있다.

교육과정 연계활동으로 호텔관광과 회의, 서비스 경진대회, 산학협력 교육, 자격증 취득, 방과 후 학교 등을 운영하고 있으며, 연계 대학 및 호텔, 여행사와 협약을 추진하여 다문화 학생들의 강점인 이중언어 능력과 실무능력을 갖춤으로써 실질적인 전공분야 취업을 지원하고 있다. 또한 모국어 관련 자격증 취득을 기본으로 능숙한 한국어 실력을 갖춰 가이드 수행 및 호텔 업무관리에 적합한 능력을 갖추게 한다. 이를 통해 다문화사회에 진입한 한국사회의 인재로서 진정한 다문화 세계인 창출에 기여하고 있다.

(4) 특색 사업

다솜학교는 특색 사업으로 한국어 및 국어수업 운영, 방과 후 수준별 한국어 수업 운영, 이중언어강사와의 협력수업 운영, 이중언어 말하기대회, 다문화 예비학교 운영, 심리치료수업 운영, 동아시아 역사와 인물탐구 수업 운영, 밴드 만들기 음악교실 운영, 토요 한국문화, 예술 체험활동의 날 운영, 학교 스포츠클럽 운영, 청소년 단체활동(해양소년단)을 운영하고 있다.

① 한국어 및 국어수업 운영
한국어 및 국어수업 운영의 목적은 다음과 같다.
첫째, 중도입국 다문화가정 청소년들의 한국생활 적응에 필요한 한국의 사회문화적 지식을 제공하기 위한 것이다. 둘째, 수준별 수업을 통해 학생들의 수준에 맞는 수업을 제공하여 중도입국 다문화가정 청소년들의 학교생활 적응과 학생 지도를 위한 기본적인 한국어 능력을 신장시키기 위한 것이다. 셋째, 중도입국 다문화가정 청소년들이 흥미와 적성에 맞는 직업을 가질 수 있도록 보다 효과적인 직업교육을 위해 한국어 능력을 향상시키기 위한 것이다.

수업은 민주적이고 자율적인 참여 분위기를 조성함으로써 학습자의 내적ㆍ외적 동기를 불러일으키는 수업을 실시하고 있다. 말하기, 듣기의 의사소통 능력 향상을 목표로 하여 읽기, 쓰기, 독해, 작문 능력의 향상을 도모하고 있다. 매 학기 정기고사와 한국어능력시험을 통해 한국어수업 반 편성을 함으로써 학생들의 성취감과 한국어 능력 향상에 대한 동기를 부여하고 있다.

1학년의 경우 주당 시수 4시간의 한국어 집중교육을 통해 한국생활에 필요한 기초적인 생활한국어 능력과 타 교과수업에 필요한 기본적인 학습 한국어 능력을 향상시키고 있다.

② 이중언어강사와의 협력수업 운영

이중언어강사와의 협력수업 운영의 목적은 사회적 배려가 필요한 다문화가정 학생들의 한국어교육과 정체성을 확립하기 위한 데 있다. 뿐만 아니라 다문화가정 학생들의 학교생활, 교과학습 적응 및 공교육의 길을 향상시키는 데도 있다. 이는 다문화가정 학생 및 학부모 상담 및 통역을 함으로써 학생들을 이해하고 고충을 해결할 수도 있다.

이중언어강사는 전일제로 운영되며, 이들의 국적별 현황은 다음과 같다.

담임교사 배정을 기본으로 교과교사는 본교 교원 및 시간강사이고, 대안교

〈표 3-16〉 이중언어강사 국적별 현황

구분	중국	대만	러시아(우즈벡)	베트남	일본	계
강사 인원(명)	2	1	1	1	1	6

과 교사는 본교 교원 및 한국어 전담강사다. 또한 이중언어강사를 배치함으로써 최초의 공립 다문화 대안학교의 현장교육 경험을 토대로 공교육 진입이 어려운 중도입국 다문화 학생들을 위한 체계적인 교육 프로그램을 개발·운영하고 있다. 그래서 이 학교는 중도입국 다문화 학생들을 위한 완충 단계로서의 예비학교 모형을 제시하고 있다.

이중언어강사는 월례 조회 및 각종 행사 통역과 신입생 전형 시 입학 업무와 학교설명회 시 학부모 통역, 예비학교 수업을 보조하고 있다.

③ 다문화 예비학교 운영
㉠ 목적

다문화 예비학교 운영의 목적은 첫째, 한국어 및 한국문화에 대한 사전지식이 부족하여 입국 후 일반학교 적응에 어려움을 겪고 있는 중도입국 다문화 학생들을 위해 한국어 및 한국문화에 초점을 둔 교육 프로그램을 제공하여 이들의 정규 교육과정 진입을 지원하는 것이다. 둘째, 일반학교에 재학 중인 중도입국 다문화 학생 중 언어적·문화적 차이로 인해 학교 부적응을 경험하고 있는 학생에게 대안교육 기회를 제공하여 이들의 공교육 중도탈락 방지를 위한 것이다. 셋째, 본교 재학생 중 한국어 기초 능력이 부족하여 직업교육과정의 정상적인 이수가 어려운 학생들에게 집중적인 한국어와 한국문화교육을 실시하여 본교 교육과정에 복귀하도록 지원하기 위한 것이다.

㉡ 방침

다문화 예비학교 운영 방침은 다음과 같다.

첫째, 다문화가정 학생들의 특성을 고려한 효율적이고 체계적인 교육과정 운영을 통해 생활한국어 능력, 학습한국어 능력, 한국의 사회 및 문화에 대한 이해 능력을 신장시켜 일반학생과의 통합교육이 조기에 이루어질 수 있도록 한다. 둘째, 한국어 및 한국문화에 적응이 어려운 다문화 학생을 대상으로 대안교육을 실시한다. 셋째, 서울시교육청 다문화 전담코디네이터와 연계하여 다문화가정을 대상으로 예비학교 운영의 안내와 홍보를 통해 다문화 학생의 학습결손을 최소화한다. 넷째, 본교 예비학교에 위탁된 학생은 소속 학교에서 정원 외로 관리하며, 위탁교육기간의 출석·수업·평가 결과는 예비학교 운영방침에 따라 인정한다. 다섯째, 위탁생 교육과정 운영, 생활지도, 소요경비 심의 등을 위해 '예비학교 운영위원회'를 구성·운영한다. 여섯째, 위탁 기간은 학기제로 운영하되 학생의 적응 정도를 고려하여 가능한 한 빠른 원적 학교 복귀를 도모한다. 마지막으로 본교 예비학교와 원적 학교는 상호 긴밀히 협조하여 위탁생을 지도한다.

ⓒ 교육과정

교육과정 편성과 단위시간 배당은 보통교과(군)에 국어1, 수학1, 실용영어회

<표 3-17> 다문화예비학교 교육과정

구분	교과	과목	비교
교과	보통교과	국어1	5
		수학1	2
		실용영어회화	2
		한국사	2
		운동과 건강생활	2
		음악과 생활	2
	대안교과 소계		15
	대안교과	한국어	10
		컴퓨터활용능력	1
		한국문화	3
	대안교과 소계		14
창의적 체험활동		자치활동	1
		한국사회문화체험	3
		보건	1
창의적 체험활동 소계			5
총계			34

화, 한국사, 운동과 건강생활, 음악과 생활이다. 대안교과과정에는 한국어, 컴퓨터 활용능력, 한국문화다. 창의적 체험활동으로는 자치활동, 한국사회 문화 체험활동, 보건교육 등이 있다.

〈표 3-17〉은 다문화 예비학교 교육과정 편성표다.

위와 같은 교과과정을 운영하는 것은 다문화가정 학생의 학교생활 적응과 한국어 능력 향상, 학습능력 신장을 도울 뿐만 아니라, 긍정적이고 건강한 정체성 형성에 기여하기 위함이다. 또한 협력수업을 통해 보다 효율적인 교수학습법 개발에 기여하고, 다문화가정 학생 및 학부모 상담과 통역을 통해 학생에 대한 이해와 고충 해결을 도모하고 있다.

4) 한겨레중 · 고등학교

한겨레중 · 고등학교는 일반교과교육과정 운영은 물론 대안교과교육과정을 운영하고 있다. 일반교과교육과정에서는 국어, 영어, 수학, 사회, 과학 중심의 교과교육과정을 기초 기본학습 중심으로 운영하고 일반학교의 교육과정을 잘 수행할 수 있도록 편제 운영하고 있다.

대안교육과정운영은 첫째, 정서안정 교육과정 운영으로 학생들의 심리적 안정을 위해 예체능교과목을 치료개념으로 운영하며 다양한 특성화교과목인 도자기, 종이접기, 무용, 국궁, 공예 등을 운영하여 학생들의 심리적 안정과 치료에 도움을 주고 있다.

둘째, 직업진로교육과정 운영으로 실험실습중심의 과학교과목 운영, 정보소양과목을 위한 정보교과 운영, 다양한 진로직업을 위한 교과목인 제과제빵, 피부관리 및 메이크업, 헤어디자인, 바리스타, 중장비, 요리, 컴퓨터기능사 등을 병행하여 운영하고 있다.

셋째, 사회문화적응 교육과정 운영으로 우리역사이해교육과 청소년 기본소양교육으로 경제이해교육, 성교육, 금연교육, 법교육, 소비자교육을 운영하고 있으며 풀뿌리민주주의교육을 운영하고 있다. 또한 창의적 체험활동을 통한 일반학교 체험활동, 소외계층 봉사활동, 다양한 동아리활동, 자치활동을 전개하고 있다.

넷째, 애프터스쿨 교육활동을 운영하고 있으며 또래문화 적응과 원만한 학교생활 적응교육을 위해 방과 후 교육활동에 중점을 두고 있다. 특기적성중심의 방과 후 학교에서는 16과목을 개설하고 운영하고 있으며, 부족한 교과를 보충하기 위해 13과목을 개설하고 있다. 특히 9교시에는 특별기초학습반을 운영하여 기초학습이 부진한 학생을 중심으로 특별보충교육을 맨투맨으로 실시하고 있다.

(1) 중학교 특성화교육과정

중학교 교육과정 편제는 보통교과와 특성화교과로 편성·운영하고 있으며 보통교과는 국어, 도덕, 사회, 수학, 과학, 기술·가정, 체육, 음악, 미술, 외국어(영어) 및 선택과목으로 한다. 특성화교과는 계속과목과 영역별 선택과목을 다양하게 개설하고, 학교는 매 학기마다 학생들이 지정된 시간 이상의 특성화과목을 선택적으로 이수할 수 있도록 한다. 재량활동은 교과 재량활동과 창의적 재량활동으로 하며 특별활동에는 자치활동, 적응활동, 계발활동, 봉사활동, 행사활동이 있다. 한겨레중·고등학교는 전인적 인성교육과 자연친화적 체험학습, 실용중심의 특기적성교육을 지향하는 대안교육 특성화 학교로 심리적 상처의 치유와 정서적 안정, 남한사회에서의 다양한 문화충격을 해소·극복할 수 있도록 문화적 이질감을 해소하고 다른 교육체제의 교육제도와 장기간의 학습공백에 따른 학습결손과 학령 간의 격차를 극복하며 잠재적 문화역량을 개발하여 남한사회와 제도교육 현장에 안정적으로 원만히 적응할 수 있도록 교육기회를 제공하고 있다.

교육과정 편성표는 다음과 같다.

〈표 3-18〉 중학교 교육과정 편성표

구분		1학년(7학년) 기준	1학년(7학년) 실시	2학년(8학년) 기준	2학년(8학년) 실시	3학년(9학년) 기준	3학년(9학년) 실시
교과	국어	170	170	136	136	136	136
	도덕	68	68	68	68	34	34
	사회 - 사회	102	102	102	102	136	136
	사회 - 역사						
	수학	136	136	136	136	102	102
	과학	102	102	136	136	136	136
	기술·가정	68	68	102	102	102	102
	체육	102	102	102	102	68	68
	음악	68	68	34	34	34	34
	미술	34	34	34	34	68	68
	외국어(영어)	102	102	102	102	136	136
교과 수업시간 수		952	952	952	952	952	952
재량활동	교과재량 - 선택과목	34	보건/종교 (택1)	34	컴퓨터/종교 (택1)	34	컴퓨터/종교 (택1)
		34	컴퓨터				
	교과재량 - 국민공통 심화.보충	34	영어	34	국어	34	수학
	창의재량 - 범교과 학습	34	원예치료	34	원예치료	34	원예치료
	창의재량 - 자기주도적 학습	(34)	음악치료/ 미술치료(택1)	(34)	음악치료/ 미술치료(택1)	(34)	생활공예(택1) (도자기/종이공예)
재량활동 수업시간 수		136	170	136	136	136	136
특별활동	자치활동	68	(10)	68	(10)	68	(10)
	적응활동		(4)		(4)		(4)
	계발활동		(28)		(28)		(28)
	봉사활동		(16)		(16)		(16)
	행사활동		(10)		(10)		(10)
특별활동 수업시간 수		68	68	68	68	68	68
연간 수업시간 수		1,156	1,190	1,156	1,156	1,156	1,156

한겨레중학교의 특성화 교육은 원예치료, 음악치료, 미술치료, 생활공예로 도자기와 종이공예, 종교 등의 과목을 실시하고 있다. 특성화교육은 학생의 전인적 인성계발과 우주자연적인 영성계발을 위한 교육과정을 실시하며, 남한사회와의 문화적 이질감 극복과 경쟁적 자본주의사회의 적응방법 교육을 실용적 현장체험 위주의 교육방법을 제공하고 있다.

(2) 고등학교 특성화교육과정

고등학교 교육과정 편제는 기초, 탐구, 체육예술, 생활교양의 4개 교과군 외 북한이탈 학생들의 정서안정과 신체단련, 직업소양교육, 창의력 신장교육을 위한 교육을 운영하고 있다.

보통교과 영역은 기초, 탐구, 체육·예술, 생활·교양으로 구성되며, 교과(군)는 국어, 수학, 영어, 사회, 한국사, 과학, 체육, 예술(음악/미술), 제2외국어/한문/교양으로 한다. 창의적 체험활동은 자율활동, 동아리활동, 봉사활동, 진로활동으로 하고 있다. 또한 18개의 특성화교과를 개설하여 학생의 적성과 진로에 맞는 수업이 진행되도록 하며 창의적 체험활동 영역에 다양한 체험중심 활동을 개설하여 북한이탈 학생들의 사회적응활동과 진로활동을 강화하는 데 주력하고 있다.

〈표 3-19〉 고등학교 교육과정 편성표

구분		기준 단위	이수 단위 (시간)	1학년		2학년		3학년		이수 단위
영역	과목 내용			1	2	1	2	1	2	
기초	국어 I	5	4	4						4
	국어 II	5	4		4					4
	독서와 문법 I	5	4			4				4
	화법과 작문 I	5	4				4			4
	문학 I	5	8					4	4	8

구분		기준단위	이수단위(시간)	1학년		2학년		3학년		이수단위
영역	과목 내용			1	2	1	2	1	2	
기초	기초수학	5	4	4						4
	수학 I	5	10		4	3	3			10
	미적분과 통계기본	5	6					3	3	6
	기초영어	5	8	4	4					8
	영어 I	5	6			3	3			6
	심화 영어독해와 작문	5	6					3	3	6
탐구	한국사	5	6	3	3					4
	사회	5	4	2	2					4
	법과 정치/생활과 윤리[택1]	5	4			2	2			4
	한국지리/세계사[택1]	5	4			2	2			4
	한국지리/사회 · 문화[택1]	5	4					2	2	4
	경제/윤리와 사상[택1]	5	4					2	2	4
	과학	5	6	3	3					6
	물리 I/지구과학 I [택1]	5	6			3	3			6
	생명과학 I	5	6					3	3	6
체육예술	운동과 건강생활	5	2	1	1					4
	미술문화	2	3		3					3
	음악과 생활	2	3	3						3
생활교양	정보	5	8	2	2	2	2			8
	중국어 I	5	3			3				3
	중국어 II	5	3				3			3
	한문 I	5	6					3	3	6
학교 자율과정	마음공부		2	1	1					2
	컴퓨터일반		8					3	3	8
	진로와 직업		4	2	2					4
	영어회화 I/영어회화 II [택1]		2					1	1	2
	실용영어회화/심화영어회화 I [택1]		2			1	1			2
	생활중국어		2	1	1					2
	음악사 · 감상/ 미술 감상과 비평[택1]		6			1	1	2	2	6

구분		기준단위	이수단위 (시간)	1학년		2학년		3학년		이수단위
영역	과목 내용			1	2	1	2	1	2	
학교 자율과정	제과제빵/피부관리/ 진로와 직업[택1]		8			2	2	2	2	8
	궁도/한국무용[택1]		8			2	2	2	2	8
	공예/도자기/종이접기[택1]		4			2	2			4
창의적 체험활동		24		4	4	4	4	4	4	24
소계		204		34	34	34	34	34	34	204

한겨레중·고등학교의 대안교육 특성화교육과정은 일반계고등학교에서 운영하지 못하는 대안교육 특성과 교과를 개설하고 운영하여 인성·체험·직업교육을 하고 있다. 특성화교육과정에서는 첫째, 인성교육으로 학생들이 심리적· 정서적 안정을 찾고 몸과 마음을 수련하여 자아정체성을 확립하도록 한다. 둘째, 전통문화와 결합한 체험학습으로 우리 고유의 문화와 예절을 익혀 남한사회 적응력을 높이고 자신감을 고취하도록 한다. 셋째, 도자기, 종이접기, 컴퓨터일반, 공예 교과를 통해 집중력과 표현력을 기르고 기초적인 직업소양능력을 향상시킨다. 넷째, 체험학습과 교실수업을 연계한 통합수업 프로그램을 운영하여 학생들의 학습의욕을 높이고 적극적인 체험활동을 유도하여 남한문화 적응에 효율성을 기한다.

(3) 현장체험학습

한겨레중·고등학교는 사회적응 프로그램의 일환으로 추진된 학생 체험활동이 교과 수업과 연계됨으로써 학습적 효과가 극대화됨을 인식하고 교과 수업 시간을 활용하여 주요 체험 내용과 탐구내용 및 과제가 사전에 학습됨으로써 실제 체험현장에서 학생들의 학습동기가 높아짐을 알 수 있다. 체험활동의 내용에 맞는 창의적이고 획기적인 수업 아이디어가 창출됨으로써 재미있는 수업장면과 학생활동이 이루어지며, 안전교육과 환경교육 등의 사전학습이 잘 이루어짐에 따라 다른 사람을 배려하고 양보하는 건전한 문화시민의식이 배양되었다. 체험현장에서의 다양한 경험을 교사와 학생이 함께 공유함으로써 유대관계와 친밀감이 돈독해져 학생들의 심리적 안정과 학교 적응에 효율적이며, 활동 후에는 개별학습지를 수합하여 학습활동을 평가해봄으로써 학생의 수준과 요구에 맞는 교육 프로그램을 개발하고 있다.

학생들이 자발적으로 참여하여 개개인의 소질과 잠재력을 계발·신장하고 자율적인 생활자세를 기르며, 타인에 대한 이해를 바탕으로 나눔과 배려를 실천함으로써 공동체의식 함양과 세계시민으로서 갖추어야 할 다양하고 수준 높은 자질 함양을 목표로 한다.

창의적 체험활동은 자율활동, 동아리활동, 봉사활동, 진로활동의 4개 영역으로 구성되며 각 영역별로 학생의 요구, 학급의 특성, 학년 및 학교의 특수성, 지역사회와의 연계를 고려한 활동내용을 선택하여 운영한다. 특히 탈북 청소년의 특수한 상황을 고려하여 민주시민의식과 공동체의식 함양 및 기초적인 생활습관교육, 각자의 취미와 특기를 살린 창의성 교육, 이웃과 지역사회를 위한 나눔과 배려의 교육, 학업과 직업에 대한 다양한 정보를 탐색하여 자신의 진로를 설계하고 준비할 수 있는 진로직업교육을 편성한다.

5) 아시아공동체학교

(1) 초등학교 교육과정

2009 개정 교육과정에서 제시하는 1, 2학년 총 수업시수는 820시간인데, 아

<표 3-20> 교과과정과 방과 후 과정 수업시수

구분		과목명	연간 시간수	학교 채택	1학년 1학기	1학년 2학기	2학년 1학기	2학년 2학기	3학년 1학기	3학년 2학기	4학년 1학기	4학년 2학기	5학년 1학기	5학년 2학기	6학년 1학기	6학년 2학기
교과 활동	교과 (공통교과)	국어	1264	816	68	68	68	68	68	68	68	68	68	68	68	68
		사회(바른생활)	672	612	51	51	51	51	51	51	51	51	51	51	51	51
		수학	800	748	51	51	51	51	68	68	68	68	68	68	68	68
		과학(슬기로운생활)	736	612	59.5	59.5	59.5	59.5	59.5	59.5	59.5	59.5	34	34	34	34
		영어	340	272	17	17	17	17	17	17	17	17	34	34	34	34
		음악, 미술, 체육	724	782	42.5	42.5	42.5	42.5	68	68	68	68	85	85	85	85
		계	4,536	3,842	289	289	289	289	331.5	331.5	331.5	331.5	340	340	340	340
	특성화 교과	외국어 (일본어 중국어 러시아어)		476					선택 34	선택 34	선택 68	선택 68	선택 68	선택 68	선택 68	선택 68
		영어회화		408	34	34	34	34	34	34	34	34	34	34	34	34
		컴퓨터교과 컴퓨터		68					17	17	17	17				
		컴퓨터교과 영상		102									25.5	25.5	25.5	25.5
		예체능교과 수영		204	17	17	17	17	17	17	17	17	17	17	17	17
		계		1,258	51	51	51	51	102	102	136	136	144.5	144.5	144.5	144.5
	창의적 체험 활동	창의적 재량활동 (자율활동, 동아리활동) / 특별활동 (봉사활동, 진로활동)	680	612	51	51	51	51	51	51	51	51	51	51	51	51
	총계			5,712	130	130	130	130	4,845	4,845	5,185	5,185	5,355	5,355	5,355	5,355

시아공동체학교는 1, 2학년 총 수업시수를 교과 578시간, 특성화교과 102시간, 창의적 체험활동 102시간으로 총 782시간을 운영하고 있다. 이는 교육부에서 제시하는 총 수업시수보다 38시간이 적지만 근접하고 있다.

2009 개정 교육과정에서 제시하는 3, 4학년 총 수업시수는 986시간인데, 아시아공동체학교는 총 969시간으로 교육부가 제시하는 시간보다 연간 2시간이 많지만, 이는 같다고 할 수 있다.

위의 교육과정 운영계획에서 보듯이 교과, 특성화교과, 창의적 체험활동을 모두 정규 교육과정으로 운영하고 있고, 방과 후 교육과정은 운영되고 있지 않다.

3학년에서 6학년까지의 교육과정 시수를 살펴보면, 일반학교에 없는 특성화교과에서 일본어, 중국어, 러시아어 수업시간과 수영시간이 교육과정 시수에 잡혀 있어 일반 공립학교보다 교과 수업시수는 약 30% 감축이 있다는 것을 알 수 있다.

① 특성화과정

아시아공동체학교의 특성화과정 목적은 학교 교육계획서에 다음과 같이 제시되고 있다.

> • 특성화교과과정을 통해 아동기의 인성을 완성하고, 다양한 경험을 통해 문화의 다양성을 배우고 활동함과 동시에 폭넓은 언어활동으로 세계적 인재 양성 토대를 마련한다.
> • 문화교육을 배우고 습득하여 인종적 · 민족적 차별이 없는 교육환경을 통해 누구나 누릴 수 있는 권리에 대해 알게 하고, 자연과 인간이 하나의 유기체임을 배우고 익혀 서로를 존중할 수 있는 인격체로 자랄 수 있도록 한다.
> • 아동 개개인의 심리를 이해하는 활동을 통해 개인의 역량에 맞는 프로그램을 통해 올바른 사회인으로 성장하게 하고, 민주적이고 창의적 활동을 통한 개인의 역량을 발휘하도록 한다.

특성화과정으로 일본어, 중국어, 러시아어, 컴퓨터, 수영을 운영하고 있고, 이는 학생 출신별 문화에 따라 개별화 수업을 하고 있다는 것을 알 수 있다.

② 다문화과정

교육이념에 더불어 살아가는 세계인상을 제시하고 있지만, 특별히 세부 영역으로 나누어 제시하고 있지는 않다. 매달 넷째 주 토요일에 자원봉사자 위주로 다문화수업을 실시하고 있고, 전교 학생이 참석하는 것을 원칙으로 하고 있다.

③ 창의적 체험활동 운영

창의적 체험활동 운영은 2009 개정 교육과정에서 제시하는 4개 영역(자율, 동아리, 봉사, 진로)으로 나누어놓았지만, 별도로 영역을 구분하여 실시하지 않고, 운영시간은 토요일로 정해놓았다.

(2) 중학교 교육과정

〈표 3-21〉 교과과정과 방과 후 과정 수업시수

구 분		과 목 명		연간 시간 수	학교 선택	학년별 교육과정					
						1학년		2학년		3학년	
						1학기	2학기	1학기	2학기	1학기	2학기
교과 활동	공통 교과	국어		442	306	51	51	51	51	51	51
		수학		374	306	51	51	51	51	51	51
		사회 (역사, 도덕)	사회	510	306	34	34	34	34	34	34
			도덕			17	17	17	17	17	17
		과학 (기술, 가정)	과학	646	408	34	34	34	34	34	34
			기술 가정			34	34	34	34	34	34
		체육 음악 미술	체육	544	408	25.5	25.5	25.5	25.5	25.5	25.5
			음악			25.5	25.5	25.5	25.5	25.5	25.5
			미술			17	17	17	17	17	17
		영어		340	374	51	51	68	68	68	68

구 분		과 목 명		연간 시간 수	학교 선택	학년별 교육과정					
						1학년		2학년		3학년	
						1학기	2학기	1학기	2학기	1학기	2학기
교과 활동	공통 교과	선택(환경)		204	34	17	17				
		계		3,060	2,142	357	357	357	357	357	357
	특성화 교과	제2 외국어	중국어	408		(선택4) 68	(선택4) 68	(선택4) 68	(선택4) 68	(선택4) 68	(선택4) 68
			일본어								
			러시아어								
			영어회화	102		17	17	17	17	17	17
		컴퓨터 교과	컴퓨터	51						25.5	25.5
			영상	102		(선택1.5) 25.5	(선택1.5) 25.5	(선택1.5) 25.5	(선택1.5) 25.5		
			애니메이션								
		자기계발 교과	수영	102		17	17	17	17	17	17
		계		765		127.5	127.5	127.5	127.5	127.5	127.5
창의적 체험 활동	자율활동	교과, 재량 활동		306	306	51	51	51	51	51	51
	동아리활동										
	봉사활동	창체, 특별활동									
	진로활동										
총계					3,213	535.5	535.5	535.5	535.5	535.5	

교육과정은 공통 교과, 특성화교과, 창의적 체험활동으로 나누어진다.

교과 시수는 2009 개정 교육과정에서 제시하는 교과 시수보다 30% 정도 적게 운영되지만, 대신 특성화 교육과정에 많은 부분을 할당하고 있다. 특성화 교육과정에서 중국어, 일본어, 러시아어에 408시간을 배당하고 있다.

2009 개정 교육과정에서는 학년별 102시간의 창의적 체험활동 시수를 제시하고 있는데, 아시아공동체학교도 창의적 체험활동 시수를 운영하고 있다.

① 특성화과정

중학교의 특성화과정 목적은 다음과 같이 제시하고 있다.

> - 특성화교육과정을 통해 청소년기의 인성을 완성하고, 동기유발을 통한 진로 선택의 폭을 넓게 하고, 다양한 언어활동을 통해 세계적 인재를 양성함을 목적으로 한다.
> - 다양한 문화를 존중하고 인종적·민족적 차별이 없는 교육환경을 통해 누구나 누릴 수 있는 권리에 대해 알게 하고, 자연과 인간이 하나의 유기체임을 이해하고 존중할 수 있는 인간으로 자랄 수 있게 한다.
> - 개인의 역량에 맞는 알맞은 프로그램을 통해 올바른 사회인으로 성장하게 하고, 민주적이고 창의적 활동을 통한 개인의 역량을 발휘하도록 한다.

특성화과정 운영은 방과 후 교육과정과 비슷한 성격을 지니고 있고, 이를 전체 학생들에게 이수하게 하여 다문화 학생들의 각기 다른 출신 배경과 환경의 장점을 살리고 있다. 또한 학생들이 자신에게 맞는 과목을 선택하게 함으로써 개별화 교육과정의 취지에 맞게 운영되고 있다. 외국어 과목은 중국어, 일본어, 러시아어, 영어 회화반이 있고, 컴퓨터 교과에 컴퓨터와 영상, 애니메이션이 있으며, 자기계발로 수영반을 운영하고 있다.

② 다문화과정

교육이념에 더불어 살아가는 세계인상을 제시하고 있지만, 특별히 세부 영역으로 나누어 제시하고 있지는 않다. 토요일 자원봉사자나 다른 나라 원어민강사를 통해 수업이 진행되고 있다.

③ 창의적 체험활동

창의적 체험활동은 수요일, 금요일, 토요일 등 요일제로 운영하고 있으며, 교육과정 내용은 따로 제시되어 있지 않고 교사의 재량권에 달려 있다.

(3) 고등학교 교육과정

<표 3-22> 교과과정과 방과 후 과정 수업시수

구분	교과영역	교과군		기준단위		학교채택	10학년		11학년		12학년	
				10	11~12		1학기	2학기	1학기	2학기	1학기	2학기
공통교과	기초	국어		15	15	8	2	2	2	2		
		수학		15	15	8	2	2	2	2		
		영어		15	15	8	2	2	2	2		
	탐구	사회(역사/도덕)	사회	20	20	12	1	1	1	1		
			국사				1	1	1	1		
			도덕				1	1	1	1		
	탐구	과학		15	15	8	2	2	2	2		
	체육·예술	음·미·체	음악	20	5	3	1.5	1.5				
			미술		5	5	1.5	1.5	1	1		
			체육		10	5	1.5	1.5	1	1		
	생활·교양	한문		16	.	4	2	2				
		기술·가정			16	4			2	2		
		소계		116	116	65	17.5	17.5	15	15		
	일반선택교과	애니메이션				6	1.5	1.5	1.5	1.5		
		환경(한옥)				12	2	2	2	2	2	2
		세계문학				6			1	1	2	2
		전통무예				8	2	2	2	2		
	교과	소계				32	5.5	5.5	6.5	6.5	4	4
특성화교과	외국어프로그램	일본어				36	선택(6)	선택(6)	선택(6)	선택(6)	선택(6)	선택(6)
		영어회화										
		중국어										
		러시아어										
	컴퓨터교과	영상				9	1.5	1.5	1.5	1.5	1.5	1.5
	자기계발교과	수영				6	1	1	1	1	1	1

구분	교과영역	교과군	기준단위		학교채택	10학년		11학년		12학년	
			10	11~12		1학기	2학기	1학기	2학기	1학기	2학기
특성화 교과	진로 프로그램	코디네이터과정(무역실무, 관광통역, 의료관광, 통번역)			28					선택 (14)	선택 (14)
		미용 (네일, 피부미용, 메이크업)									
		귀금속공예									
		자동차기계									
		금형설계									
	소계				79	8.5	8.5	8.5	8.5	22.5	22.5
창의적 체험 활동	자율활동	재량활동	24		24	4	4	4	4	4	4
	동아리활동										
	봉사활동	특별활동									
	진로활동										
총계			216		200	35.5	35.5	34	34	30.5	30.5

위의 교과과정에서 살펴보면, 교과 시수를 많이 줄이고 특성화 교육 시수를 대폭 늘린 것을 볼 수 있다.

① 특성화과정

교과 시수와 특성화과정을 거의 50:50으로 운영하고 있다. 이는 아시아공동체학교 학생들의 특성상 많은 학생들이 고등학교 졸업 후 대학 진학을 하지 않고 직업을 가지는 것을 고려한 것이다.

특성화과정에서 진로 영역을 특히 세분화하여 잘 운영하고 있는 것을 볼 수 있다. 진로 프로그램을 코디네이터과정(무역실무, 관광통역, 의료관광, 통번역), 미용(네일, 피부미용, 메이크업), 귀금속공예, 자동차기계, 금형설계 등 다양하게 개설하여 진로에 직접 도움을 줄 수 있게 했다.

② 다문화과정

교육이념에 더불어 살아가는 세계인상을 제시하고 있지만, 특별히 세부 영역으로 나누어 제시하고 있지는 않다. 매주 토요일 창의적 체험활동 시간에 외국인강사나 자원봉사자를 활용하여 다문화과정 수업을 하기도 한다.

③ 창의적 체험활동

교과 특성화 시간과 외국어 프로그램 운영은 2009 개정 교육과정의 창의적 체험활동과 성격이 동일하다고 볼 수 있다.

④ 디딤돌반 운영

디딤돌반은 초등, 중등, 기초반의 3개 학급으로 운영되고 있으며, 수업시수는 〈표 3-23〉과 같다.

교과 보충 수업시수는 주당 14시간이다. 이 시간에 수학, 사회, 과학, 영어, 음악, 미술, 체육, 외국어 과목이 모두 운영되고 있다.

교육과정과 교재는 교육부 인정 도서와 검인정 국정도서를 사용하고 있어 공립학교 진학 시 잘 적응하고 도움을 주기 위해 공립학교 교육과정에 있는 전 과목을 운영하고 있다.

〈표 3-23〉 디딤돌반 수업 영역과 시수

교과 영역	주당 수업시수	비고
교과 보충 (수학, 사회, 과학, 영어, 음악, 미술, 체육, 외국어)	14	학생 개개인에 따라 수업시수 다름
한국어 과정	8	
적응 프로그램	8	
계	30시간	주 5일 수업

IV

다문화 대안학교의 운영 및 체제

1.
학교 운영 및 체제

학교 조직은 각 학교의 특성을 반영하여 구성하지만, 초·중·고등학교를 공통으로 운용할 수 있는 조직의 경우 통합하여 하나의 조직으로 운영하는 것이 합리적이고, 지역 시설 연계 및 지역사회와의 협력체제 구축을 통해 안정적인 교육체제를 구축할 필요가 있다(오성배, 2010).

다문화 대안학교 규모는 학급당 인원수 15명을 기준으로 초·중·고등학교 학년별 총 12학급, 디딤돌반 2학급 포함 총 14학급으로 이루어지는 것이 타당할 것으로 보인다. 급식비와 학비는 일반학교 수준으로 개인 부담하며, 교육복지지원 대상 학생의 경우 규정에 따라 교육비 면제 및 급식비를 지원해야 할 것이다.

다문화 대안학교의 기숙사 운영은 여러 지역에 거주하는 다양한 특성의 학생들의 여건을 고려하여 통학과 기숙사생활 간 선택이 가능하도록 통합형으로 운영되어야 할 것이다. 다문화 대안학교는 일반학교와 다문화 대안학교 간의 넘나듦이 자유로울 수 있도록 위탁 운영될 수 있어야 할 것이며, 디딤돌반 등에서의 위탁교육 중 학생이 다문화 대안학교로의 완전 전학을 원할 경우 전학을 허용해야 할 것이다.

이 장에서는 다문화 대안학교의 운영 및 체제를 분석하고, 그 분석 결과를 토대로 효율적인 다문화 대안학교의 운영방안을 제시하고자 한다.

1) 한누리학교

(1) 학생에 관한 제반 사항

한누리학교의 입학은 중도입국 자녀 및 외국인근로자 자녀와 일반학교에서 적응이 어려운 다문화가정 자녀를 대상으로 하고 있으며, 이 학생들에게 공교육을 지원하는 학교로 학생들을 일반학교에 원적을 두고 입교하게 하고 1년 재학 후 원적교로 복귀하게 하고 있다. 한누리학교 모집정원은 초등학교 과정에서 디딤돌반 1학급을 포함하여 1~6학년까지 총 7학급으로 각 15명씩 정원으로 하여 모집하고 있으며, 중등학교 과정에서는 (중·고) 디딤돌반 1학급과 중학교 1~3학년(단, 중1은 2학급), 고등학교 1~3학년의 총 8학급으로 각 15명을 정원으로 하고 있다. 모집 단위는 인천광역시 및 전국 단위다.

입학절차는 위탁으로 입학하는 학생의 경우와 본교에 직접 입학하는 경우가 있다. 위탁으로 입학하는 경우에는 초·중·고등학교 중 원적교에서 위탁교육을 신청하는 학생으로 신청서와 추천서 등 학교에서 제시하는 서식에 맞추어 본교로 발송하면 된다. 하지만 본교에 직접 입학하는 고등학생의 경우는 인천광역시 거주자로 본교 1, 2학년 편입학 희망자로 제한한다. 이 경우에는 본교 소정양식의 입학원서, 자기소개서, 중학교 졸업증명서, 학교생활기록부 사본(국내 학력소지자 전체), 지원자 출입국사실증명서 1부, 주민등록등본 1부(발급 가능한 자에 한함: 국적확인용) 등의 공통서류와 다문화가정 확인 서류를 제출한다.

한누리학교 학생 현황은 〈표 4-1〉과 같다.

(2014. 10. 08. 기준)

구분	중국	우즈베키스탄	필리핀	몽골	에티오피아	러시아	아프가니스탄	태국	리비아	카자흐스탄	타지키스탄	이라크	파키스탄	베트남	키르기스스탄	우크라이나	브라질	핀란드	이집트	미국	합계
초	7	15	3		1	3	2		3	1	1		2	1		5	1	2	2		49
중	30	9	2		1	1				1				2	1						47
고	6	5	2			1		1	2	1		1		1							20
계	43	29	7		2	5	2	1	5	3	1	1	2	4	1	5	1	2	2		116
수료학생	11	7	1	1		4														1	25

출처: 다문화교육 정책연구학교 합동종결보고서

학교급별로 살펴보면 초등학생 49명(30%), 중학생 47명(52%), 고등학생 20명(18%)으로 수료한 학생까지 포함하면 총 141명이다. 학생들의 국적은 총 20개이고, 국적별로 살펴보면 중국 43명(37%), 우즈베키스탄 29명(25%), 필리핀 7명(6%) 순이다. 고등학생 수가 상대적으로 적은 것은 가정의 경제적인 여건으로 진학보다는 취업을 더 선호하는 다문화가정의 상황이 반영된 것으로 볼 수 있다.

(2) 교직원에 관한 제반 사항

한누리학교의 교사들은 현직 교사들로서 공개모집을 통해 스스로 이 학교에 지원한 교사들 중 면접을 통해 선발했으며, 모두 현장에서 오랜 경력을 가지고 있

〈표 4-2〉 관리직

(2015년 2월 기준)

구분	인원
교장	1
교감	초등 1, 중등 1

출처: 한누리학교 홈페이지

<표 4-3> 초등학교 교사 현황

(2015년 2월 기준)

학년	1	2	3	4	5	6	디딤돌	교과전담	계
인원	1	1	1	1	1	1	1	1	8

출처: 한누리학교 홈페이지

<표 4-4> 중·고등학교 교사 현황

(2015년 2월 기준)

과목	국어	도덕 윤리	수학	영어	공통 사회	역사	공통 과학	체육	음악	미술	정보 컴퓨터	기술 가정	중국어	계
인원	3	1	1	2	1	1	1	1	1	1	1	1	1	16

출처: 한누리학교 홈페이지

다. 특히 다문화중심학교와 거점학교에서 근무하면서 다문화가족을 위한 다양한 프로그램을 운영했던 교사들이 많다.

한누리학교 교직원에 관한 현황은 위의 〈표 4-2〉, 〈표 4-3〉, 〈표 4-4〉와 같이 관리직으로서 교장 1명, 교감은 초등 · 중등에서 각 1명씩이다. 초등교사는 1학년부터 6학년까지 담임교사와 디딤돌반 교사 1명, 교과전담교사 1명으로 모두 8명으로 배정되어 있다. 중 · 고등학교는 국어 3명, 영어 2명 외 교과별로 1명씩 총 16명의 교사가 배정되어 있다.

(3) 기타 교직원에 관한 제반 사항

한누리학교의 기타 교직원에 대한 제반 사항으로 행정실 직원과 비교과 교사 및 이중언어교사에 대해 살펴볼 것이다.

먼저, 학교에서 행정조직은 교장의 명에 따라 교무조직의 활동을 지원하는 직능조직이면서 중앙이나 지방교육행정기관과의 관계에서는 계선조직의 성격을 갖는 관료조직의 성격을 지닌다(정영수, 2008). 또한 행정실의 업무는 수업과 직접

<표 4-5> 행정실 현황

(2015년 2월 기준)

구분	행정실장	교육행정직	시설관리직	조리직	행정실무원 (학교회계직)	계
인원	1	2	1	1	1	6

출처: 한누리학교 홈페이지

관련성은 없지만 원활한 교수-학습 환경을 만드는 데 기여한다.

한누리학교의 행정실은 <표 4-5>에서 보는 바와 같이 행정실장, 사무원 등으로 조직되어 있으며, 인사, 급여, 세입세출관리, 학교회계, 급식관리, 학교발전기금관리, 재산관리, 문서관리, 시설관리 등의 주요 업무를 담당하고 있다.

다음으로 비교과 교사와 이중언어교사(다문화언어강사)는 교육과정상의 교과목에 해당하지 않는 특수 분야에 대한 교사자격증을 갖고 학교에 정식 임용된 교사를 말한다. 일반적으로 비교과 교사의 종류는 상담교사, 보건교사, 영양교사, 이중언어강사 등으로 나눌 수 있다.

상담교사는 진로상담교사와 다르게 전문적인 상담을 통해 교우관계, 폭력예방 등의 영역에 있어 개인 상담과 집단 상담을 통해 학교 부적응 및 일탈을 예방하는 역할을 한다. 특히 다문화 대안학교에서 상담교사의 역할은 일반학교 학생들을 대상으로 하는 것보다 학생들의 특수성을 반영하기 때문에 훨씬 중요하다. 보건교사는 보건교육과 함께 학생들의 신체건강상의 변화를 검사하고 상담하며, 예기치 못한 환자 발생 시 응급처치를 통해 생명 구호의 역할까지 한다. 영양교사는 학생에 대한 영양교육과 식생활 지도뿐만 아니라 조리종사자, 식단 작성, 식재료의 선정 및 검수, 위생·안전·작업관리 및 검식, 식생활지도, 정보 제공 및 영

<표 4-6> 기타 교직원 현황

(2015년 2월 기준)

구분	전문상담사	다문화 언어강사	보건교사	영양교사	조리종사원	기숙사 행정실무사	계
인원	3	4	1	1	3	1	13

양상담 등 학교 급식에 관한 업무를 총괄한다.

〈표 4-6〉에 나타난 것처럼 이중언어강사(다문화언어강사) 인원은 4명으로, 다문화 대안학교에서의 역할은 상담교사와 함께 매우 크다고 볼 수 있다.

이중언어강사의 역할은 크게 가시적 역할과 비가시적 역할로 나누어볼 수 있다. 가시적인 역할로는 일반교과의 교수-학습 상황에서 학생과 교사의 질문과 답변 등 의사소통을 보조하며, 출신국과의 학습 방법의 차이로 인한 준비활동을 지원한다. 언어 이외의 교과 학습에서는 학습부진 학생을 보조하며, 교사의 교수-학습 계획에 출신국의 특성이 반영될 수 있도록 자문을 해주는 역할을 한다. 또한 상담교사나 보건교사와 학생의 소통을 원활하게 해주는 역할 역시 중요하다. 비가시적 역할로는 한국생활의 멘토로서 출신국 배경이 같음으로 인한 심리적·정서적 지지자의 역할을 하기도 한다.

(4) 기숙사에 대한 제반 사항

한누리학교의 기숙사 현황을 살펴보면, 〈표 4-7〉과 같다.

기숙사의 현황과 운영을 살펴보면, 대부분 기숙사를 운영하는 학교들의 운영 목적은 학생들이 공동체생활을 통해 자립성을 기르기 위한 것이다.

한누리학교에서는 기숙사를 '생활관'이라 부르고 있으며, 생활관의 효과적인 관리에 관한 사항을 규정하여 생활관에 입사한 학생에게 기숙사 시설의 확보를 통한 통학의 편리성과 교육기회의 보장으로 한국어를 빨리 습득할 수 있는 환경을 구축하고, 한국사회에 적응할 수 있는 능력을 키우는 데 운영 목적이 있으며

〈표 4-7〉 기숙사 현황

(2014년 3월 기준)

준공연도	기숙실 수	1실당 수용 인원	기숙사 정원
2013년 3월	60실	4명	240명

출처: 한누리학교 홈페이지

다음과 같은 실천 목표를 지향하고 있다.

① 자율화·다양화된 교육과정 운영을 통한 학교교육 신뢰 회복 및 사교육비 경감, ② 인성과 학력의 조화로운 발달을 위한 인성교육, 공동체교육 등의 다양하고 풍부한 교육적 경험을 쌓을 수 있는 프로그램을 제공하여 학생과 학부모의 만족도 제고, ③ 다른 문화 속에서 자라온 학생들에게 다문화 환경 속에서 편안하게 공부할 수 있는 돌봄의 교육시스템 구축, ④ 기숙형 학교 운영으로 원거리 학생들이 안심하고 교육 받을 수 있는 여건 조성 등이다.

생활관의 안전과 질서를 위해 생활관에서 일어나는 각종 사안에 대한 징계 등의 심의 및 의결은 생활지도부에서 학생선도위원회 회의를 소집하여 처리하도록 규정하고 있다.

또한 학습과 자기 개발이 조화된 하루 일정 계획은 〈표 4-8〉과 같다. 아침에 기상한 후, 아침운동 및 식사로 등교 준비를 마치고 학교생활을 한다. 기숙사는 학교생활이 시작된 8시 30분에 문을 닫고, 학교생활을 마치는 4시 30분부터 다시 문을 연다. 그리고 학교생활 이후 개별학습 및 방과 후 학교, 동아리활동 등 개인

〈표 4-8〉 기숙사 하루 일정 계획

(2015년 2월 기준)

시간	일정	비고
06:00 ~ 07:00	기상 및 세면, 방 정리	
07:00 ~ 07:30	아침운동	
07:30 ~ 08:30	아침식사 및 등교 준비	
08:30 ~ 16:30	학교생활	
16:30 ~ 17:30	개별학습 및 방과 후 학교	
17:30 ~ 18:30	저녁식사	
18:30 ~ 19:30	동아리활동	
19:30 ~ 21:00	저녁공부	
21:00 ~ 21:30	청소 및 세면	
21:30	인원 점검 및 취침	

출처: 한누리학교 홈페이지

의 적성과 미진한 부분을 학습하면서 저녁시간을 보내고 인원 점검 후 취침에 들어간다. 기숙사생활을 하는 학생들의 안전과 건강을 돌보기 위해 사감실이 있으며, 상비약은 양호실과 사감실에 비치한다.

이처럼 한누리학교는 기숙사생활을 통해 학생들로 하여금 학습과 자기 개발이 조화된 하루 일정으로 자기조절력과 몸과 마음이 건강한 학교생활이 되도록 지도하고 있다.

2) 새날학교

(1) 학생에 관한 제반 사항

학생에 대한 사항을 출신국가별 학생 현황, 연도별 학생 증감 현황, 졸업생 현황, 원적 학교 복귀 현황에 대해 살펴볼 것이다.

① 출신국가별 학생 현황

새날학교 학생들의 출신국가는 중국과 우즈베키스탄을 중심으로 베트남, 필리핀, 방글라데시, 대만, 카자흐스탄, 영국, 태국, 인도를 비롯하여 몽골, 멕시코, 나이지리아, 인도네시아, 러시아 등이며 2013년에는 13개국, 2014년에는 12개국

〈표 4-9〉 2013학년도 출신국가별 학생 현황

구분	중국	우즈베키스탄	베트남	필리핀	몽골	멕시코	방글라데시	대만	카자흐스탄	영국	태국	나이지리아	인도	합계
남	13	6	1		2	1			1					24
여	18	8	3	3	1	2	1	1		1	1	1	1	41
합계	31	14	4	3	3	3	1	1	1	1	1	1	1	65

<표 4-10> 2014학년도 출신국가별 학생 현황

(2014. 02. 28. 기준)

구분	중국	우즈베키스탄	베트남	필리핀	몽골	멕시코	방글라데시	대만	인도네시아	영국	태국	일본	인도	합계
남	13	7	2		2	1			1	1		2		29
여	14	9	3	1	1	2	1	1			1	1	1	35
합계	27	16	5	1	3	3	1	1	1	1	1	3	1	64

으로 다양하게 나타나고 있다.

새날학교 학생들의 출신국가를 살펴보면 2013년, 2014년 모두 중국이 가장 많고 우즈베키스탄, 베트남이 그 뒤를 잇고 있다.

② 연도별 학생증감 현황(2014. 04. 04. 현재)

새날학교는 2007년 1월에 설립되어 2011년 6월에 정원 75명(초등 1학급, 중등 4학급)으로 광주광역시 교육청으로부터 학력인가를 취득했다. 2007년 3명으로 시작하여 2011년 101명에 이르기까지 지속적으로 학생 수가 증가했다. 그러나 2011년에 75명 정원으로 교육청의 인가를 받으면서 2012년에는 50명, 2013년에 65명, 2014년은 64명으로 학생 수가 유지되고 있다. 학급 수는 2011년 인가 후부터는 대부분 5~6학급으로 편성되고 있다.

<표 4-11> 연도별 학생증감 현황

(2014. 04. 04. 기준)

연도\학급	2007년	2008년	2009년	2010년	2011년	2012년	2013년	2014년
학급 수	1	6	10	10	5	5	6	6
남	2	8	37	54	58	20	24	29
여	1	16	35	30	53	30	41	35
계	3	24	72	84	101	50	65	64

〈표 4-11〉에 의하면, 2011년 101명이었던 학생 수가 2012년에는 50명으로 75명인 인가정원을 충족하고 있으며 학급수도 5~6명으로 유지되고 있는 것을 확인할 수 있다.

③ 졸업생 현황

새날학교는 위탁형 대안학교로서 학생들은 원적 학교에서 졸업을 해야 한다. 새날학교는 2011년 6월 학력인가를 취득하여 그다음 해인 2012년 제1회 37명을 시작으로 2013년 제2회 20명, 2014년 제3회 14명의 졸업생을 배출했다.

졸업생들의 진로는 제천다솜학교와 서울다솜학교 등 다문화 대안학교로의 진학과 새날학교에 재위탁하는 경우가 대부분이다. 학생들은 일반 초등학교와 중학교 졸업 후 중학교와 고등학교 과정으로 새날학교에 재위탁된다. 졸업생 현황은 〈표 4-12〉와 같다.

〈표 4-13〉에 의하면, 많은 학생이 대안학교로 진학하고 있으며, 일반학교로의 진학률이 낮은 것을 확인할 수 있다. 이는 정해진 위탁기간이 학생들의 학교

〈표 4-12〉 2013학년도 졸업생 현황

구분	일반학교 진학	검정고시 준비	공립 다문화 대안고등학교 진학 (제천다솜학교, 서울다솜학교)	특성화고 진학	모국 학교 진학	새날학교 재위탁	기타	합계
초등	3					1		4
중등	1	1	6	1	1	3	3	16
합계	4	1	6	1	1	4	3	20

〈표 4-13〉 2014학년도 졸업생 현황

구분	일반학교 진학	검정고시 준비	공립 다문화 대안고등학교 진학 (제천다솜학교, 서울다솜학교)	특성화고 진학	모국 학교 진학	새날학교 재위탁	기타	합계
초등	1					2		3
중등			3	1		7		11
합계	1	0	3	1	0	9	0	14

적응에 부족한 것으로 해석할 수 있다.

④ 일반학교 원적 복귀 현황

새날학교는 위탁형 대안학교로 학생들은 일정 기간 동안 새날학교에서 학교 적응 과정을 거쳐 원적 학교로 복귀해야 한다. 원적 학교 복귀 현황은 〈표 4-14〉와 같다.

〈표 4-14〉에 따르면, 2011년과 2012년에 원적 학교 복귀 학생 수가 확연히 증가한 것을 확인할 수 있으며, 2011년 학력인가 취득과 2009년(71명), 2010년(84명), 2011년(101명)의 많은 재학생 수를 그 요인으로 볼 수 있다.

〈표 4-14〉 원적 학교 복귀 현황

구분	2009	2010	2011	2012	2013	2014. 4. 현재	누적 계
초등	2	7	7	13	3	6	38
중등	-	-	5	5	1	8	19
고등	-	-	-	-	2	-	2
합계	2	7	12	18	6	14	59

(2) 교원에 관한 제반 사항

새날학교에는 교장 1명, 교감 1명, 일반교사 8명으로 모두 10명의 교직원이 학생들을 지도하고 있다. 일반교사는 8명 모두 초 · 중등 1, 2급 교원자격증을 소

〈표 4-15〉 교원에 관한 제반 사항

구분	교장	교감	초등	중등	계
남	1		1		2
여		1		7	8
계	1	1	1	7	10

지하고 있으며 대부분이 여성이고 30대 젊은 교사로 구성되어 있다. 또한 새날학교의 교사들은 5년 이상의 다문화 중도입국 학생들을 지도한 경력으로 부모와의 상담을 통해 학생의 기본적인 한국 생활적응 안내까지 하고 있다.

(3) 기타 교직원에 관한 제반 사항

보조교사를 포함하여 새날학교의 직원 수는 모두 10명으로 보조교사 5명, 행정직원 2명, 급식 지원 2명, 차량 운행 직원 1명이다. 보조교사도 대부분이 여성으로 5명 중 4명이 여성교사다. 행정과 차량 직원은 모두 남성이고, 급식은 모두 여성이라는 성비를 보이고 있다.

〈표 4-16〉 기타 교직원에 관한 제반 사항

구분	보조교사	행정	급식	차량	계
남	1	2		1	4
여	4		2		6
계	5	2	2	1	10

(4) 기숙사에 대한 제반 사항

광주새날학교의 기숙사는 그룹홈 형식으로 운영되고 있다. 학교 내의 기숙사 시설이 부족하여 주변 아파트 2채를 추가로 임대하여 교내의 시설과 함께 기숙사로 활용하고 있다. 새날학교는 통합형 기숙학교로 학생의 약 2/3 정도가 기숙사생활을 하고 있으며, 나머지 학생들은 학교 차량으로 통학하고 있다. 기숙사 입소는 원하는 학생을 기준으로 운영하고 있으며, 기숙사비의 부담 가능 여부와 통학거리를 고려하여 입소 대상자를 결정한다. 기숙사의 사감과 전담교사는 정해져 있지 않고 다문화가정 학부모나 봉사자들이 그 역할을 하고 있다. 휴일에도 기숙사에서 지낼 수 있으나, 운영주체가 기독교 재단인 이유로 일요일의 종교행사 참여를 강제하고 있다. 기숙사의 운영비는 일부 교육청의 지원과 일부 학생 개인의 부담으로 충당한다. 학생들의 기숙사비는 남학생 15만 원, 여학생 20만 원이며 식비는 전액 무료다. 그러나 기숙사비의 남·여 형평성의 문제와 기숙사 전담교사나 전문사감의 부재는 해결되어야 할 과제다.

3) 서울다솜학교

(1) 학생에 관한 제반 사항

학생에 대한 사항에 관해 출신국가별 학생 현황, 연도별 학생 증감 현황, 졸업생 현황, 원적 학교 복귀 현황을 살펴보면 〈표 4-17〉과 같다.

〈표 4-17〉 2014학년도 출신국가별 학생 현황

(2014. 04. 04. 현재)

전공	구분	중국	몽골	필리핀	베트남	일본	미국	방글라데시	러시아	인도네시아	총계
컴퓨터미디어과	1학년	13	0	2	1	0	0	0	1	1	18
	2학년	9	2	0	5	2	0	0	0	0	18
	3학년	12	0	1	1	0	0	0	0	0	14
	소계	34	2	3	7	2	0	0	1	1	50
호텔관광과	1학년	15	0	2	0	1	1	1	0	0	20
	2학년	16	1	0	1	0	1	0	0	0	19
	3학년	12	1	0	2	0	0	0	0	0	15
	소계	43	2	2	3	1	2	1	0	0	54
총계		77	4	5	10	3	2	1	1	1	104

① 출신국가별 학생 현황

다솜학교 학생들의 출신국가는 중국과 베트남을 중심으로 몽골, 필리핀, 일본, 미국, 방글라데시, 러시아, 인도네시아 등으로 분포되어 있다.

다솜학교 학생들의 출신국가를 살펴보면, 2014년에는 중국이 가장 많고 베트남, 필리핀이 그 뒤를 잇고 있다. 이러한 현상은 현재 우리나라에 체류하고 있는 이주민의 현상과 일맥상통하는 것으로 여겨진다.

② 학과/학년별 학생 현황(2014. 04. 01. 현재)

다솜학교는 2012년 3월에 개교했으며, 제1회 48명의 입학생 중 2013년 2월에 1회 졸업생 3명을 배출했다. 2013년 3월에 2회 39명이 입학했고, 2014년 현재 104명의 학생이 재학 중으로 이는 중도입국 청소년이 계속 증가하고 있음을 단적으로 보여주는 좋은 예라 할 수 있다.

〈표 4-18〉에 따르면, 2014년 4월 현재 104명으로 컴퓨터미디어과는 1학년 18명, 2학년 18명, 3학년 14명으로 50명의 학생이 재학 중이다.

또한 호텔관광과에는 1학년 20명, 2학년 19명, 3학년 15명으로 총 54명이 재학 중이다.

〈표 4-18〉 학과/학년별 학생 현황

(2014. 04. 01 현재)

구분	컴퓨터미디어과						호텔관광과						계	
	1학년		2학년		3학년		1학년		2학년		3학년			
정원	20		20		20		20		20		20		120	
성별	남	여	남	여	남	여	남	여	남	여	남	여	남	여
현원	12	6	9	9	6	8	14	6	8	11	4	11	53	51
총계	18		18		14		20		19		15		104	

(2) 교원에 관한 제반 사항

담임교사를 배정하는 데 있어 교과교사는 본교 교원 및 시간강사를 활용하고 있으며, 대안교과 교사로는 본교 교원 및 한국어 전담강사를 활용하고 있다. 또한 이중언어강사를 배치하고 있으며, 본교 이중언어강사를 활용하고 있다.

〈표 4-19〉는 교직원 현황이다.

다솜학교에는 교장 1명, 교감 1명, 일반교사 15명으로 모두 17명의 교사가 학생들을 지도하고 있다. 교사들은 학생들이 가지고 있는 무한한 가능성을 펼쳐 나갈 수 있도록 가치 있고 다양한 교육활동을 전개하여 미래 다문화사회에 꼭 필요한 인재들이 되도록 지원하고 있다.

〈표 4-19〉 교직원 현황

구분	교장	교감	교사	계
인원(명)	1	1	15	17

(3) 기타 교직원에 관한 제반 사항

다솜학교의 직원 수는 보조교사 1명, 일반직 1명, 기능직 2명으로 모두 4명이다. 또한 이중언어강사의 수는 중국어 3명, 러시아어 1명, 베트남어 1명, 일본어 1명으로 모두 6명이다.

〈표 4-20〉 기타 교직원 현황

교직원	보조교사	일반직		기능직		계
	1	1		2		4
이중언어 강사	중국어	대만	러시아어	베트남어	일본어	계
	2	1	1	1	1	6

협력수업을 통한 보다 효율적인 교수학습법 개발에 기여하기 위해 이중언어 강사를 활용하고 있다. 이는 다문화가정 학생의 학교생활 적응과 한국어 능력 향상, 학습능력 신장을 목적으로 하고 있으며, 건강한 정체성 형성에 기여하고 있다.

4) 한겨레중 · 고등학교

한겨레중 · 고등학교의 운영목적은 군사분계선 이북지역을 벗어나 대한민국의 보호를 받고자 하는 북한이탈주민의 자녀 중 남한사회에서 정서적 어려움, 학교생활적응의 어려움, 학습적응의 어려움을 최소화하고 안정적으로 학교생활에 적응할 수 있는 인성교육 중심의 중등교육 및 기초적인 전문교육과 특성화교육을 필요로 하는 자를 돕기 위한 것이다. 또한 학생들의 장기간 학습공백을 메워 학령과 학력의 격차를 극복하고 남한사회에서 올바른 진로선택과 자아실현을 할 수 있도록 다양하고 특성화된 프로그램을 운영하고 있다. 대부분의 학생들에게 컴퓨터 및 제과제빵, 중국어 등 직업관련 자격증을 획득하게 한다. 또한 한겨레중 · 고등학교는 정부지원체제를 갖추고 있어 교사의 근무환경이나 자긍심, 학생만족도가 매우 높으며 안정적으로 운영되고 있는 다문화 대안학교다.

(1) 학생에 관한 제반 사항

한겨레중 · 고등학교의 학생구성은 북한이탈 청소년을 대상으로 하고 있으며, 학급구성은 중학교 4학급, 고등학교 6학급으로 한 학급에 20명을 정원으로 하고 있다. 중학교는 1학년과 2학년은 1학급씩, 3학년은 2학급을 운영하고 있으며, 고등학교는 학년별 2학급씩 6학급을 운영하고 있다.

한겨레중 · 고등학교의 입학 모집범위는 전국으로, 지원 자격은 북한이탈 청소년으로 만 13세에서 만 19세까지이며, 만 20세 이상은 입학전형관리위원회에서 별도의 심사를 거친 후 학교장이 결정한다. 입학전형방법은 서류가 20점이며 면접이 80점으로 서류에서는 무연고 북한이탈 청소년과 남한 학교 부적응 북한이탈 청소년을 우선으로 입학전형관리위원회에서 심의하여 입학허가예정자를 결정한다. 학생면접은 입학전형위원 4명이 각 20점 만점으로 평가하며 면접은 단독으로 남한에 정착한 경우, 심리적 안정이 필요한 경우, 학력과 학령의 차이가 심한 경우를 고려하여 선발한다. 서류전형점수와 학생면접점수를 합산하여 최고 득점자를 선발하고 있다. 원서접수는 수시로 하고 있으며 제출서류는 지원서 1부, 학력확인서 1부, 북한이탈주민 등록확인서 1부, 건강검진기록부 1부 등이 필요하다. 한겨레중·고등학교는 많은 탈북 청소년들의 한국생활적응에 적극 도움을 주기 위해 노력하고 있다.

(2) 교직원에 관한 제반 사항

교직원은 교장을 비롯하여 교감이 학교급별로 1명씩 배치되어 있다. 교과 담당교사는 국어과 3명, 수학과 3명, 영어과 3명, 중국어과 1명, 사회과 5명, 과학과 2명, 정보컴퓨터과 2명, 음악 1명, 체육 1명, 미술 1명이다. 한겨레중·고등학교는 교사를 채용하기 위해 1년 전부터 교사 연수 프로그램을 한 달에 한 번 실시하여 전국에 있는 교사들에게 다문화교육을 소개하고 관심 있는 교사들이 자연스럽게 연수를 받을 기회를 마련하고 있다. 이러한 과정을 통해 선발된 교사들은 바로 현장에 투입되었을 때 학생과 만나는 어려움이 적을 것이다.

(3) 기타 교직원에 관한 제반 사항

한겨레중·고등학교는 특성화 학교로 진로상담교사와 보건교사, 영양교사,

사회복지사, 비교과 교사들이 배치되어 있다. 먼저 진로상담교사는 남한사회의 적응과 관련된 상담과 심리적인 안정, 교우관계상담 등 개인 상담과 집단 상담을 병행하여 실시하며 학교부적응과 일탈을 예방하는 역할을 한다. 보건교사는 보건교육과 함께 학교와 연계된 병원을 통해 학생들의 건강을 체크하고 응급처치를 한다. 영양교사는 기숙사생활을 하는 학생들의 전반적인 식생활을 지도하고 식단 작성 및 식재료의 선정과 검수, 조리종사자들을 관리한다. 또한 한겨레중 · 고등학교에는 사회복지사가 배치되어 있는데, 사회복지사는 학생들이 남한사회에 잘 적응할 수 있도록 하고 개인의 사례관리를 통해 복지 측면에서 이들을 관리하고 지도한다.

또한 학교지킴이가 배치되어 있는데, 이들은 학교의 보안과 경비를 담당하고 있다. 행정실 직원은 학교의 행정업무를 담당하고 있으며, 수업과 직접 관련성은 없지만 원활한 교수학습 환경을 만드는 데 기여한다.

(4) 기숙사에 대한 제반 사항

한겨레중 · 고등학교는 탈북 자녀라는 학생들의 특성 때문에 남한 문화를 이해하고 문화적 이질감을 극복하며 대한민국 국민으로 건강하게 성장할 수 있도록 이끌어주고 단체생활을 통해 민주시민의 기본자질 향상을 목적으로 하는 특성이 있다.

한겨레중 · 고등학교는 전원이 기숙사생활을 의무화하고 있으며, 기숙사의 특징으로는 일반가족을 모티프 삼아 형제 또는 자매 역할을 할 수 있는 연령이 다른 학생들의 부모 역할을 하는 교사와 함께 생활하는 아파트형 기숙사를 운영하고 있다.

기숙사 구조는 아파트형으로 15평형의 작은 방에는 교사가, 큰 방은 8~10명 정도, 중간 방은 4명이 공동생활을 하며 남학생과 여학생이 구분되어 있으나 층별로 구분되어 운영하지는 않는다. 1년에 한 번씩 숙소를 오픈하는 행사를 하고 있다. 기숙사 사감은 남자 사감 1명과 여자 사감 1명이 있으며, 교사들이 함께 거주하기 때문에 사감과 협조적인 운영을 하고 있다. 또한 기숙사에서도 프로그램을 운영하는 등 24시간 교육과 생활을 병행하고 있으며, 방학 중에도 오갈 곳 없는 학생이나 경제적으로 어려운 학생들을 위해 기숙사를 운영하고 있다. 기숙사 비용은 전액 지원받아 학생들이 무료로 이용하고 있으며 식비 역시 전액 무료다.

한겨레중·고등학교의 기숙사 운영의 특징은 가정 형태의 기숙사 운영으로 학생들의 심리적인 안정감과 함께 학생들의 생활과 변화를 쉽게 파악할 수 있으며, 교사들과의 유대관계가 두터운 장점을 가지고 있다.

5) 아시아공동체학교

아시아공동체학교의 운영방침은 다음과 같다.

첫째, 다수의 다문화자녀들과 소수의 한국인 자녀들의 통합교육을 지향한다.

둘째, 한국사회적응을 위한 학생 및 가족 상담 프로그램을 운영한다.

셋째, 자율적인 봉사활동 참여로 자아정체성을 향상시킨다.

넷째, 배려와 양보, 나눔과 협동의 가치와 중요성을 알고 실천할 수 있도록 한다,

다섯째, 교사, 학부모, 학생 모두 아시아공동체학교의 교육이념을 준수하고 실천한다.

여섯째, 특기와 적성을 신장할 수 있는 다양한 프로그램을 운영한다.

일곱째, 폭력과 집단 따돌림이 없는 건전한 학교문화를 조성하여 학교부적을 예방한다.

여덟째, 학생이 일반학교 복귀를 원할 경우 학생과 학부모의 의견을 존중하여 언

제든지 복귀시킨다.

(1) 학생에 관한 제반 사항

아시아공동체학교는 총 7학년(1~6학년과 디딤돌반)으로 구성되어 있으며, 각 학년별로 교육목표와 커리큘럼에 차별성을 두어 학습할 수 있도록 하고 있다.

전 학년 정원이 10명이고, 다문화가정의 자녀 7명, 일반 자녀 3명을 한 학급으로 운영한다. 입학대상은 다문화가정(이주노동자, 이주여성, 새터민)의 자녀로 입학문의는 학부형이 직접 학교에 방문하여 상담해야 한다. 외국인근로자 자녀들에게도 혜택을 주고 있으며, 한국인 학생들도 각 반에서 함께 공부할 수 있도록 2~3명씩 배치하고 있다.

(2) 교직원에 관한 제반 사항

아시아공동체학교는 교직원으로 교장 1명과 초등 담임교사 2명, 중등 담임교사 1명, 고등 담임교사 1명, 행정 교사 1명, 일반 교사 8명을 배치하고 있다. 특이한 점은 교감이 없다는 것이다.

(3) 기타 교직원에 관한 제반 사항

아시아공동체학교는 다문화 대안학교로서 외국어 교과교사 5명이 배치되어 있다. 중국어, 러시아어, 영어 각 1명, 일본어 2명이 이중언어강사로 활동하고 있다. 또한 오카리나, 플루트, 첼로, 미술, 규방공예, 디자인, 태권도, 바둑, 야구 교사 각 1명, 성악, 피아노, 바이올린, 종이접기 각 2명씩 총 17명의 교사가 예체능 교과를 담당하고 있다. 일반적으로 다문화가정 자녀가 경험하고 있는 부적응은 크게 학습 차원과 사회 심리적 부적응으로 나눌 수 있다. 다문화 대안학교에서 학업을 이어가는 학생들은 이러한 일반적인 부적응 양상이 보다 심화된 환경, 즉 원적교에서의 부적응 또는 한국이라는 낯선 땅에서의 적응 등 성인에게도 힘든 상황에 직면해야 한다. 따라서 상담교사의 역할이 일반학교 학생들을 대상으로 하는 것보다 훨씬 중요할 것이다. 상담교사는 이러한 학생들의 특수성을 감안하여 상담과 지원이 효과적으로 이루어질수록 배치되어야 할 것이다.

2.
다문화 대안학교 관계자와의 인터뷰

인터뷰와 자료조사를 통해 유사 대안학교와 관련한 10가지 핵심적인 주요 시사점을 도출할 수 있었다. 10가지 핵심적인 사항은 다음과 같다. ① 초등학교 운영 문제 ② 기숙사 운영 문제: 기숙형과 통학형 ③ 언어 문제 ④ 교사 임용: 교사의 소명의식과 합숙 선발과정 필요 ⑤ 재정 및 조직: 안정된 예산과 생활지도 강화 ⑥ 특별 시설설비 ⑦ 특별 관리 ⑧ 교사들의 어려움 ⑨ 학생과의 상담 문제 ⑩ 외부 체험활동의 중요성

1) 초등학교 운영 문제

새날학교와 아시아공동체학교의 경우 초등학교까지 통합적으로 운영되고 있었으나, 저학년의 필요성에 대해 부정적이었고, 고학년부터 수용하는 것이 바람직하다는 입장이었다.

"인천 같은 경우 고등학교 중심으로 가는 것이 훨씬 효과적일 겁니다. 지금 우리 학생들도 고등학교에 가고 싶어 하지만 턱없이 부족해요. 그 때문에 아무래도 중학교까지는 기존의 대안학교도 다수이고, 본국에서 중학교 이수자격을 가지고 온 학생이 많기 때문에 아무래도 고등학교 중심으로 가쳤으면 합니다. 초등학교 학생의 경우 수준이 안 되도 얼마든지 일반학교에 가서 적응할 수 있지만, 중학교 이상부터는 일정 수준이 안 되면 보내기 어려워요."

(광주새날학교 김○○)

"초등학생과 중학생은 한국에 와서 적응을 잘해요. 초등학생은 과정 자체가 없고 중학생들도 적응을 잘합니다. 그런데 고등학생들은 아무래도 힘들죠. 아이들이 언어라든가 오히려 더 헷갈려하는 것 같아요. 얼굴 생김새는 똑같은데 사고가 달라요."

(한겨레중·고등학교 신○○)

2) 기숙사 운영 문제

(1) 기숙형

기숙사를 운영하고 있는 학교의 경우는 기숙사생활 관리의 중요성에 대해 강조했으며 남학생과 여학생의 건물 분리, 대상별 전담사감의 필요성을 강조했다. 새날학교의 경우, 여학생은 교사와 근처 아파트를 얻어서 생활하기도 했다. 그리고 한겨레중·고등학교는 기숙사 형태가 아파트형으로 설계되어 있어서 한 아파트당 전담교사가 배치되어 함께 생활하는 등 생활 부문에 많은 노력을 하는 모습을 엿볼 수 있었다.

"기숙사비는 학생들이 한 달에 15만 원을 내고 있고, 홈스테이는 한 달에 20만 원 (숙식 포함)으로 34평 아파트에 7명이 살고 있습니다. 기숙사 사감 선생님이 여학생들을 잘 관리해주고 계십니다. 여학생은 전원 아파트 기숙사에, 남학생들만 학교 기숙사에서 생활합니다."

(광주새날학교 김○○)

"가능하면 학생들과 같이 생활하는 것이 좋다고 생각합니다. 여교사들은 많이 힘들죠. 그런데 학생들을 위해서는 좋아요. 학생들이 교실에서 하는 행동이 다르고, 기숙사에서 다르고, 수업에서 다르고, 축제 때도 다르기 때문에 아이들을 평가할 수 있는 기회가 많아요. 기숙생활을 안하면 그런 걸 놓치죠. 우리 아이들은 부모에 대한 정을 모르기 때문에 교사를 부모라고 생각합니다. 여학생들은 '아빠라고 불러도 돼요?'라고 묻기도 합니다."

(한겨레중·고등학교 신○○)

(2) 통학형

아시아공동체학교의 경우 기숙사가 마련되어 있지 않고, 대부분 통학이 가능한 부산지역 학생들에게 한정되는 한계를 토로했다. 그래서 대안으로 다문화학교가 많이 설립되기를 바라고 있었다. 한누리학교 교사는 스쿨버스의 운영이 학생들 모집에 큰 도움이 될 것이라고 했다.

"더 많은 다문화학교가 필요하다고 생각합니다. 시별로 한 개 학교만 만들어 다문화 학생들을 받으면 거리가 문제가 됩니다. 먼 곳에 있는 학생들은 오기가 힘들기 때문입니다. 손쉽게 갈 수 있는 다문화학교가 필요합니다."

(아시아공동체학교 박○○)

"가장 큰 문제가 스쿨버스라고 생각해요. 초등이 스쿨버스가 운영되면 못해도 2/3 정도에서 절반 이상은 채워질 것이라고 생각해요."

(인천한누리학교 조○○)

3) 언어 문제

다문화 대안학교의 가장 큰 문제점은 역시 언어였다. 그래서 다문화 대안학교는 모두 디딤돌반을 운영하고 있었고, 자체적으로 교재를 제작하여 사용하고 있었다. 디딤돌반 안에서도 실력 차이가 많이 있기 때문에 결국은 개별학습 차원으로 운영되고 있다는 것도 알 수 있었다.

"학생들에게 있어 가장 필요한 부분은 학교 적응과 한국어, 그리고 이것이 어느 정도 수준에 도달하면 기초학습능력 성취죠!"

(광주새날학교 이○○)

"본교의 경우 중도입국 자녀들을 대상으로 위탁교육을 하고 있기 때문에 한국어 수준부터 해서 학생의 수준이 너무 떨어집니다. 그 때문에 한국어 학습부터 해서 최소한 1년 이상 필요해요. 한국어 자체가 불가능한 경우가 대부분이므로 무조건 한국어 수준으로 편성해야 합니다. 일단 모든 입학 학생을 초·중·고로 통합하여 기초반에 편성하고, 약 4개월간의 기초반 이수 후 초·중·고 학년별 한국어 기초반에 다시 편성하는 거죠. 상급반 학생들은 국적시험도 봐야 하기 때문에 본교 한국어교재는 이 시험도 대비하고 한국어 기초를 배울 수 있는 교재입니다. 유치원 식으로 가르쳐야 하는 기초교육이 필요합니다. 대학에서 나오는 교재도 많지만 그보다 더 아래 단계 한국어교재가 필요하죠."

(광주새날학교 김○○)

"중도입국 학생들 같은 경우에는 학업에 대한 부분이 애매하다는 것이죠. (중략) 고등학교 1학년에 해당하는 중도입국 학생들이 갖고 있는 기본 지식은 우리나라 고등학교 1학년 수준과 같을 수 있지만, 언어적 측면 때문에 학교에 들어와서 적응이 안 된다는 말이에요. (중략) 어느 정도 한국어 수준을 올려서 다시 고등학교로 보낸다는 것이 기본 취지잖아요. 그런데 여기서 한국어뿐만 아니라 기본적인 교육과정에 대한 학업성취까지 어느 정도 맞춰줘서 올려 보내야 하는 게 아니냐는 것이죠. 그런데 여기서 학업성취도를 맞춰줄 수 없어요. 1년 안에는 한국어밖에 안 되거든요. (1년은) 한국어만 되는 기간이지 (중략) 학업성취까지 요구하게 되면 말이 안 되죠. 한국어 공부하다가 시간이 끝나버리는데 거기서 학업적인 면까지 보충할 수는 없는 것이거든요."

(인천한누리학교 조○○)

4) 교사 임용

(1) 교사의 소명의식

일반 아이들과 달리 생활지도나 학업 능력의 부진 등을 교사의 애정과 관심으로 채워줘야 하는 큰 숙제가 있다. 그렇기 때문에 일반 학생들을 대하는 마음 자세로는 대안학교 학생들을 감당할 수 없다는 것이다. 학교가 아직 구조적으로 정착되지 않은 상태이므로 교사들의 열의와 봉사로 부족함을 메우고 있는 실정이고, 그렇기 때문에 교사의 헌신과 열정이 학교 운영의 제1 요소임을 모든 교사들이 강조하고 있었다.

"교사들은 평생 9호봉입니다. 박봉이죠! 자원봉사 수준이라고 생각하시면 됩니다.

실제로 처음부터 근무하셨던 분은 계속 근무하시지만, 중간에 인가 얘기가 나오면서 정식 교사가 되겠다는 생각으로 오셨던 분들은 지금 전부 퇴직하고 나가셨습니다. 참 어렵죠! 학생들에게 있어서 가장 필요한 부분이 학교 적응과 한국어, 그리고 이것이 어느 정도 수준에 도달하면 기초학습능력 성취죠! 그리고 전적으로 헌신된 교사들이 필요합니다. 그 때문에 중등의 경우 과목별 교사를 모집할 수 없습니다. 그래서 중등교사 자격증과 헌신된 마음만 있는 분들을 교사로 선발했고, 이분들이 모든 과목을 가르칩니다. 한 예로 과학을 전공하신 분이 영어를 가르치기도 하는 거죠!"

(광주새날학교 이○○)

"공립은 일선학교에서 뽑을 테지만, 본교는 의무감과 희생정신을 갖고 일하실 분들을 뽑습니다. 보육의 개념을 가져야 하는 거죠. 정시 출퇴근이 아니라 하루 종일 생활지도가 필요합니다."

(광주새날학교 김○○)

"모두가 봉사하는 개념이기 때문에 교육적 사명감을 가지고 일하시는 분을 모십니다. 그리고 단순히 자격증보다는 경험을 중요시하고, 학생들을 사랑하는 교사나 자원봉사자들을 모시려고 애쓰고 있습니다. 월급도 적고 근무 조건도 열악하지만 오직 사명감만으로 이 일을 해가고 있다고 생각하시면 될 것 같습니다."

(아시아공동체학교 박○○)

(2) 합숙 선발과정

선발과정에서 교사 스스로 자신의 역량과 마음가짐을 돌이켜볼 수 있는 장기 연수 프로그램 과정이 반드시 있어야 하고, 적어도 하루 이틀 숙식을 함께하면서 봉사정신, 소명의식, 생활태도를 관찰할 수 있는 합숙 선발과정이 요구된다.

"교사를 선발할 때 잘해야 해요. 사람이 중요하니까요. 직관력이랄까. 교사들이 학생을 존중하는 그런 마음이 밑바탕에 깔려 있다면 일반학교든 대안학교든 새터민이든 다문화든 모두 가능합니다. 가장 중요한 것이 교사를 어떻게 구성할 것인가? 어떻게 선발할 것인가? 교사들을 선발하여 어떻게 트레이닝하면 교사도 행복하고 자신의 꿈을 실현하고 교육목표를 달성하고 접근해나갈 것인가? 많이 고민하고 구성원끼리 계속 상의하고 대화하는 학교문화가 이루어졌으면 좋겠어요."

(한겨레중 · 고등학교 신○○)

5) 재정 및 조직

(1) 안정된 예산

학습 중심의 학교가 아니라 사회적응과 문화 체험, 진로 탐색 등이 고려되어야 하는 예산 확보가 필요하기 때문에 학교의 안정적 재원이 절대적으로 요구된다.

"제일 큰 문제는 예산입니다. 작년에 처음으로 예산을 받았기 때문에 그전까지는 모두 교육에 대한 열정 하나만으로 봉사했다고 보시면 됩니다. 교사자격증을 가지고 있는 교사 중에서 채용했지만, 월급을 100만 원 정도밖에 줄 수 없어서 사실상 자원봉사라고 봐야 할 것 같습니다."

(아시아공동체학교 박○○)

"인가를 받긴 했지만, 교육청으로부터 2/3를 지원받고 나머지는 자체적으로 해결해야 합니다. 다시 말해서 후원을 받아야 하는 거죠! 그래서 교장인 제가 하는 일은 거의 대부분 후원받기 위해 하루 종일 발품을 파는 일입니다."

(광주새날학교 이○○)

"위탁교육기관은 교육청 예산이 절반 이하예요. 그러니까 우리 학교(인천한누리)
는 일반학교랑 동일하게 운영하는데 돈은 절반밖에 없다고 생각하시면 돼요. 그래서
관리자가 고등학교를 일반학교로 만들려는 목적에는 예산에 대한 부분도 있어요."

(인천한누리학교 조○○)

(2) 생활지도 강화

일반학교보다 생활지도의 강화와 시간 안배가 중요하다. 또한 기숙사뿐만
아니라 교실에도 보조교사 제도를 활용하여 수업을 보조하고 학생들의 생활을
보조할 수 있는 교사의 배치가 요구된다.

"다국적 학생들이 함께 모여서 생활하기 때문에 타 문화를 이해하는 게 가장 중요
하다고 생각합니다. 그래서 교과공부보다는 생활지도의 중요성을 강조하고 생활지도
에 최선을 다하고 있습니다. 그리고 무엇보다 학부모교육이 중요하다고 생각합니다."

(아시아공동체학교 박○○)

"3분의 1 정도의 학생이 기숙생활을 하고 있습니다. 그 때문에 학생들의 일거수일
투족을 다 알아야 하죠. 관리가 안 되면 학생들이 떨어져나갈 수밖에 없습니다. 학생
들은 공부하기 싫으면 학교 흉을 보면서 안 가겠다고 하죠. 학부형들은 이런 말을 들
으면 학교에 가지 말라고 합니다. 그래서 철저한 관리가 필요해요. 교사들은 항시 24
시간 대기하고 있습니다. 중도입국 학생들은 집에 갈 때 그냥 보낼 수 없어서 직접 터
미널에 가서 버스표까지 끊어줘야 합니다. 다시 학교에 올 때도 직접 가서 데려오기도
합니다. 주말도 없이 불려 다녀야 하죠."

(광주새날학교 김○○)

6) 특별 시설 · 설비

　　다문화 대안학교의 특성을 고려한 특별 시설물 확보 운영, 특히 문화적 충격이나 가정 문제를 상담할 수 있는 상담 기능의 강화 등도 제기된다.

　　인천한누리학교를 비롯한 타 학교의 경우 진로 및 직업교육에 활용할 수 있는 시설이나 설비가 확보되지 않은 상태에서 실질적인 직업교육이 필요한 고등학생 대상 교육이 미흡하여 이 부분이 해결해야 할 과제로 지적되고 있었다.

　　"우리 학교의 자랑거리는 다국적 검색시스템을 갖춘 도서실입니다. 학교 자체 내에 12개국 도서를 보유하고 있습니다. 이 도서는 모두 후원받은 것입니다. 학생들이 자기네 언어로 쉽게 책을 빌려볼 수 있게 모든 도서 제목을 12개 언어로 번역해놓고 각 나라별 시스템을 도입했습니다."

(아시아공동체학교 박○○)

　　"(진로 및 직업교육은) 특성화 교육 안에 있는데요. 시설 같은 것은 전문적으로 되어 있지 않아요. 제가 알기로 교장선생님의 의도는 서울에 있는 다솜학교 있잖아요. 그것을 본받아서 고등학교가 완전히 일반학교처럼 되면 직업교육을 시키고, 또 공부하기를 원하면 공부 쪽으로 가도록 하는 것을 계획하고 있어요. (위탁학생을) 3년까지도 있게 해준다고 하면 그쪽 준비를 해야 하지 않느냐고 생각하고 있어요."

(인천한누리학교 조○○)

7) 특별 관리

　　다문화가정의 자녀들은 특수한 환경 속에서 언어 수준과 학습능력의 차이,

부적응 등 많은 문제를 안고 있다. 이들에 대한 적합한 학습교재 선정, 적응기간 배려 등 특별한 관리가 필요하다.

"한국어교재는 학교에서 자체 개발한 교재를 쓰고 있습니다. 이제까지 모두 3권을 만들었습니다. 그중 1, 2권은 한국어 회화교재라고 보시면 되고, 3권은 일반학교 적응 교재라고 보면 됩니다. 일반 시중에서 나온 교재를 보면 통일되지 않은 부분이 많고 각 나라별로 나와 있지도 않습니다."

(아시아공동체학교 이○○)

"다문화 같은 경우에는 중학생도 필요하겠죠. 중도입국자도 있고, 초등학교 때는 본인 스스로 정체성을 잘 몰랐는데 커가면서 드러나니까 거기에 불만이 생기는 거죠. 또 사회에 대한 일탈행위는 고등학교보다 중학교가 많거든요. 그런 것 때문에 중학교 에도 생기는 것이 좋아요. 나이를 우선으로 하죠. 왜냐하면 초등학교 4학년인데 열일 곱 살 먹은 아이가 있어요. 그 학교에서 할아버지로 통한대요. 그러니까 학교생활이 되겠습니까? 어렵죠. 저희는 학교에서 자체적으로 교과 교사들이 교재를 만들어서 수 업하기도 해요. 그런데 우리 학교는 아이들에게 디딤돌학교 역할을 하거든요. 징검다 리 역할이죠. 북한이탈 청소년들이 한국에 와서 우리 학교에서 졸업하는 것이 목적이 아니고 일반학교에 갈 수 있도록 도와주는 것이거든요. 그런데 우리학교에서 교육과 정을 달리 운영하면 일반학교에 가서 너무 혼란스럽죠. 그래서 일반학교의 교육과정 을 거의 그대로 하죠."

(한겨레중 · 고등학교 신○○)

"초등의 경우는 어느 정도 교육청의 요구사항에 따라 일선학교로 전입이 가능하지 만 중학교 이상의 경우는 상당히 어렵습니다. 왕따 등의 문제부터 해서 언어까지 학교 부적응 요소가 너무 많아요. 최소한 1년 이상은 본교에서 학습한 후에 가야 하며, 기간이 길수록 좋지요. 중학교의 경우 2학년, 3학년 정도 되는 친구들은 충분히 보낼 수 있을 것 같습니다. 교육청에서 요구하는 6개월이라는 위탁교육 기간은 상당히 부족해요. …… 중도입국 학생의 경우 한국어 자체가 불가능한 경우가 대부분이므로 무조건 한국어 수준으로 편성해야 합니다."

(광주새날학교 김○○)

8) 교사들의 어려움

일반학교와는 달리 다문화 대안학교는 운영에 있어서 어려운 점이 많다. 특히 교육을 직접 담당하는 교사들은 언어가 통하지 않는 학생을 대상으로 교육과정에 있는 수업을 진행한다는 어려움을 갖고 있다. 이러한 어려움을 덜어주기 위해 교사에 대한 특별한 배려가 필요할 것이다.

"담임선생님은 수업만, 학부형 상대와 책임도 교감이 직접 지고 있습니다. 최대한 담임선생님들의 부담을 덜어주려 하고 있죠! 교사들에게 최대한의 편의를 봐줍니다. 또 학교 잡무도 최대한 줄여줍니다. 평상시 일을 열심히 하기 때문에 개인 사정을 100% 용인해줍니다."

(광주새날학교 김○○)

9) 학생과의 상담 문제

다문화학교 학급운영에 있어서 학생과의 상담뿐만 아니라 학부모를 상담할 수 있는 담임교사, 상담교사, 전문상담가가 필요하지만, 광주새날학교의 경우는 담임교사가 직접 상담해야 한다고 주장했다.

"우리 학교에서는 연 2회 학부모교육을 하고 있고, 학부모상담 주간도 운영하고 있습니다. 그 외 학부형이 원하면 밤에도 상담을 받고 있습니다. 그래도 문제 해결이 어려울 때는 상담교사나 전문 상담가의 도움을 요청하여 해결하고 있습니다. 본교에는 상담교사 자격증을 가진 상담교사가 한 분 계시고 그 외 자원봉사자 분들이 많이 계십니다."

(아시아공동체학교 박○○)

"학생을 가장 잘 아는 것은 담임선생님이죠. 그런데 담임선생님 선에서 해결할 수 없는 문제가 있죠. 그래서 상담선생님이 필요하죠. 담임선생님이 먼저 지도하다가 너무 벅차다 싶으면 학생부에 넘기기 전에 상담선생님에게 보내죠."

(한겨레중 · 고등학교 신○○)

"전교생이 1인 1상담을 필요로 합니다. 전문상담교사보다는 담임이 직접 하는 것이 중요합니다. 또한 각 학생을 통역해줄 수 있는 통역 선생님이 필요합니다. 한국말 자체가 안 되기 때문에 본교는 선생님들 자체가 통역 가능합니다."

(광주새날학교 김○○)

10) 외부 체험활동의 중요성

외부 체험활동 프로그램은 학생 간의 협동학습을 원활하게 하고, 협동학습을 통해 개인의 능력과 비교할 수 없는 특별한 능력을 발휘하게 한다. 이러한 창의적 체험활동은 교육적인 면에서 여러 가지로 효과적이다.

"외부 체험활동 지원이 상당히 많습니다. 체험활동 한 번 갔다 오는 것이 교육적으로 훨씬 효과가 있어서 최대한 하려고 하고 있습니다."

(광주새날학교 김○○)

다문화 대안학교 관계자들과의 인터뷰를 통해 다문화 대안학교의 운영과 관련한 전체적인 시사점은 다음과 같다.

앞에서 언급한 10가지 사항은 현장조사와 인터뷰 내용의 핵심임과 동시에 이 연구가 고려해야 할 방향성을 제시하는 기준이기도 하다. 다문화 대안학교는 일반학교와 달리 특수한 환경에서 운영되는 학교다. 따라서 효과적인 학교운영을 위해서는 특수한 상황과 여건을 면밀히 검토해야 한다. 특히 교사 임용에 있어서 교사의 소명의식과 역할, 다문화가정 혹은 중도입국 자녀를 위한 특별 관리와 개인 상담 및 의사소통을 위한 학습 등 현장의 목소리는 다문화 대안학교 관계자들이 깊이 고민해야 할 과제로 나타나고 있다.

3.
교과교육과정 성취기준 이수
우선순위 설문조사

  본 설문의 취지는 다문화 대안학교에서 2009 개정(2011 고시) 교육과정에서 제시하고 있는 필수 이수시간의 50%를 이수하고자 할 때, 교육과정 50% 감축의 근거가 될 이수 우선순위 성취기준을 제시하는 것이다.

  따라서 각 교과의 성격, 목표, 내용체계, 학년별 내용 등에 대해 깊게 이해하고 있는 교과전문가*가 교과교육과정의 성취기준, 주제, 영역, 단원 중 핵심을 뽑아내는 과정이 필요하다. 비교적 학교 적응이 수월한 초등 1·2학년군에 대한 연구와 고등학교 교육과정은 선택교과로 운영되므로 그 범위가 넓어 성취기준 설문 제작에 있어 효율성이 떨어지는 관계로 생략했다. 따라서 교과교육과정 성취기준 이수 우선순위에 대한 설문조사는 초등 3·4학년군과 초등 5·6학년군 및 중학교 1~3학년군으로 한정지었다.

  장인실(2011)이 제시한 기본교육과정의 교과 중 일반학교의 학업에서 기초적

---

* 현재 교과연구회에서 활발한 활동을 하고 있는 자, 대학원 과정을 통한 교과의 전문 지식을 습득한 자, 각 교과를 10년 이상 가르친 자 등을 말한다.

<표 4-21> 성취기준 우선순위 선정 설문참가자 현황

구분		인원(명)
성 별	남	20
	여	31
소계		51
학 교 급	초등 3 · 4학년 군	25
	초등 5 · 6학년 군	
	중 등	26
소계		51
교 직 경 력	1~5년	5
	5.01~10년	11
	10.01~15년	10
	15.01~20년	15
	20.01년 이상	10
소계		51

으로 필요한 국어, 사회, 수학, 과학, 영어를 선정했다. 또한 다문화가정 학생들의 미적 체험을 통한 정서 안정 등을 위한 음악, 미술, 체육의 예술교과를 선정했다. 각 8개 과목별로 2009 개정(2011 고시) 교육과정에 근거하여 성취기준을 설문지로 구성했다.

설문참가자의 일반적인 사항은 〈표 4-21〉과 같다.

설문은 여성 31명, 남성 20명으로 총 51명이 참여했다. 초등학교 교사가 25명, 중등학교 교사가 26명이며, 참여자들의 교직경력은 〈표 4-21〉과 같이 다양하게 분포되어 있다.

이 절에서는 각 교과별 교과전문가의 설문조사를 토대로 다문화교육 및 교과교육과 관련한 전문가 자문을 통해 다문화 대안학교에서의 2009 개정(2011 고시) 교육과정 감축 운영을 위한 적용방안과 시사점을 도출하고자 한다.

가. 초등 교육과정

다문화 대안학교의 교육과정을 일반학교 교육과정의 50% 수준으로 감축할 경우 어느 부분을 얼마만큼 감축할 것인가의 문제가 발생한다. 이것은 역으로 일반학교 교육과정 중 어떤 50%를 반드시 교육과정에 포함시켜야 하는가의 문제이기도 하다. 이러한 문제에 대한 해답을 얻고자 먼저 각 교과 전문가에게 교육과정의 영역 및 단원, 성취기준에 대한 이수 우선순위 추출을 위해 설문을 실시했다.

이러한 설문 및 교육과정 분석을 통해 다음과 같은 결과가 도출되었다.

가) 국어

2007년 개정 국어 교육과정은 기존의 교육과정에 비해 학습량이 많고 수준이 높아졌다는 평을 받고 있다. 현장의 교사들은 보통의 한국 학생들을 대상으로 해도 교수 · 학습 활동의 난이도가 높아졌음을 토로하고 있다. 일례로 초등 3학년에서 제시되고 있는 문단 나누기 활동의 경우 이전 교육과정에서는 4학년 교과서에 제시되었던 것이다. 이러한 입장에서 교육과정 50% 감축에 대한 교과 전문가들의 의견을 물었을 때 학제 간의 입장과는 달리 무척 반기는 입장이었다. 물론 국가 수준의 교육과정 개정과 적용에는 수많은 학자의 조사와 철학이 담겨 있으므로 섣불리 내용을 없애거나 줄일 수는 없을 것이다. 그러나 중학교의 경우와는 다르게 초등학교의 경우 담임교사가 몇몇 교과를 제외한 전 교과를 지도한다는 특성과 각 영역별로 중복되는 활동이 많음을 고려한다면 상당 부분을 축소 · 삭제하는 것이 가능할 수 있다.

영역별 내용 성취기준의 이수 우선순위에 대한 설문 결과는 〈표 4-22〉, 〈표

4-23)과 같으며, 이와 함께 전문가의 의견을 토대로 한 교육과정 감축 방안은 다음과 같다.

<표 4-22> 초등 3 · 4학년 국어 영역별 내용 성취기준 이수 우선순위

영 역	이수 우선순위	내용 성취기준
듣기 말하기	1	1. 중요하거나 인상 깊은 내용을 메모하며 듣는다.
	2	3. 일의 원인과 결과를 생각하며 듣고 말한다.
	3	2. 직접 경험하거나 들은 이야기에서 감동적인 부분을 실감나게 말한다.
	4	4. 말차례를 지키면서 바른 태도로 대화를 나눈다.
	5	5. 내용을 이해하기 쉽게 발표하고, 다른 사람의 발표를 평가하며 듣는다.
	6	8. 다양한 매체를 보거나 듣고 생각과 느낌을 나눈다.
	7	7. 반언어적 · 비언어적 표현의 효과를 이해하고 활용한다.
	8	6. 회의의 절차와 방법을 알고 능동적으로 참여한다.
읽기	1	1. 글을 읽고 대강의 내용을 간추린다.
	2	4. 글을 읽고 중심 생각을 파악한다.
	3	2. 글쓴이의 마음이나 인물의 마음을 짐작하며 글을 읽는다.
	4	3. 읽기 과정에서 지식과 경험을 적극적으로 활용하며 글을 읽는다.
	5	6. 글에 대한 경험과 반응을 다른 사람과 나눈다.
	6	5. 글쓴이가 제시한 의견의 타당성을 평가한다.
쓰기	1	1. 맞춤법에 맞게 문장을 쓴다.
	2	2. 중심 문장과 뒷받침 문장을 갖추어 문단을 짜임새 있게 쓴다.
	3	3. 알맞은 낱말을 사용하여 설명하는 글을 쓴다.
	4	4. 알맞은 이유를 들어 자신의 의견이 드러나게 글을 쓴다.
	5	5. 읽는 이를 고려하여 자신의 마음을 표현하는 글을 쓴다.
	6	6. 다양한 매체를 활용하여 생각과 느낌을 효과적으로 표현한다.
문법	1	1. 소리와 표기가 다를 수 있음을 알고 낱말을 바르게 발음하고 쓴다.
	1	5. 문장을 끝내는 다양한 방식을 알고 자신의 의도에 맞게 문장을 사용할 수 있다.
	3	4. 낱말들을 분류해보고 국어사전에서 낱말을 찾아본다.
	3	6. 높임법을 알고 언어 예절에 맞게 사용한다.
	5	3. 국어의 낱말 확장 방법을 알고 다양한 어휘를 익힌다.
	6	2. 표준어와 방언의 가치를 알고 상황에 따라 효과적으로 사용한다.

문학	1	2. 재미있거나 감동적인 부분에 유의하며 작품을 이해한다.
	2	1. 짧은 시나 노래를 암송하거나 이야기를 구연한다.
	2	3. 이야기의 흐름을 파악하여 내용을 간추린다.
	4	4. 작품 속 인물, 사건, 배경에 대해 설명한다.
	5	6. 작품을 듣거나 읽거나 보고 느낀 점을 다양한 방식으로 표현한다.
	6	5. 작품 속의 세계와 현실 세계의 공통점과 차이점을 안다.

〈표 4-23〉 초등 5 · 6학년 국어 영역별 내용 성취기준 이수 우선순위

영 역	이수 우선순위	내용 성취기준
듣기 말하기	1	8. 자신의 말이 상대에게 미칠 영향이나 결과를 예상하여 신중하게 말한다.
	2	4. 토의를 통해 일상생활의 문제를 해결하는 태도를 지닌다.
	3	5. 토론의 절차와 방법을 알고 적극적으로 참여한다.
	4	9. 비속어 사용의 문제점을 인식하고 품위 있는 언어생활을 한다.
	5	1. 뉴스를 듣고 자신의 의견을 말한다.
	6	7. 매체를 통한 소통의 특성을 알고, 매체 언어 예절에 맞게 대화한다.
	7	2. 면담의 방법을 알고 효과적으로 면담한다.
	8	6. 매체를 활용하여 효과적으로 발표한다.
	9	1. 글을 읽고 대강의 내용을 간추린다.
읽기	1	4. 글을 읽고 중심 생각을 파악한다.
	2	2. 글쓴이의 마음이나 인물의 마음을 짐작하며 글을 읽는다.
	3	3. 읽기 과정에서 지식과 경험을 적극적으로 활용하며 글을 읽는다.
	4	6. 글에 대한 경험과 반응을 다른 사람과 나눈다.
	5	5. 글쓴이가 제시한 의견의 타당성을 평가한다.
	6	1. 맞춤법에 맞게 문장을 쓴다.
	7	2. 중심 문장과 뒷받침 문장을 갖추어 문단을 짜임새 있게 쓴다.
쓰기	1	4. 적절한 이유나 근거를 들어 주장하는 글을 쓴다.
	2	1. 쓰기의 과정을 이해하고 과정에 따라 글을 쓴다.
	3	2. 목적과 주제를 고려하여 내용을 조직하여 글을 쓴다.
	4	3. 적절한 설명 방법을 사용하여 대상의 특징이 드러나게 글을 쓴다.
	5	7. 자신이 쓴 글을 내용과 표현을 중심으로 고쳐 쓴다.
	6	5. 견문과 감상이 잘 드러나게 글을 쓴다.
	7	6. 다양한 매체에서 조사한 내용을 바탕으로 쓰기 윤리를 지키며 글을 쓴다.

	1	1. 발음과 표기, 띄어쓰기가 혼동되는 낱말을 올바르게 익힌다.
문법	2	2. 낱말이 상황에 따라 다양하게 해석됨을 이해하고 효과적으로 표현할 수 있다.
	3	5. 국어의 기본적인 문장 성분을 이해하고 성분 사이의 호응 관계가 올바른 문장을 구성한다.
	4	3. 고유어, 한자어, 외래어의 개념과 특성을 알고 국어 어휘의 특징을 이해한다.
	5	4. 절을 연결하는 다양한 방식을 알고 표현 의도에 맞게 문장을 구성한다.
	6	6. 관용 표현의 특징을 알고 담화 상황에 맞게 사용한다.
문학	1	4. 작품 속 인물, 사건, 배경의 관계를 파악한다.
	2	1. 자신이 좋아하는 문학작품을 들고 그 이유를 말한다.
	3	2. 작품에서 말하고 있는 사람의 관점을 이해한다.
	4	3. 작품에 나타난 비유적 표현의 특징과 효과를 이해한다.
	5	5. 작품 속 인물의 생각과 행동을 나와 견주어 이해하고 평가한다.
	6	7. 자신의 성장과 삶에 영향을 미치는 작품을 즐겨 읽는 태도를 지닌다.

1) 교육과정 감축 방안

(1) 축소 · 삭제

① 영역 및 단원

영역별 이수 순위를 고려한 결과 3 · 4학년군 교육과정에서 전문가가 제시한 축소 · 삭제 가능한 영역은 쓰기, 문법, 문학 영역으로 나타났는데, 특히 문학 영역은 2인의 전문가가 공통으로 제시했다. 이는 3 · 4학년에서는 가장 기본적인 언어 능력의 학습에 초점이 맞춰져 있다는 것과 일맥상통한다. 5 · 6학년 교육과정에서는 의외로 읽기 영역과 쓰기 영역에 대한 축소 · 삭제 의견이 보이는데, 특히 읽기 영역에 대한 축소 · 삭제는 언어교육의 기본 목표라 할 수 있는 의사소통과 직접 관련되는 것이어서 쉽게 납득되지 않을 수 있다. 그러나 5 · 6학년의 교과서에 중복되는 내용이 많이 나옴을 생각하면 수긍이 되는 부분이다.

② 내용 및 성취기준

여기서는 교육과정 영역별 내용·성취기준의 중요도를 고려해야 한다. 전문가 간 의견이 가장 일치하는 쓰기 영역의 최우선 성취기준인 "맞춤법*에 맞게 문장을 쓴다"를 통해 알 수 있다. 이 최우선 성취기준을 이수하지 못하면 그다음 성취기준** 이수가 어려워진다. 곧, 최우선 성취기준을 필수 성취기준으로 하고 있고, 나머지 하위 단계의 성취기준은 보충 또는 심화 수준의 성취기준으로 구성되어 있기 때문에 최우선 성취기준을 제외한 나머지 성취기준에서 축소 또는 삭제가 가능하다.

(2) 통합

① 교재의 통합

읽기 중심으로 통합한다. 국어의 듣기·말하기·쓰기·읽기 교과서는 대단원의 흐름과 그에 대한 글의 형식에 있어 같은 체계를 갖는다. 물론 언어 교수활동에 있어 입말 중심활동인 듣기, 말하기가 문자언어 활동인 읽기, 쓰기에 선행되어야 함은 사실이다. 그러나 현재 교육과학기술부에서 모든 초등학생에게 배부한 초등국어과 학습용 CD를 활용한다면 큰 무리 없이 통합이 가능할 것으로 여겨진다. 학습용 CD에는 듣기·말하기의 교재 내용과 듣기 자료, 읽기 교재 내용이 수록되어 있다. 읽기 교재 자체에는 이미 읽은 내용에 대해 함께 이야기하기 활동이

---

* 이 수준에서 아동에 대한 맞춤법 문제는 약간의 부연설명이 필요한데, 결코 성인이나 청소년들에게서 흔히 발견되는 맞춤법 오류 같은 문제가 아님을 밝힌다. 단어와 문장을 씀에 있어서 교사나 또래 친구들이 알아볼 수 없을 정도로 오류가 심한 경우(즉, 글을 통한 의사전달이 이루어질 수 없는 경우)가 가끔 보이고, 쓰기에서의 오류가 심한 아동의 경우 자신이 쓴 글을 스스로도 읽지 못하는 경우가 대부분이므로 그러한 수준에서의 맞춤법 문제를 언급하는 것이다.

** 최우선 성취기준 하위 단계 성취기준: "중심 문장과 뒷받침 문장을 갖추어 문단을 짜임새 있게 쓴다", "알맞은 낱말을 사용하여 설명하는 글을 쓴다", "알맞은 이유를 들어 자신의 의견이 드러나게 글을 쓴다", "읽는 이를 고려하여 자신의 마음을 표현하는 글을 쓴다", "다양한 매체를 활용하여 생각과 느낌을 효과적으로 표현한다."

포함되어 있다. 읽기 교재를 공부할 때 이미 듣기 · 말하기 활동은 자연스럽게 일어나고 이것은 듣기 · 말하기 활동을 할 때도 마찬가지다. 그러므로 읽기 교재의 내용 역시 듣기 · 말하기 교재의 듣기 자료처럼 CD를 통해 학습자가 들을 수 있게 해주고, 활용 시 듣기 활동을 읽기 활동에 선행하여 선입력 · 후산출이라는 언어교육의 기본을 지키면서 학습량을 경감시킬 수 있도록 한다.

② 교과 내 통합(단원의 통합)

3~6학년 중 교과 내 통합은 6학년의 경우 가능할 것이다. 6학년 1학기 국어 3단원은 주장에 대한 근거를 생각하며 토의하는 것을 학습하는 단원이다. 그런데 6학년 2학기 6단원 생각과 논리 단원에서 주장과 근거의 적절성을 판단하며 듣거나 읽고 말하기가 다시 나오면서 중복되는 요소를 갖는다. 교과 내에서의 통합이 필요한 부분이다.

③ 교과 간 통합

중학교와 달리 대부분 주요 과목의 지도가 담임교사에 의해 이루어지는 초등학교에서는 교과 간 통합을 통한 교육과정의 감축이 가능할 것이다. 토론과 토의 과정이 국어과목에만 국한되는 것은 아니다. 6학년 2학기 사회에서는 쟁점에 대한 자신의 입장을 근거를 들어 주장하는 활동이 있어 국어과와 중복된다. 뿐만 아니라 6학년 1학기 사회과목 학습의 흐름은 대부분 과거와 현재의 모습 알기부터 특정 사회 문제의 해결 방안을 찾아 발표하거나 자료를 제시하는 것으로 마무리되고 있다. 이는 자신의 주장에 대한 적절한 근거를 제시하는 것으로, 6학년 국어 교과서에서 여러 단원에 걸쳐 학습되는 토론 토의와 밀접한 관련이 있다. 이러한 부분에 대해서는 교과를 넘어선 교과 간 통합을 통해 상당 부분 축소가 가능할 것이라 여겨진다.

2) 시사점

　초등학교 국어 교육과정의 감축 방안은 초등학교 국어과 교육목표 중에서 창조성보다는 기본 지식의 이해 및 사용과 관련도가 높다는 것이 고려되어야 한다. 감축 방향에 대한 결론은 다음과 같다.

　첫째, 단일 교과서의 사용으로 중학교와 달리 중복되거나 비슷한 내용의 경우 단원의 축소나 삭제가 가능하다.

　둘째, 학습용 CD 같은 보조도구를 통해 영역별 교과서의 통합이 가능하다.

　셋째, 6학년 1학기 3단원과 6학년 2학기 6단원처럼 비슷한 목표와 제재를 갖는 경우 통합하여 내용을 축소한다.

　넷째, 국어 외의 교과와 통합 가능한 부분을 추출하여 통합하여 내용을 축소한다.

　다섯째, 접촉 가능성과 관련된 이수순위를 고려해야 한다. 접촉 가능성이란 학습자가 평소에 생활하면서 부딪칠 수 있는 상황과 맥락을 말한다. 초등학생의 일반적인 학교생활과 가정생활에 있어서 면담이나 뉴스 또는 신문 기사 만들기 등은 학교에서 굳이 제시하지 않는다면 접촉하기 힘든 상황이다. 이러한 활동은 창의적인 국어활동에 해당하는 것으로 교육과정의 축소ㆍ삭제가 가능한 부분이다. 창의성은 기본 지식의 바탕 위에서만 제대로 기능할 수 있기 때문이다.

나) 수학

　초등 수학과 관련 교과 전문가 설문 결과, 3ㆍ4학년과 5ㆍ6학년 모두 수와 연산 영역을 가장 중요하다고 생각했고, 도형과 측정 단원도 중요하다고 여기는 반면, 규칙성과 확률 및 통계 영역은 중요도가 덜하다는 결과가 나타났다. 특정 영역을 삭제하기보다는 단원 내의 내용을 축소, 통합 운영하는 것이 바람직하다는 교사들의 의견이 있었다.

〈표 4-24〉 초등학교 수학 영역 및 단원 이수 우선순위

구분	영역 이수 우선순위	영역 내 단원 이수 우선순위		
3·4 학년 군	1. 수와 연산 2. 측정 3. 도형 4. 확률과 통계 5. 규칙성	**수와 연산** 1. 세 자리 수의 덧셈과 뺄셈 2. 곱셈 3. 다섯 자리 이상의 수 4. 나눗셈 5. 자연수의 혼합계산 6. 분수 7. 소수 8. 분수의 소수의 덧셈과 뺄셈	**측정** 1. 시간 2. 길이 3. 무게 4. 각도 5. 들이 6. 어림하기	
		도형 1. 도형의 기초 2. 평면도형의 이동 3. 원의 구성요소 3. 여러 가지 삼각형 4. 여러 가지 사각형 5. 다각형	**규칙성** 1. 규칙 찾기 2. 규칙과 대응 **확률과 통계** 1. 자료의 정리 2. 막대그래프와 꺾은선그래프	
5·6 학년 군	1. 수와 연산 2. 측정 3. 도형 4. 규칙성 5. 확률과 통계	**수와 연산** 1. 약수와 배수 2. 분수의 덧셈과 뺄셈 3. 분수의 곱셈과 나눗셈 4. 소수의 곱셈과 나눗셈 5. 분수와 소수	**도형** 1. 직육면체와 정육면체 2. 합동과 대칭 3. 입체도형의 공간감각 4. 각기둥과 각뿔 5. 원기둥과 원뿔	
		확률과 통계 1. 가능성과 평균 2. 자료의 표현 3. 비율그래프	**규칙성** 1. 비와 비율 2. 비례식과 비례배분 3. 정비례와 반비례	
		측정 1. 평면도형의 둘레와 넓이 2. 여러 가지 단위 3. 원주율과 원의 넓이 4. 겉넓이와 부피		

설문 결과 및 전문가들의 자문을 중심으로 한 교육과정 감축 방안은 다음과 같다.

1) 교육과정 감축 방안

(1) 축소 · 삭제

① 영역 및 단원

전문가들의 의견을 고려하면 규칙성, 확률과 통계 영역은 심화의 성격이 보다 강한 영역으로 축소 및 삭제가 가능할 것이다.

② 내용 및 성취기준

설문 및 자문 결과에서와 같이 각 영역에서 내용과 성취기준별 중요도를 고려하여 우선순위를 정하여 하위 50%에 대해 축소 · 삭제를 한다. 이것은 타당성을 갖는다는 장점과 일반화 어려움이라는 단점을 갖는다. 구체적인 성취기준은 다음과 같다.

㉮ 3 · 4학년
- 수와 연산 영역: 큰 수의 연산 등 지나친 계산을 지양, 억과 조 단위의 큰 수 비교 등은 삭제, 체험 중심으로 개념 위주의 교육과정을 운영한다.
- 도형 영역: 도형의 기초와 평면도형, 원의 구성요소까지는 기본 개념을 중심으로 가르치고, 나머지 단원들은 축소하거나 통합 단원으로 내용을 묶어 한 단원으로 축소하여 개념만 학습한다.
- 측정 영역: 시간, 길이를 중심으로 가르치되 어림하기의 경우 단원을 분리하기보다 시간, 길이 단원에서 통합하여 학습한다. 무게의 경우 과학

에서 연계하여 배울 수 있으므로 삭제 가능하다.

- 규칙성 영역: 이후 학년과의 연결과정을 고려할 때 삭제보다는 축소하여 운영하는 것이 바람직하며, 규칙 찾기만 학습 가능하다.

- 확률과 통계: 가장 중요도가 덜한 영역으로 분류되었는데, 이 또한 삭제보다는 한 단원 정도로 축소 운영이 바람직하다. 막대그래프와 꺾은선그래프 정도를 이해하는 정도로만 학습한다.

㉯ 5 · 6학년

- 수와 연산 영역: 분수의 크기 비교(분모가 다른 세 분수의 크기 비교)와 분수와 자연수 혼합계산, 소수의 곱셈과 나눗셈 결과를 어림하기 등은 삭제 운영한다.

- 도형 영역: 단원을 통합하여 다양한 입체도형으로 직육면체, 정육면체, 각기둥, 각뿔 등을 한꺼번에 다루고 입체도형의 공간감각은 삭제 가능하며, 원기둥 관련 내용은 측정 영역에서 다룰 수 있다.

- 측정 영역: 단위와 평면도형의 둘레와 넓이는 5학년에서 다루고 원주율과 원, 겉넓이와 부피는 6학년에서 다루는 등 매 학년에서 중복 운영하기보다는 학년별로 단원을 나누어 학습하는 방법으로 축소 운영할 수 있다. 기본적으로 측정 영역은 어려운 단위들이 많으므로 실생활에 쓰이는 것 위주로 축소 운영하는 것이 바람직하다.

- 규칙성 영역: 5학년의 비례식과 비례배분을 6학년에서 학습하는 안이 있다. 정비례와 반비례의 경우 중학교 함수에서 학습 가능하므로 삭제 가능하다. 비와 비율의 경우도 비의 개념 이해와 표현 정도로 축소하여 운영한다.

- 확률과 통계: 5 · 6학년에서 자료의 표현 단원으로 자료 정리에 대한 내용을 함께 학습할 수 있다. 5 · 6학년에서 비율 그래프는 내용이 다소 어려우므로 축소 운영할 수 있다. 5 · 6학년의 가능성과 평균의 경우도 중

학교에서 다시 학습하므로 삭제 가능하다. 교사들은 수학적인 내용으로 확률과 통계의 중요도를 낮게 평가하는 경향이 있는데, 수학적인 의미보다는 실생활에 필요한 확률과 통계의 중요도를 생각하여 수학적으로 접근하기보다 실생활의 자료를 정리하고 이해하는 데 중요한 개념 위주로 교육과정을 운영하는 것이 바람직하다.

(2) 통합

수학은 교과의 특성상 항상 각 단원의 이전 학습이 이루어지지 않으면 학습이 불가능한 교과다. 이에 교재나 단원의 통합보다는 교과 간 통합을 지향해야 할 것이다. 중학교와 달리 대부분 주요 과목의 지도가 담임교사에 의해 이루어지는 초등학교에서는 교과 간 통합을 통한 교육과정의 감축이 가능할 것이다. 토론과 토의 과정이 국어과목에만 국한되는 것은 아니다. 수학은 사회교과의 경제 영역과 산업 관련 내용의 단원, 과학의 물리 영역의 계산과 수식이 들어가 있는 단원, 사칙연산 및 도형 영역 단원과의 통합이 가능하다. 이러한 부분에 대해서는 교과를 넘어선 교과 간 통합을 통해 상당 부분 축소가 가능할 것이라 여겨진다.

2) 시사점

초등학교 수학 교육과정의 감축 방안은 초등학교 수학과 교육목표 중에서 기본생활을 위한 기초연산 능력과 창의성을 계발하는 부분이 고려되어야 한다.
감축 방안에 대한 의견은 다음과 같다.
첫째, 단일 교과서의 사용으로 중학교와 달리 전 학년의 내용에서 보다 심화되었지만 초등 수준에서 삭제해도 되는 내용의 경우 단원의 축소나 삭제가 가능하다.

둘째, 규칙성, 확률과 통계 단원의 경우 축소가 가능하다.

넷째, 사회 및 과학교과와 통합 가능한 부분을 추출하여 통합하여 내용을 축소한다.

다) 사회

2007년 개정 사회 교육과정은 기존의 교육과정에 비해 오히려 학습량이 많고 수준이 높아졌다는 평을 받고 있다. 현장의 교사들은 보통의 한국 학생들을 대상으로 해도 교수·학습 활동의 난이도가 높아졌음을 토로하고 있다. 일례로 초등 3·4학년에서 제시되고 있는 우리 지역과 다른 지역의 관계를 도표화하여 발표하는 부분이나 신도시 개발에 관한 토의는 다소 어려운 부분이 있다. 또한 역사 부분은 중학교에서 중복하여 학습하는 내용이 많다. 이러한 입장에서 교육과정 50% 감축에 대한 전문가들의 의견을 물었을 때 학제 간의 입장과는 달리 무척 반기는 입장이었다.

국가 수준의 교육과정 개정과 적용에는 수많은 학자의 연구와 철학이 담겨 있으므로 섣불리 내용을 없애거나 줄일 수는 없다. 하지만 중학교의 경우와 다르게 초등학교의 경우에는 담임교사가 몇몇 교과를 제외한 전 교과를 지도한다는 특성과 각 영역 별로 중복되는 활동이 많다는 것을 고려한다면 상당 부분을 축소·삭제하는 것이 가능할 수 있다.

〈표 4-25〉 초등학교 사회 단원 이수 우선순위

이수 우선순위	단원명	
	3·4학년	5·6학년
1	1. 우리가 살아가는 곳	1. 살기 좋은 우리 국토
2	3. 사람들이 모이는 곳	9. 우리 역사의 시작과 발전
3	5. 우리 지역, 다른 지역	5. 우리 경제의 성장
4	2. 이동과 소통하기	6. 우리나라의 민주정치
5	4. 달라지는 생활 모습	7. 우리 사회의 과제와 문화의 발전
6	6. 도시의 발달과 주민생활	4. 세계 여러 나라의 환경과 생활 모습
7	7. 촌락의 형성과 주민생활	10. 세계와 활발하게 교류한 고려
8	10. 민주주의와 주민 자치	3. 우리 이웃 나라의 환경과 생활 모습
9	9. 다양한 삶의 모습들	8. 정보화, 세계화 속의 우리
10	8. 경제생활과 바람직한 선택	11. 유교문화가 발달한 조선
11	11. 지역사회의 발전	2. 환경과 조화를 이루는 국토
12	12. 사회 변화와 우리 생활	14. 대한민국의 발전과 오늘의 우리
13		12. 조선사회의 새로운 움직임
14		13. 근대국가 수립을 위한 노력과 민족 운동

〈표 4-26〉 초등 3·4학년 사회과 단원별 성취기준 이수 우선순위

단원명	이수 우선순위	성취기준
1. 우리가 살아가는 곳	1	1. 우리가 살고 있는 곳의 위치를 지도, 인터넷 등을 이용하여 찾아보고, 우리나라에서 어디에 위치하고 있는지 말할 수 있다.
	2	2. 지도는 방위, 기호 등으로 구성됨을 알고, 우리가 살고 있는 동네를 그림지도로 나타낼 수 있다.
	3	3. 우리 지역의 산, 강, 들, 바다의 모습을 살펴보고, 그와 같은 환경과 더불어 살아가는 사람들의 서로 다른 생활 모습을 이해할 수 있다.
	4	4. 우리 지역의 주요 산업을 사례로 우리 지역의 변화에 대해 이해할 수 있다.
2. 이동과 소통하기	1	1. 서로 다른 지역을 오가는 데 필요한 이동수단과 의사소통수단의 필요성을 이해할 수 있다.
	2	2. 서로 다른 지역 간의 이동수단과 의사소통수단의 발달과정을 조사하고, 그에 따른 생활 모습의 변화를 이해할 수 있다.

단원명	이수 우선순위	성취기준
2. 이동과 소통하기	3	3. 지역 간을 왕래하는 사람들의 이동수단과 의사소통수단의 종류와 활용 양상을 조사하고, 그 특성에 대해 이해할 수 있다.
	4	4. 현재의 이동수단과 의사소통수단의 문제점을 해결한 미래의 이동수단과 의사소통수단을 상상하여(예: 그림이나 상상 글쓰기 등으로) 표현하고, 이로 인해 달라질 생활 모습을 설명할 수 있다.
3. 사람들이 모이는 곳	1	1. 우리 지역에서 버스나 지하철 노선이 이어주는 곳을 지도로 그려보고, 그것을 통해 중심지의 위치를 찾을 수 있다.
	2	2. 우리 지역 중심지의 대표적인 건축물과 사람들의 생활 모습에 대해 다양한 방법(예: 면담, 견학 등)을 활용하여 조사하고, 이를 바탕으로 중심지의 특징을 이해할 수 있다.
	3	4. 교통·통신의 발달에 따라 새로 생겨난 중심지와 기존의 중심지 간의 차이를 비교한다.
	4	3. 우리 지역의 중심지 중 특징적인 곳을 선정하여 옛날과 오늘날의 모습과 역할을 비교한다.
4. 달라지는 생활 모습	1	1. 우리 지역에 살았던 조상들의 옛날 생활 모습을 알 수 있는 것(예: 사진, 그림, 책, 지도 등)을 찾아보고, 오늘날과는 다른 생활 모습을 이해할 수 있다.
	2	2. 생활도구의 모양과 쓰임이 이전과는 다름을 이해하고 오늘날 계승되고 발전된 모습에 대해 설명할 수 있다.
	3	3. 김치, 한복, 온돌 등에 담긴 조상들의 멋과 슬기를 이해하고, 오늘날의 의식주와 비교하여 설명할 수 있다.
	4	4. 옛날과 오늘날의 놀이를 비교하여 살펴보고, 달라진 놀이문화를 이해할 수 있다.
5. 우리 지역, 다른 지역	1	1. 우리 지역과 밀접하게 교류하는 지역의 위치를 지도나 인터넷을 통해 찾아보고, 우리 지역의 어느 방향에 위치하고 있는지 말할 수 있다.
	2	3. 우리 지역의 지명이나 전해오는 이야기 및 자연적·인문적 답사를 통해 우리 지역의 자연적 특징이나 당시 생활 모습을 이해할 수 있다.
	3	2. 우리 지역을 다른 지역에 사는 친구에게 소개할 때 떠오르는 모습들을 다양한 방식(예: 말하기, 쓰기, 꾸미기 등)으로 표현할 수 있다.
	4	4. 우리 지역이 다른 지역과 밀접한 관계를 맺고 있는 사례를 조사하고, 다양한 시각자료(예: 지도, 사진, 그래프, 도표)를 통해 지역과 지역이 서로 긴밀하게 연결되어 있는 이유를 설명할 수 있다.
6. 도시의 발달과 주민생활	1	1. 우리 지역의 도시의 위치를 지도나 인터넷을 통해 찾아보고, 그 위치적 특성을 말할 수 있다.
	2	2. 우리 지역의 도시 분포와 도시의 발달과정을 이해할 수 있다.
	3	4. 도시 문제(예: 주택 문제, 환경 문제, 교통 문제 등)의 성격을 이해하고, 그 해결 방법을 제시할 수 있다.
	4	3. 신도시 개발의 사례를 소개하고, 신도시가 개발된 이유와 문제점에 대해 이해할 수 있다.

단원명	이수 우선순위	성취기준
7. 촌락의 형성과 주민생활	1	1. 우리 지역의 촌락의 위치를 지도나 인터넷을 통해 찾아보고, 그 분포 특성을 이해할 수 있다.
	2	2. 사례 지역을 토대로 우리 지역 촌락의 형성과정과 발달과정을 이해할 수 있다.
	3	3. 촌락 지역의 생활 모습을 주요 산업 활동과 관련지어 이해할 수 있다.
	4	4. 촌락 문제(예: 인구의 과소화, 인구의 고령화, 산업적 기능의 축소, 문화시설의 부족 등)의 성격을 이해하고, 그 해결 방법을 제시할 수 있다.
8. 경제생활과 바람직한 선택	1	2. 생산 활동의 종류를 찾아보고, 각각의 활동의 의미와 중요성에 대해 설명할 수 있다.
	2	1. 자원의 희소성으로 인해 경제 활동에서 선택의 문제가 발생함을 이해하고, 이를 해결하기 위한 합리적 선택 기준(예: 비용, 만족감, 사회적 영향 등)을 제시할 수 있다.
	3	3. 합리적 소비를 위해 필요한 정보를 얻는 방법과 소비자 권리를 행사하는 방법을 설명할 수 있다.
	4	4. 생산이 이루어지는 과정을 그림으로 표현하여 설명하고, 노동하는 사람들의 모습을 통해 생산 활동의 중요성을 말할 수 있다.
9. 다양한 삶의 모습들	1	1. 우리나라 또는 다른 나라의 다양한 생활 모습(예: 춤, 노래, 축제 등)을 찾아보고, 각각의 특징에 대해 비교하여 설명할 수 있다.
	2	2. 환경적 특성과 관련하여 문화 형성의 배경을 이해하고, 각기 다른 문화를 존중하는 자세를 가질 수 있다.
	3	3. 문화는 시간의 흐름에 따라 변화하기도 지속되기도 한다는 것을 사례를 들어 이해할 수 있다.
	4	4. 문화적 차별과 편견이 나타난 다양한 사례를 조사하고 이것이 가진 문제점에 대해 설명할 수 있다.
10. 민주주의와 주민 자치	1	1. 민주주의의 원리를 구체적으로 실현하는 것이 주민 자치임을 이해한다.
	2	2. 우리 지역을 대표하는 자치단체는 어떤 것들이 있는지 찾아보고, 그 역할에 대해 이해할 수 있다.
	3	3. 우리 지역을 대표하는 사람들을 뽑는 선거 과정을 알아보고 이를 통해 대표자와 유권자의 역할에 대해 이해할 수 있다.
	4	4. 지방정부와 지방의회가 하는 일을 비교해보고, 양자 간의 관계에 대해 이해할 수 있다.
11. 지역사회의 발전	1	2. 우리 지역의 문제에는 어떤 것이 있는지 찾아내며, 정치 · 경제 · 사회 · 문화 측면에서 문제의 원인을 파악하고 대책을 제안할 수 있다.
	2	1. 우리 지역 자치단체의 구호와 상징물을 찾아보고, 그것이 우리 지역의 어떤 특성을 반영하고 있는지 이해할 수 있다.
	3	3. 주민 참여와 자원봉사의 사례를 찾아보고, 그것의 중요성에 대해 설명할 수 있다.

단원명	이수 우선순위	성취기준
11. 지역사회의 발전	4	4. 미래 우리 지역이 발전한 모습을 상상하여 다양한 방식(예: 글, 그림, 노래, 만화, 캐릭터 등)으로 표현하고, 그것을 실현할 수 있는 방법을 제시할 수 있다.
12. 사회 변화와 우리 생활	1	1. 할머니(할아버지), 아버지(어머니), 그리고 나로 이어지는 세대 간의 가족 수, 가족 구성 등을 조사해보고, 옛날과 오늘날의 가족 형태의 차이에 대해 이해할 수 있다.
	2	3. 우리나라 인구 구성의 변화와 관련하여 나타나는 다양한 현상을 찾아보고, 그것의 문제점에 대해 이해한다.
	3	2. 사례를 들어 성역할이 변화하고 있음을 이해하고, 양성 평등 사회의 실현에 이바지할 수 있는 의식과 태도를 갖는다.
	4	4. 사회적 소수자에 대한 편견 및 차별 사례를 찾아보고, 그 원인을 조사하여 소수자 인권 보호 방법을 탐구할 수 있다.

〈표 4-27〉 초등학교 5 · 6학년 사회과 단원별 성취기준 이수 우선순위

단 원 명	이수 우선순위	성취기준
1. 살기 좋은 우리 국토	1	2. 우리나라 자연적 특성(예: 기후, 지형 등)의 변화를 말할 수 있다.
	2	1. 우리나라의 위치와 영역의 중요성(예: 독도, 비무장 지대, 접경지역 등)을 이해할 수 있다.
	3	3. 지도를 통해 인구분포를 살펴보고, 그 특성과 문제점에 대해 말할 수 있다.
	4	4. 교통과 통신의 발달로 인해 변해가는 우리나라 국토의 모습에 대해 말할 수 있다.
2. 환경과 조화를 이루는 국토	1	1. 인간을 둘러싸고 있는 환경의 뜻을 알고, 그 특성에 대해 이해할 수 있다.
	2	2. 국토 개발의 사례를 찾아보고, 그 필요성을 이해할 수 있다.
	3	4. 국토 수준에서 인간과 환경과의 관계에 대해 이해하고 친환경적인 태도를 갖는다.
	4	3. 지속 가능한 발전의 사례를 찾아보고, 그 필요성을 이해할 수 있다.
3. 우리 이웃 나라의 환경과 생활 모습	1	1. 지도 및 지구본을 활용하여 중국, 일본, 러시아의 위치와 영역에 대해 말할 수 있다.
	2	3. 우리나라와 중국, 일본, 러시아 간의 문화적 유사성과 차이점에 대해 말할 수 있다.
	3	2. 중국, 일본, 러시아의 크기와 영토 모양을 알아보고, 각 나라의 특징에 대해 말할 수 있다.
	4	4. 우리나라와 중국, 일본, 러시아 간의 갈등 또는 협력 사례를 알아보고, 그 이유를 설명할 수 있다.

단원명	이수 우선순위	성취기준
4. 세계 여러 나라의 환경과 생활 모습	1	3. 세계 여러 지역의 문화적 다양성을 지리적 관점에서 이해할 수 있다.
	2	4. 사례를 통해 다양한 지리적 특성을 갖고 있는 나라들이 있음을 파악하고, 우리나라와 어떤 관계를 맺고 있는지 설명할 수 있다.
	3	1. 지도 및 지구본을 활용하여 세계 각 나라의 위치와 영역에 대해 말할 수 있다.
	4	2. 세계 각 국가의 크기와 영토 모양을 찾아보고, 각 나라의 특징에 대해 말할 수 있다.
5. 우리 경제의 성장	1	1. 우리 경제의 특징을 경제 활동의 자유와 시장에서의 경쟁이라는 측면에서 이해할 수 있다.
	2	2. 경제 정보가 담긴 자료(예: 통계, 사진, 각종 지표 등)를 통해 우리 경제의 성장 과정과 그 특징을 알 수 있다.
	3	4. 우리 경제가 국제 거래를 통해 다른 나라 경제와 상호 의존하고 경쟁하고 있음을 이해하고, 국제 경쟁력 확보 방안을 모색할 수 있다.
	4	3. 경제 성장 과정에서 정부, 기업가, 근로자의 역할을 이해할 수 있다.
6. 우리나라의 민주정치	1	1. 헌법의 핵심적인 내용(예: 국가 조직의 기본 원리, 국민의 기본적인 권리와 의무)을 이해하고, 법(예: 민법, 형법 등)이 우리 생활과 연관되어 있음을 이해할 수 있다.
	2	2. 기본적인 인권(예: 자유권, 평등권, 참정권, 사회권)의 개념을 이해하고, 인권을 존중하는 태도의 중요성에 대해 이해할 수 있다.
	3	3. 국민의 기본적 의무(예: 국방 · 납세 · 근로 · 교육 · 환경보전 · 공공복리에 적합한 재산권 행사의 의무)를 이해하고, 이를 준수하는 태도의 중요성을 설명할 수 있다.
	4	4. 국회, 행정부, 법원의 구조와 기능을 이해하고, 각 기관이 삼권분립을 원칙으로 하여 운영되는 까닭을 설명할 수 있다.
7. 우리 사회의 과제와 문화의 발전	1	2. 우리나라 민주화 과정에 대한 이해를 바탕으로 생활 속에서 참여와 민주주의를 실천하는 태도(예: 관용, 대화, 타협, 절차 준수 등)를 갖는다.
	2	1. 경제 성장 과정에서 나타나는 여러 문제(예: 빈부 격차, 노사 갈등, 자원 고갈 등)를 확인하고 그 해결 방법을 찾을 수 있다.
	3	3. 분단으로 인해 우리 민족이 겪는 문제(예: 문화 이질화, 북한이탈주민 문제 등)들을 이해하고, 다문화 사회에 필요한 바람직한 태도를 갖는다.
	4	4. 인터넷 등 새로운 매체의 특징을 이해하고, 바람직한 활용과 전통문화를 계승하고 창조적인 문화발전을 통해 세계 문화에 기여하는 태도를 갖는다.
8. 정보화, 세계화 속의 우리	1	1. 정보사회로의 변화를 설명하는 다양한 자료를 조사하고 이를 바탕으로 정보화가 일상생활에 미치는 영향(예: SNS, 저작권 문제 등)을 이해할 수 있다.
	2	3. 정치적 · 경제적 · 문화적 측면에서 나타나는 세계화 양상을 우리 삶의 변화와 관련지어 설명할 수 있다.

단 원 명	이수 우선순위	성취기준
8. 정보화, 세계화 속의 우리	3	4. 국제기구(UN 등)와 비정부기구(예: 그린피스 등) 활동 내용과 국가 간 협력 사례(예: 교토의정서)를 조사하고 이를 바탕으로 국제사회의 협력에 대한 중요성을 이해할 수 있다.
	4	2. 과학과 기술 발달이 불러온 사회적 문제(예: 유전자 조작, 인간 복제 등) 를 조사하고, 이를 통해 과학과 기술이 일상생활에 미치는 영향과 문제점을 파악할 수 있다.
9. 우리 역사의 시작과 발전	1	1. 선사시대 사람들의 생활 모습을 대표적인 유물과 유적을 통해 파악한다.
	2	2. 단군의 건국 이야기를 알고, 고조선이 우리 역사상 최초의 국가임을 이해한다.
	3	3. 역사지도와 인물 이야기를 통해 고구려, 백제, 신라의 발전과정을 파악한다.
	4	4. 선덕여왕, 김춘추, 김유신, 계백, 을지문덕, 대조영 등을 중심으로 삼국의 통일 과정과 발해의 건국을 이해한다.
	5	5. 유물과 유적을 통해 삼국, 통일신라와 발해 시기의 사람들의 생활 모습을 파악한다.
10. 세계와 활발하게 교류한 고려	1	1. 고려의 성립과정을 견훤, 궁예, 왕건 등의 활동을 통해 파악한다.
	2	2. 외적의 침략과 이를 극복해가는 과정을 조사한다.
	3	3. 주변 국가와 활발한 교역 및 문화 교류가 이루어졌음을 사례를 통해 이해한다.
	4	4. 금속활자, 청자, 팔만대장경, 불교 미술 등을 통해 고려 시기의 과학과 생활, 문화를 파악한다.
11. 유교문화가 발달한 조선	1	1. 조선의 건국과정을 이성계, 정몽주, 정도전 등을 중심으로 이해한다.
	2	2. 세종 대에 이루어진 대외 관계와 문화, 과학 분야의 여러 성과를 탐구한다.
	3	3. 유교적 신분 질서 아래 양반과 중인, 상민, 천민의 생활 모습을 파악한다.
	4	4. 이순신과 남한산성 등 대표적인 인물과 유적을 통해 임진왜란과 병자호란의 극복과정을 조사한다.
12. 조선사회의 새로운 움직임	1	1. 허준, 효종, 안용복 등 인물 이야기를 통해 전란의 어려움을 극복하고 국토를 지키기 위한 노력을 이해한다.
	2	2. 신사임당, 허난설헌과 김만덕 등 인물 이야기를 중심으로 조선 시기 여성의 사회적 지위와 생활상을 파악한다.
	3	3. 새로운 문물의 전래 모습을 알고 정조의 화성 건설과 정약용의 업적을 탐구한다.
	4	4. 풍속화와 민화 등을 중심으로 서민문화의 모습을 조사한다.
	5	5. 홍경래 등 인물 이야기를 중심으로 농민의 성장과 저항에 대해 이해한다.
13. 근대국가 수립을 위한 노력과 민족 운동	1	1. 외세의 침략을 막으려 한 노력을 대표적인 사건과 유적지를 중심으로 이해한다.
	2	2. 의병과 독립협회 및 대한제국의 구국을 위한 노력을 인물의 활동을 중심으로 파악한다.
	3	4. 구체적인 사례를 통해 근대문물 수용 이후 사회와 문화의 변화 양상과 달라진 일상생활의 모습을 조사한다.

단 원 명	이수 우선순위	성취기준
13. 근대국가 　　수립을 위한 　　노력과 　　민족 운동	4	3. 주요 인물 이야기를 통해 3·1운동과 대한민국 임시정부, 독립군의 전투 등 일제 강점기에 국내외에서 전개된 민족 독립 운동을 탐구한다.
14. 대한민국의 　　발전과 　　오늘의 우리	1	1. 인물의 활동을 중심으로 광복에서 대한민국 정부 수립까지의 과정을 파악한다.
	2	2. 시각 자료와 유물을 통해 6·25전쟁의 원인과 과정 및 피해상을 살펴보고, 대한민국에 미친 영향을 탐구한다.
	3	3. 주요 사건에 대한 시각 자료를 중심으로 국민의 자유 민주주의를 위한 노력을 이해한다.
	4	4. 사례를 통해 산업화와 경제발전의 성과를 살펴보고, 그에 따른 사회 변화와 과제를 파악한다.
	5	5. 대한민국의 미래와 평화통일을 위해 할 수 있는 일들을 알아본다.

　　교육과정 이수 우선순위에 관한 설문 및 교과 전문가의 자문을 바탕으로 한 사회과 교육과정 축소·삭제 방향에 관한 세부 결과는 다음과 같다.

1) 교육과정 감축 방안

(1) 축소·삭제

① 영역 및 단원*
　　전문가들의 의견을 고려하면 내용이 중복되거나 심화·보충의 성격을 가지고 있는 3·4학년의 2, 3, 5, 6, 11단원과 5·6학년의 2, 3, 14단원의 경우 축소·삭제가 가능할 것이다.

＊　3·4학년 축소 및 삭제 가능 단원: 2. 이동과 소통하기 / 3. 사람들이 모이는 곳 / 5. 우리 지역, 다른 지역 / 6. 도시의 발달과 주민생활 / 11. 지역사회의 발전
　　5·6학년 축소 및 삭제 가능 단원: 2. 환경과 조화를 이루는 국토 / 3. 우리 이웃 나라의 환경과 생활 모습 / 14. 대한민국의 발전과 오늘날의 우리

② 내용 및 성취기준의 축소 · 삭제*

내용 · 성취기준별 중요도를 고려하여 우선순위를 정해 하위 50%에 대한 축소 · 삭제가 가능할 것이다. 3 · 4학년의 2단원"현재의 이동수단과 의사소통수단의 문제점을 해결한 미래의 이동수단과 의사소통수단을 상상하여(예: 그림이나 상상 글쓰기 등으로) 표현하고, 이로 인해 달라질 생활 모습을 설명할 수 있다"와 5 · 6학년의 3단원"중국, 일본, 러시아의 크기와 영토 모양을 알아보고, 각 나라의 특징에 대해 말할 수 있다"와 같이 사회과 교육과정상 중학교와 중복되는 내용, 심화 · 보충 성격을 가지고 있는 내용, 다문화가정 자녀들의 환경적 요인과 사회교과 내에서의 필수 중요도와 관련하여 교육과정 내용 및 성취기준을 축소 또는 삭제가 가능하다.

(2) 통합

① 교재의 통합

국어의 듣기 · 말하기 · 쓰기 · 읽기 교과서는 대단원의 흐름과 그에 대한 글의 형식에 있어 같은 체계를 갖는다. 물론 언어 교수활동에 있어 이해활동인 듣기 · 말하기가 표현 활동인 읽기 · 쓰기에 선행되어야 한다는 것은 사실이다. 그러나 현재 교육부에서 모든 초등학생에게 배부한 초등국어과 학습용 CD를 활용한다면 큰 무리 없이 통합이 가능할 것으로 여겨진다. 학습용 CD에 수록된 내용은

---

* 3 · 4학년 축소 및 삭제 가능 성취기준: 2단원의"현재의 이동수단과 의사소통수단의 문제점을 해결한 미래의 이동수단과 의사소통수단을 상상하여(예: 그림이나 상상 글쓰기 등으로) 표현하고, 이로 인해 달라질 생활 모습을 설명할 수 있다", 3단원의"교통 · 통신의 발달에 따라 새로 생겨난 중심지와 기존의 중심지 간의 차이를 비교한다", 5단원의"우리 지역을 다른 지역에 사는 친구에게 소개할 때 떠오르는 모습들을 다양한 방식(예: 말하기, 쓰기, 꾸미기 등)으로 표현할 수 있다", 6단원의"신도시 개발의 사례를 소개하고, 신도시가 개발된 이유와 문제에 대해 이해할 수 있다", 11단원의"미래 우리 지역이 발전한 모습을 상상하여 다양한 방식(예: 글, 그림, 노래, 만화, 캐릭터 등)으로 표현하고, 그것을 실현할 수 있는 방법을 제시할 수 있다."
  5 · 6학년 축소 및 삭제 가능 성취기준: 3단원의"중국, 일본, 러시아의 크기와 영토 모양을 알아보고, 각 나라의 특징에 대해 말할 수 있다", 8단원의"과학과 기술 발달이 불러온 사회적 문제(예: 유전자 조작, 인간 복제 등)를 조사하고, 이를 통해 과학과 기술이 일상생활에 미치는 영향과 문제점을 파악할 수 있다."

듣기·말하기의 교재 내용과 듣기 자료, 읽기 교재 내용이다. 읽기 교재 자체에는 이미 읽은 내용에 대해 함께 이야기하기 활동이 포함되어 있다. 읽기 교재를 공부할 때 이미 듣기·말하기 활동은 자연스럽게 일어나고 이것은 듣기·말하기 활동을 할 때도 마찬가지다. 그러므로 읽기 교재의 내용 역시 듣기·말하기 교재의 듣기 자료처럼 학습자가 들을 수 있게 해주고, 활용 시에 듣기 활동을 읽기 활동에 선행하여 선입력·후산출이라는 언어교육의 기본을 지키면서 학습량을 경감시킬 수 있도록 한다.

② 교과 내 통합(단원의 통합)

교과 내 통합은 지역사회에 관한 내용을 학습하는 3·4학년의 5단원 "우리 지역, 다른 지역", 6단원 "도시의 발달과 주민생활", 11단원 "지역사회의 발전" 내용을 통합하여 감축할 수 있으며, 5·6학년의 1단원 "살기 좋은 국토", 2단원 "환경과 조화를 이루는 국토"의 내용을 통합하여 축소할 수 있다. 다시 말하면, 단원의 내용이 중복되거나 심화되는 경우 필수적인 내용으로 구성하여 통합이 가능하다.

③ 교과 간 통합

중학교와 달리 대부분의 주요 과목의 지도가 담임교사에 의해 이루어지는 초등학교에서는 교과 간 통합을 통한 교육과정의 감축이 가능할 것이다. 토론과 토의 과정이 국어과목에만 국한되는 것은 아니다. 6학년 2학기 사회에서는 쟁점에 대한 자신의 입장을 근거를 들어 주장하는 활동이 있어 국어과와 중복된다. 뿐만 아니라 6학년 1학기 사회과목 학습의 흐름은 대부분 과거와 현재의 모습 알기로부터 특정 사회 문제의 해결 방안을 찾아 발표하거나 자료를 제시하는 것으로 마무리되고 있다. 이는 자신의 주장에 대한 적절한 근거를 제시하는 것으로 6학년 국어 교과서에서 여러 단원에 걸쳐 학습되는 토론, 토의와 밀접한 관련이 있다. 이러한 부분에 대해서는 교과를 넘어선 교과 간 통합을 통해 상당 부분 축소가 가능할 것이라 여겨진다.

2) 시사점

초등학교 사회과 교육과정의 감축 방안은 초등학교 사회과 교육목표 중에서 민주시민 양성 및 다문화교육의 문화 적응, 창의성 계발을 고려해야 할 것이다. 이를 토대로 한 사회과 교육과정의 감축 방향은 다음과 같다.

첫째, 단일 교과서의 사용으로 중학교와 달리 중복되거나 비슷한 내용의 경우 단원의 축소나 삭제가 가능하다.

둘째, 학습용 사실자료 참고서적 및 보조도구를 통해 영역별 교과서의 통합이 가능하다.

셋째, 3학년에서부터 6학년에 이르기까지 내가 살고 있는 지역 및 시대별 역사적 사실에 관한 내용과 같은 경우 이야기나 사건 중심으로 통합하여 내용을 축소·삭제한다.

넷째, 사회 외의 교과와 통합 가능한 부분을 추출하여 통합하여 내용을 축소·삭제한다.

라) 과학

2007년 개정 과학 교육과정은 기존의 교육과정에 비해 실험위주의 학습이 많고 수준이 높아졌다는 평을 받고 있다. 현장의 교사들은 보통의 한국 학생들을 대상으로 해도 교수-학습 활동의 난이도가 높아졌음을 토로하고 있다. 일례로 초등 6학년에서 제시되고 있는 '렌즈의 이용' 단원의 경우 중학교의 내용이 포함되어 학생들이 상당히 어려워한다는 의견이 많았다. 이러한 입장에서 교육과정 50% 감축에 대한 전문가들의 의견을 물었을 때 학제 간의 입장과는 달리 무척 반기는 입장이었다. 국가 수준의 교육과정 개정과 적용에는 수많은 학자의 연구와 철학이 담겨 있으므로 섣불리 내용을 없애거나 줄일 수는 없겠지만, 중학교와 달리 담임의 재량과 교과 통합이 자유로운 초등학교에서는 다문화가정 자녀들에게 보다 흥미롭고 쉽게 학습할 수 있도록 실험과 체험 위주의 과학교과로 통합, 축소 및 삭제의 융통성을 발휘할 수 있을 것이다.

〈표 4-28〉 초등학교 과학 단원 이수 우선순위

이수 우선순위	단원명	
	3 · 4학년	5 · 6학년
1	3. 액체와 기체	1. 온도와 열
2	11. 동물의 생활	2. 용해와 용액
3	1. 물체의 무게	12. 우리 몸의 구조와 기능
4	2. 물체와 물질	9. 날씨와 우리 생활
5	5. 자석의 이용	8. 연소와 소화
6	15. 식물의 생활	14. 생물과 환경
7	13. 식물의 한살이	4. 물체의 빠르기
8	10. 동물의 한살이	13. 지구와 달의 운동
9	6. 혼합물의 분리	10. 식물의 구조와 기능
10	8. 물의 상태 변화	16. 계절의 변화
11	12. 지표의 변화	11. 태양계와 별
12	7. 거울과 그림자	6. 여러 가지 기체
13	9. 지구와 달	15. 생물과 우리 생활
14	14. 화산과 지진	7. 렌즈의 이용
15	16. 지층과 화석	5. 전기의 작용
16	4. 소리의 성질	3. 산과 염기

〈표 4-29〉 초등학교 3 · 4학년 단원별 성취기준 이수 우선순위

단원명	이수 우선순위	성취기준
1. 물체의 무게	1	1. 여러 가지 물체 중에서 가벼운 것과 무거운 것을 구분하며, 무게를 정확히 재기 위해 저울이 필요함을 안다.
	2	3. 용수철저울을 사용하여 물체의 무게를 재는 원리를 이해한다.
	3	2. 양팔저울을 사용하여 물체의 무게를 재는 원리를 이해한다.
	4	4. 일상생활 속에서 쓰임새에 따라 다른 저울을 사용함을 이해한다.
2. 물체와 물질	1	2. 물체의 기능과 물질의 성질 사이의 관계를 설명할 수 있다.
	2	1. 우리 주위의 물체를 찾아보고 어떠한 재료로 만들어졌는지 조사한다.
	3	3. 물체를 구성 물질의 종류에 따라 분류한다.
	4	4. 여러 가지 물질의 성질을 비교하여 어떤 성질 때문에 일상생활에 활용되었는지 설명할 수 있다.
	5	5. 고체와 액체의 특징을 설명할 수 있다.
3. 액체와 기체	1	2. 눈금 실린더로 액체의 부피를 측정하여 적절한 단위로 나타낼 수 있다.
	2	3. 실생활에서 액체의 부피를 측정하는 사례를 열거할 수 있다.
	3	1. 모양이 다른 그릇에 담긴 액체의 부피를 비교할 수 있다.
	4	4. 기체는 공간을 차지하고 있으며 다른 용기에 옮겨 담을 수 있음을 안다.
	5	5. 기체가 무게가 있음을 증거를 들어 설명할 수 있다.
4. 소리의 성질	1	1. 사물에 따라 소리가 다르고 소리를 내는 방법도 다양함을 안다.
	2	2. 물체가 떨 때 소리가 남을 이해한다.
	3	3. 소리의 세기와 높낮이를 알고 여러 가지 소리를 비교할 수 있다.
	4	4. 소리를 멀리까지 전달하는 방법을 고안한다.
5. 자석의 이용	1	1. 자석끼리는 미는 힘과 당기는 힘이 작용함을 안다.
	2	2. 자석은 일정한 방향을 가리키는 성질이 있음을 안다.
	3	4. 일상생활에서 자석이 사용되는 예를 찾고, 새로운 쓰임새를 고안한다.
	4	3. 자석의 성질을 이용하여 놀이기구를 만들 수 있다.
6. 혼합물의 분리	1	2. 알갱이의 크기와 자석에 붙는 성질 등을 이용하여 고체 혼합물을 분리할 수 있다.
	2	1. 혼합물의 관찰을 통해 혼합물을 구성하는 성분 물질의 차이에 대해 안다.
	3	3. 서로 섞이지 않는 두 액체 혼합물을 분리할 수 있다.
	4	4. 물에 녹는 물질과 물에 녹지 않는 물질의 혼합물을 분리할 수 있다.
	5	5. 물을 증발시켜 물에 녹아 있는 고체 물질을 분리할 수 있다.
	6	6. 일상생활에서 혼합물을 분리하는 방법이 이용되는 예를 들 수 있다.

단원명	이수 우선순위	성취기준
7. 거울과 그림자	1	1. 거울에 비친 물체의 모습을 관찰하여 거울의 성질을 이해한다.
	2	2. 여러 가지 물체의 그림자를 비교하고, 그림자가 생기는 원리를 이해한다.
	3	3. 전등과 물체 사이의 거리에 따라 그림자의 크기가 달라짐을 안다.
	4	4. 일상생활에서 거울이나 그림자를 사용하는 예를 찾는다.
8. 물의 상태 변화	1	1. 물은 세 가지 상태로 존재할 수 있음을 안다.
	2	2. 물을 냉각시키면 얼음이 되고 얼음을 가열하면 물이 되는 현상을 관찰하고, 물과 얼음의 차이점을 안다.
	3	3. 물이 얼 때와 얼음이 녹을 때의 무게와 부피 변화를 관찰한다.
	4	4. 물이 증발할 때의 변화를 관찰하고 우리 생활에서 물이 증발하는 예를 찾을 수 있다.
	5	5. 물이 끓을 때와 수증기가 응결할 때의 변화를 관찰하고, 그 예를 찾을 수 있다.
9. 지구와 달	1	3. 지구 주위를 공기가 둘러싸고 있음을 이해한다.
	2	2. 육지와 바다의 특징을 이해한다.
	3	1. 지구와 달의 모양이 둥글다는 것을 안다.
	4	5. 지구와 달의 모습을 비교하여 지구에 생명이 존재할 수 있는 이유를 설명할 수 있다.
	5	4. 달 표면의 여러 모습을 관찰하고, 달의 환경을 추리할 수 있다.
10. 동물의 한살이	1	2. 곤충을 길러 동물이 태어나고 자라면서 번식하기까지의 과정을 이해한다.
	2	3. 곤충의 종류에 따라 한살이의 유형이 다를 수 있음을 안다.
	3	4. 동물의 암·수에 따른 생김새의 특징을 구별할 수 있고, 번식과정에서 암정에서 역할을 이해한다.
	4	1. 관찰 가능한 곤충을 선택하여 동물의 한살이 관찰 계획을 세워 기르며 관찰한다.
	5	5. 새끼를 낳거나 알을 낳는 등 동물에 따라 한살이가 다름을 안다.
11. 동물의 생활	1	1. 여러 가지 동물의 생김새와 특징을 안다.
	2	2. 여러 가지 동물을 공통점과 차이점에 따라 나눌 수 있다.
	3	3. 동물의 사는 곳에 따라 생김새와 생활 방식이 어떻게 다른지 이해한다.
12. 지표의 변화	1	2. 흙의 중요성을 알고 흙을 보존하는 방법을 안다.
	2	3. 유수에 의해 지표면이 깎이거나 쌓이면서 변화될 수 있음을 안다.
	3	1. 흙의 생성과정을 알고 흙과 생물의 관계를 이해한다.
	4	4. 강 주변 지형의 특징을 유수의 작용과 관련지어 설명할 수 있다.
	5	5. 바닷가 주변 지형의 특징을 바닷물의 작용과 관련지어 설명할 수 있다.

단원명	이수 우선순위	성취기준
13. 식물의 한살이	1	3. 씨앗이 싹트고 자라서 꽃을 피우고 열매를 맺는 과정과 그에 따른 변화를 이해한다.
	2	2. 여러 가지 씨앗을 관찰하여 공통점과 차이점을 찾고, 싹이 트는 조건을 이해한다.
	3	1. 식물의 한살이 관찰 계획을 세우고, 그에 따라 식물을 기르며 관찰한다.
	4	4. 여러 가지 식물의 한살이를 비교하여 식물에 따라 한살이의 유형이 다름을 안다.
14. 화산과 지진	1	1. 화산 활동으로 여러 가지 물질이 나온다는 것을 안다.
	2	3. 화산 활동이 우리 생활에 미치는 영향을 이해한다.
	3	4. 지진 발생의 원인을 이해하고 지진이 났을 때의 대처 방법을 안다.
	4	2. 화성암의 생성 과정을 알고, 화강암과 현무암의 특징을 이해한다.
15. 식물의 생활	1	1. 여러 가지 식물의 생김새와 특징을 안다.
	2	2. 여러 가지 식물을 공통점과 차이점에 따라 나눌 수 있다.
	3	3. 식물의 사는 곳에 따라 생김새와 생활 방식이 다름을 이해한다.
16. 지층과 화석	1	1. 지층의 형성과정을 알고 쌓인 순서를 이해한다.
	2	2. 지층을 관찰하고 여러 지층의 같은 점과 다른 점을 이해한다.
	3	3. 퇴적암이 만들어지는 과정을 이해하고, 그 특징에 따라 퇴적암을 구분한다.
	4	4. 화석의 생성과정을 이해한다.
	5	5. 화석이 지구의 과거 모습을 알려줄 수 있음을 이해한다.
	6	6. 화석이 자원으로서 우리 생활에서 활용되는 다양한 예를 들 수 있다.

〈표 4-30〉 초등학교 5 · 6학년 단원별 성취기준 이수 우선순위

단원명	이수 우선순위	성취기준
1. 온도와 열	1	1. 차가운 것과 따뜻한 것을 구분하고, 온도계를 사용하여 온도를 잴 수 있다.
	2	3. 온도가 다른 두 물체가 접촉할 때 열은 온도가 높은 곳에서 낮은 곳으로 이동하며 시간이 지나면 두 물체의 온도가 같게 됨을 이해한다.
	3	4. 주위에서 온도가 변하는 물체를 관찰하여 열이 이동하는 예를 들 수 있다.
	4	2. 물체나 장소의 온도는 시간이 지남에 따라 달라질 수 있음을 이해한다.

단원명	이수 우선순위	성취기준
2. 용해와 용액	1	1. 용해 전후에 무게를 비교하고, 용해 현상을 입자적 관점에서 이해한다.
	2	2. 물에 여러 고체 물질을 녹여봄으로써 용질의 종류와 양에 따라 녹는 양이 다름을 안다.
	3	4. 물의 온도에 따라 용질의 녹는 양이 달라진다는 사실을 실험을 통해 확인할 수 있다.
	4	3. 용액의 진하기를 상대적으로 비교하는 방법을 고안할 수 있다.
3. 산과 염기	1	2. 산성 용액과 염기성 용액의 성질을 안다.
	2	3. 산성 용액과 염기성 용액을 섞은 후 변하는 지시약의 색을 통해 각각의 성질이 약해지는 것을 안다.
	3	1. 여러 가지 용액에 지시약을 넣었을 때의 변화를 관찰하고, 이를 이용하여 여러 가지 용액을 분류한다.
	4	4. 산성 용액과 염기성 용액을 섞을 때 용액의 성질이 변하는 것을 이용한 일상생활의 예를 들 수 있다.
4. 물체의 빠르기	1	1. 시간에 따른 위치의 변화로 물체의 운동을 이해하고, 운동하는 물체를 관찰하여 빠르기를 정성적으로 이해한다.
	2	2. 일정한 거리를 가는 데 걸린 시간으로 물체의 빠르기를 비교할 수 있다.
	3	3. 일정 시간에 간 거리로 물체의 빠르기를 비교할 수 있다.
	4	4. 물체가 이동한 거리와 걸린 시간을 측정하여 물체의 빠르기를 구할 수 있다.
5. 전기의 작용	1	1. 전지, 전선, 전구를 연결하여 전구에 불을 켜고, 불이 켜지는 조건을 안다.
	2	2. 전구의 연결 방법에 따른 밝기를 비교한다.
	3	3. 전기를 절약하고 안전하게 사용하는 방법을 알고 실천한다.
	4	4. 전류가 흐를 때 전선 주위에 생긴 현상을 이용하여 전자석을 만들 수 있다.
6. 여러 가지 기체	1	1. 기체가 입자로 이루어졌음을 알고 기체의 성질을 설명할 수 있다.
	2	4. 일상생활에서 기체가 이용되는 사례를 조사하고, 이를 기체의 성질과 관련지어 설명할 수 있다.
	3	3. 산소와 이산화탄소의 발생 방법과 그 성질을 안다.
	4	2. 압력과 기체 부피 사이의 관계를 입자 간 거리 변화로 이해한다.
7. 렌즈의 이용	1	1. 돋보기나 여러 가지 안경을 통해 보이는 물체의 모습과 실제 모습의 차이를 안다.
	2	3. 일상생활에서 렌즈가 사용되는 예를 찾고 그 기능을 설명한다.
	3	2. 돋보기를 사용하여 햇빛을 한 점으로 모을 때 나타나는 현상을 안다.
	4	4. 렌즈를 사용한 도구를 고안한다.

단원명	이수 우선순위	성취기준
8. 연소와 소화	1	2. 연소와 소화의 조건을 알고, 연소와 소화를 관련지어 이해한다.
	2	1. 관찰을 통해 물질이 탈 때 나타나는 공통적인 현상을 안다.
	3	3. 실험을 통해 연소 후에 생성되는 물질을 확인한다.
	4	4. 화재 예방 및 화재 발생 시의 안전 대책을 알고 소화기를 올바르게 사용할 수 있다.
9. 날씨와 우리 생활	1	4. 바람이 부는 원인을 알고, 바닷가에서 낮과 밤에 부는 바람의 방향 변화를 이해한다.
	2	5. 고기압과 저기압의 의미를 이해하고, 기압이 날씨에 주는 영향을 안다.
	3	1. 습도가 우리 생활에 많은 영향을 주고 있음을 안다.
	4	3. 구름의 생성과정을 알고 비와 눈이 내리는 과정을 이해한다.
	5	7. 날씨가 우리 생활에 많은 영향을 주고 있음을 안다.
	6	6. 계절별 날씨의 특징을 우리 지역으로 이동해오는 공기의 성질로 이해한다.
	7	2. 이슬과 안개가 생기는 원인을 이해하고, 그 차이점을 안다.
10. 식물의 구조와 기능	1	1. 식물의 전체적인 구조를 관찰하여 뿌리, 줄기, 잎, 꽃, 열매를 구별할 수 있다.
	2	2. 뿌리의 구조를 알고 지지, 흡수, 저장의 기능을 이해한다.
	3	3. 줄기의 겉모양과 속 구조를 알고, 뿌리에서 흡수된 물이 줄기를 통해 각 기관으로 이동함을 이해한다.
	4	6. 뿌리, 줄기, 잎, 열매의 기능이 서로 관련되어 있음을 이해한다.
	5	4. 잎의 기능인 증산작용과 광합성을 이해한다.
	6	5. 꽃과 열매의 구조와 기능을 알고, 씨가 퍼지는 다양한 방법을 안다.
	7	7. 현미경으로 관찰하여 식물체는 세포로 이루어져 있음을 안다.
11. 태양계와 별	1	1. 태양계를 구성하는 행성을 조사하고, 태양이 지구의 에너지원임을 안다.
	2	3. 별이 무엇인지 알아보고, 별들의 연결인 별자리를 이해한다.
	3	2. 행성의 상대적 크기와 거리를 비교한다.
	4	5. 인류가 우주를 탐사하는 이유를 안다.
	5	4. 북두칠성과 카시오페이아자리를 이용하여 북극성을 찾을 수 있다.
12. 우리 몸의 구조와 기능	1	1. 우리 몸의 각 기관의 위치와 생김새를 안다.
	2	3. 모형을 통해 소화, 순환, 호흡, 배설, 감각 기관의 종류와 위치, 생김새와 기능을 이해한다.
	3	4. 우리 몸의 소화, 순환, 호흡, 배설, 감각 기관이 유기적으로 관련되어 있음을 이해한다.
	4	2. 모형을 통해 뼈와 근육을 관찰하고, 뼈와 근육의 관계와 기능을 이해한다.
	5	5. 건강한 생활습관과 운동이 우리 몸을 구성하는 기관을 원활하게 기능하게 함을 이해한다.

단원명	이수 우선순위	성취기준
13. 지구와 달의 운동	1	1. 낮과 밤을 지구의 자전으로 설명할 수 있다.
	2	2. 하루 동안 달과 별의 위치가 달라지는 것을 지구의 자전으로 설명할 수 있다.
	3	4. 여러 날 동안 관찰한 달의 모양이 달라지는 것을 달의 공전으로 설명할 수 있다.
	4	3. 계절에 따라 별자리가 달라지는 것을 지구의 공전으로 설명할 수 있다.
	5	5. 태양과 지구, 달의 운동을 모형이나 역할놀이를 통해 이해한다.
14. 생물과 환경	1	2. 생산자, 소비자, 분해자, 비생물적 환경 요인 같은 생태계 구성 요소를 알고, 그 요소들이 관련되어 있음을 이해하며, 생태계 평형의 중요성을 이해한다.
	2	1. 빛, 온도, 물 등과 같은 환경 요인이 생물에 미치는 영향을 알고, 생물이 환경에 적응한다는 것을 이해한다.
	3	3. 환경오염의 원인을 알고 환경오염으로 인한 생태계 파괴 사례를 이해하며, 인간생활이 생태계에 미치는 영향을 안다.
	4	4. 생태계 보전의 필요성과 생태계 보전을 위한 인간의 노력을 안다.
15. 생물과 우리 생활	1	2. 다양한 생물이 우리 생활에 끼치는 영향을 긍정적인 측면과 부정적인 측면에서 이해한다.
	2	1. 버섯, 곰팡이, 해캄, 짚신벌레 같은 생물의 특징과 이들이 사는 환경에 대해 안다.
	3	3. 첨단 생명과학이 우리 생활에서 활용되고 있는 사례를 안다.
16. 계절의 변화	1	1. 계절에 따라 자연 환경이 변화됨을 안다.
	2	2. 태양의 고도와 그림자의 길이, 기온의 관계를 이해한다.
	3	3. 계절에 따른 태양의 남중 고도와 낮과 밤의 길이, 기온 변화를 이해한다.
	4	4. 계절 변화의 원인을 자전축의 기울기와 지구의 공전으로 설명할 수 있다.

〈표 4-28〉, 〈표 4-29〉, 〈표 4-30〉의 이수 우선순위 설문 결과 및 전문가의 의견을 토대로 한 교육과정 감축 방안에 관한 세부 내용은 다음과 같다.

1) 교육과정 감축 방안

(1) 축소 · 삭제

① 영역 및 단원*

전문가들의 의견을 고려하면 3 · 4학년의 경우 4, 8, 9, 12, 14, 16단원이, 5 · 6학년의 경우 3, 10, 14, 15, 16단원의 경우 축소나 삭제가 가능하다. 초등에서는 동물의 생활과 식물의 생활을 가장 중요한 단원으로 꼽는다.

② 내용 및 성취기준

내용과 성취기준 면에서도 환경이나 지구의 역사 관련 내용은 과학 외의 사회나 창의적 체험활동 과정 속에서 충분히 학습되고 있는 내용이다. 이에 타 교과와 통합 또는 삭제가 가능할 것이다.

(2) 통합

① 교재의 통합

과학의 경우 교과서와 실험 관찰로 이분화되어 있으나 다문화학교에서는 이를 하나로 통합하여 새로운 교재 편성을 통해 보다 교육과정의 적정화에 효율적으로 사용할 수 있다.

---

* 3 · 4학년 축소 · 삭제 가능 단원: 4. 소리의 성질 / 8. 물의 상태 변화 / 9. 지구와 달 / 12. 지표의 변화 / 14. 화산과 지진 / 16. 지층과 화석

5 · 6학년 축소 · 삭제 가능 단원: 3. 산과 염기 / 10. 식물의 구조와 기능 / 14. 생물과 환경 / 15. 생물과 우리 생활 / 16. 계절의 변화

② 교과 내 통합(단원의 통합)

3~6학년 중 교과 내 통합은 6학년의 경우 가능할 것이다. 6학년 1학기 국어 3단원은 주장에 대한 근거를 생각하며 토의하는 것을 학습하는 단원이다. 그런데 6학년 2학기 6단원 생각과 논리 단원에서 주장과 근거의 적절성을 판단하며 듣거나 읽고 말하기가 다시 나오면서 중복되는 요소를 갖는다. 교과 내에서의 통합이 필요한 부분이다.

③ 교과 간 통합

과학은 타 과목과 달리 단원별 내용이 독립적이거나 연계성이 없는 경우가 대부분이다. 이에 교과 내 통합보다 교과 간 통합을 지향한다. 과목의 특성상 수학과 가장 밀접한 연관성이 있어 3·4학년의 '물체의 무게' 단원이나 '거울과 그림자', 5·6학년의 '렌즈의 이용' 등과 같이 간단한 수식이나 도형의 원리 내용이 포함되어 있는 단원들은 수학교과의 수와 연산 영역과의 통합이 가능하다. 또한 주변 생활 모습의 조사 발표가 가능한 실험 단원인 3·4학년의 '물체의 무게', '소리의 성질', '지층과 화석' 등과 5·6학년의 '물체의 빠르기', '우리 몸의 구조와 기능', '전기의 작용' 등은 사회과와 통합이 가능하다. 또한 다양한 스토리텔링 수업으로 국어 교과와의 통합이 가능하다.

2) 시사점

과학교과 설문 및 교과 전문가의 자문을 토대로 교육과정의 감축 방향을 제안하면 다음과 같다.

첫째, 교육과정 영역별 내용·성취기준의 중요도를 고려해야 한다. 초등 수준에서도 너무 쉽거나(물의 상태 알기: 얼음, 물, 수증기 등) 중학교나 심화 과정에서 학습할 필요가 있는 영역(지표의 변화)은 설문 결과 축소나 삭제가 가능하다고 나타났다.

둘째, 중학교 과정과 중복되는 내용은 과감히 삭제 가능할 것이다.

셋째, 초등 수준에서의 기초 실험 과정이나 과학 관련 기초 지식 이외의 것은 축소·삭제가 가능하다.

네 번째로, 다문화가정 자녀의 학습 수준을 고려할 때 주로 실험과 경험 위주의 과학교과 내용으로 적정화할 필요가 있다. '지구와 달' 단원과 같이 실험보다 이론 위주의 단원의 경우 축소나 삭제가 필요하다.

마) 영어

장인실(2011) 연구에서 제안한 바와 같이 2009 개정(2011 고시) 교육과정에서 정하고 있는 필수 이수시간 전체의 50% 시수를 이수한다면, 초등 3·4학년군 영어과에 배당되는 시간은 68시간이다. 이는 평균적으로 일주일에 1시간의 수업시수이며, 2009년 주당 1시간의 영어과 시수가 확대되기 전인 7차 개정 교육과정에서의 영어교육 시수와 같다고 할 수 있다. 2009년 초등학교 영어수업시수 확대를 위한 배경으로 외국어인 영어를 배우기에 수업시수가 양적으로 너무 적으며, 문자 언어교육이 약화되어 개선의 필요성이 있다고 지적된 바 있다(이완기, 2008).

이의갑(2008)은 영어 시수 증대에 따른 교육과정 개정에 있어 다섯 가지 방향을 제시하면서 학년 간, 학교급 간 연계를 고려하여 각 학년에서 사용할 수 있는 신출 어휘 수를 조정해야 하며, 의사소통 기능 및 예시문을 수정·추가해야 한다고 주장한 바 있다. 따라서 반대로 영어과 시수를 줄이고자 할 때에도 초등 영어 교육과정에서 제시하는 기본 어휘 수를 조정하여 시수 축소에 따른 학생 부담을 줄이면서 자연스러운 의사소통에 도움이 되도록 노력해야 할 것이다.

수업시수 확대에 따른 개정의 핵심은 문자언어 지도의 강화에 있다. 따라서 시수를 축소하더라도 쓰기를 비롯한 언어의 네 가지 기능을 통합적으로 지도해야 한다. 특히, 현장 교사의 설문에서도 강조되었듯이 소리와 철자 간의 관계에 대한 이해 교육을 위한 음철법 지도가 체계적으로 이루어질 필요가 있다.

〈표 4-31〉 초등학교 3 · 4학년 영어 영역별 내용 · 성취기준 이수 우선순위

영역	이수 우선순위	내용 · 성취기준
듣기	1	1. 알파벳과 낱말의 소리를 듣고 식별한다.
	2	4. 일상생활에 사용되는 쉽고 친숙한 표현을 듣고 이해한다.
	3	2. 영어의 소리와 강세, 리듬, 억양을 듣고 식별한다.
	4	3. 주변의 친숙한 낱말을 듣고 의미를 이해한다.
	5	5. 일상생활에 관한 간단한 대화를 듣고 이해한다.
	6	6. 주변의 사물과 사람에 관한 쉽고 간단한 말을 듣고 이해한다.
	7	9. 쉽고 간단한 게임이나 놀이를 통해 중심 표현을 이해한다.
	8	7. 지나간 일에 관한 간단한 말을 듣고 이해한다.
	8	8. 쉽고 간단한 찬트나 노래를 듣고 중심 표현을 이해한다.
	10	11. 쉽고 간단한 말을 듣고 단순한 과업을 수행한다.
	11	10. 쉽고 간단한 지시, 명령을 듣고 행동한다.
말하기	1	1. 알파벳과 낱말의 소리를 듣고 따라 말한다.
	2	3. 실물이나 그림을 보고 낱말이나 한 문장으로 말한다.
	3	4. 주변의 사물과 사람에 관해 한두 문장으로 말한다.
	4	2. 영어의 강세, 리듬, 억양에 맞게 따라 말한다.
	5	6. 쉽고 친숙한 일상 표현을 한다.
	5	7. 한두 문장으로 자기소개를 한다.
	7	5. 한두 문장으로 지시하거나 명령을 한다.
	8	8. 일상생활에 관해 쉽고 간단한 표현으로 묻고 답한다.
	9	10. 쉽고 간단한 찬트나 노래를 강세, 리듬, 억양에 맞게 부른다.
	10	9. 쉽고 간단한 게임이나 놀이에 참여하여 말한다.
읽기	1	1. 알파벳 인쇄체 대 · 소문자를 식별하여 읽는다.
	2	2. 소리와 철자의 관계를 이해한다.

영역	이수 우선순위	내용·성취기준
읽기	3	3. 소리와 철자의 관계를 바탕으로 쉬운 낱말을 읽는다.
	4	4. 쉽고 간단한 낱말이나 어구를 따라 읽는다.
	5	5. 들은 것과 일치하는 낱말이나 어구를 찾아 읽는다.
	5	7. 쉽고 간단한 낱말이나 어구를 소리 내어 읽는다.
	7	8. 그림, 실물, 동작 등을 통해 쉽고 간단한 낱말을 읽고 의미를 이해한다.
	8	6. 쉽고 간단한 문장을 따라 읽는다.
	9	9. 쉽고 간단한 낱말이나 어구를 읽고 의미를 이해한다.
쓰기	1	1. 알파벳 인쇄체 대·소문자를 쓴다.
	2	2. 구두로 익힌 낱말을 따라 쓴다.
	3	3. 짧고 쉬운 낱말이나 어구를 따라 쓰고 보고 쓴다.
	4	4. 그림, 실물, 동작 등을 나타내는 낱말이나 어구를 완성하여 쓴다.

〈표 4-32〉 초등학교 5·6학년 영어 영역별 내용·성취기준 이수 우선순위

영역	이수 우선순위	내용·성취기준
듣기	1	1. 실물이나 그림에 관한 설명을 듣고 이해한다.
	2	4. 간단한 말이나 대화를 듣고 의도나 목적을 이해한다.
	3	10. 일상생활에 관한 간단한 말이나 대화를 듣고 과업을 수행한다.
	4	6. 일상생활에 관한 간단한 말이나 대화를 듣고 세부 내용을 이해한다.
	5	9. 간단한 묘사나 설명을 듣고 과업을 수행한다.
	6	2. 앞으로 일어날 일에 관한 간단한 말이나 대화를 듣고 이해한다.
	7	7. 전화 대화에 필요한 기초적인 표현을 듣고 이해한다.
	8	8. 간단한 전화 대화를 듣고 이해한다.
	9	5. 그림이나 도표에 관한 쉽고 간단한 말이나 대화를 듣고 세부 내용을 이해한다.
	10	3. 대상을 비교하는 쉬운 말이나 대화를 듣고 이해한다.
말하기	1	1. 주변의 친숙한 대상에 관해 간단히 말한다.
	2	2. 단순한 그림이나 상황을 보고 간단히 말한다.
	3	3. 일상생활에 관한 간단한 말이나 대화를 듣고 중심 내용을 묻고 답한다.
	4	4. 일상생활에 관해 간단히 이유를 묻고 답한다.
	5	7. 전화 대화에 필요한 기초적인 표현을 한다.
	6	10. 쉽고 간단한 표현을 사용하여 상황에 맞게 요청한다.

영역	이수 우선순위	내용·성취기준
말하기	7	8. 간단한 전화 대화를 한다.
	8	9. 두세 개의 연속된 문장으로 지시하거나 명령한다.
	9	6. 일상생활에 관한 간단한 말이나 대화를 듣고 세부 내용을 묻고 답한다.
	10	5. 앞으로 일어날 일에 관해 간단히 묻고 답한다.
읽기	1	1. 쉽고 간단한 문장을 강세, 리듬, 억양에 맞게 소리 내어 읽는다.
	2	3. 주변의 친숙한 대상의 이름이나 표지판 등을 읽고 이해한다.
	3	2. 일상생활에 관한 짧고 쉬운 글을 소리 내어 읽는다.
	4	4. 쉽고 간단한 문장을 읽고 이해한다.
	5	5. 그림이나 도표가 포함된 쉽고 간단한 글을 읽고 이해한다.
	6	6. 일상생활에 관한 짧고 쉬운 글을 읽고 이해한다.
	7	7. 개인생활을 소개하는 짧고 쉬운 글을 읽고 이해한다.
	8	8. 쉬운 이야기를 읽고 줄거리를 이해한다.
쓰기	1	1. 문장 안에서 인쇄체 대·소문자를 바르게 쓴다.
	2	3. 소리와 철자의 관계를 바탕으로 쉬운 낱말을 듣고 쓴다.
	3	4. 실물, 그림, 도표를 보고 쉽고 간단한 낱말이나 어구를 쓴다.
	4	2. 문장 안에서 구두점을 바르게 쓴다.
	5	5. 주어진 낱말이나 어구를 넣어 간단한 문장을 완성한다.
	6	6. 실물, 그림, 도표를 보고 한두 문장으로 쓴다.
	7	7. 예시문을 참고하여 간단한 초대, 감사, 축하 등의 짧은 글을 쓴다.
	8	8. 자신이나 가족 등에 관해 짧고 간단하게 쓴다.

〈표 4-31〉, 〈표 4-32〉의 이수 우선순위 설문 결과 및 전문가들의 의견을 토대로 한 교육과정 감축 방안의 세부 내용은 다음과 같다.

1) 교육과정 감축 방안

(1) 축소 · 삭제

① 영역 및 단원

듣기 영역에서 이수 우선순위 상위 50%에 위치한 성취기준은 기본적인 언어능력에 관한 내용이다. 즉 파닉스(phonics), 기초 어휘, 기본적인 말하기 능력 등을 강조하고 있다. 과거형 학습에 대한 우선순위가 제일 낮다. 하위 50%에 위치한 성취기준은 일반적으로 활동으로 대체될 수 있는 성취기준임을 알 수 있다. 말하기 영역에서는 간단한 기초 어휘 이해를 주로 하여 문장의 구조나 일상생활 심화 표현은 축소하거나 삭제할 수 있다. 읽기 영역도 마찬가지로 기초 단어, 낱말, 어구를 읽는 기초학습을 제외한 나머지 문장이나 생활영어 읽기 부분은 축소하거나 삭제가 가능하다. 마지막으로 쓰기 영역의 경우 듣기, 말하기, 읽기 부분을 쓰기로 표현하는 내용으로 감축할 수 있다. 하지만 다문화가정 자녀 중 영어권(필리핀, 인도 등)에서의 중도입국학생인 경우 보다 심화된 내용으로의 교육과정 운영이나 심화반 편성이 필요할 것이다.

② 내용 및 성취기준

여기서는 교육과정 영역별 내용 · 성취기준의 중요도를 고려해야 한다. 전문가 간 의견이 가장 일치하는 부분은 각 학년별 영어 단원의 도입 부분 단원들은 영어의 기초어휘를 배우는 내용으로 편성되어 있어 이 부분을 중심으로 감축하는 것이 중요하다는 의견이었다. 부록의 성취기준 이수 우선순위에서와 같이 "한 두 문장으로 지시나 명령을 한다, 지나간 일에 관해 간단히 말한다" 등과 같이 심화된 생활영어 내용 및 성취기준을 축소하거나 삭제가 가능하다.

(2) 통합

① 교재의 통합

영어교과의 경우 기존의 교재가 상당히 학습량이 많고 두껍다. 이에 간단한 워크북 형태로의 재편집 및 감축이 필요하다. 이를 위해 미국이나 영국의 유아 단계의 워크북 교재를 차용하여 교재의 재구성이 필요하다.

② 교과 내 통합(단원의 통합)

영어교과의 경우 교과의 단원이나 내용이 주제 중심으로 되어 있어 통합보다는 심화된 단원이나 내용의 삭제를 지향한다.

③ 교과 간 통합

영어의 경우 보다 심화된 영어가 가능해야 교과 간 통합을 하는 것이 원칙이나, 초등의 경우 간단한 사물이나 생물 영역에서의 어휘들은 타 교과 영역에서도 학습이 가능하여 교과 간 일대일 비율의 통합은 아니지만 각 교과(과학, 국어 등) 속에서의 간단한 영어 어휘를 사용한 교육이 가능한 부분적 통합은 가능하다.

2) 시사점

초등학교 영어 교육과정의 감축 방안은 초등학교 영어과 교육목표 중에서 창조성 보다는 기본 지식의 이해 및 사용과 관련도가 높다는 것이 고려되어야 한다. 감축 방향에 대한 결론은 다음과 같다.

첫째, 간단한 기초 어휘 수준 중심으로의 단원 및 내용의 감축이 가능하다.

둘째, 영어 이야기 배우기 등 다양한 교수학습 방법을 통해 영역별 통합으로의 듣기, 말하기, 읽기, 쓰기의 동시학습이 가능하다.

셋째, 영어 외의 교과에서 사용 가능한 어휘를 추출하여 통합교육으로 내용을 축소한다.

넷째, 접촉 가능성과 관련된 이수순위를 고려해야 한다. 접촉 가능성이란 학습자가 평소에 생활하면서 부딪칠 수 있는 상황과 맥락을 말한다. 일상생활에서 사용 빈도수가 높은 어휘 중심으로 교육과정 재구성이 필요하다.

다섯째, 영어권(필리핀, 인도 등) 국가에서의 중도입국학생의 경우 심화반이나 심화과제 부여 등으로 심화된 영어 학습을 위한 교육과정 운영도 고려되어야 할 것이다.

바) 음악

2009 개정 국어 교육과정은 기존의 교육과정에 비해 학습량이 많고 수준이 높아졌다는 평을 받고 있다. 현장의 교사들은 보통의 한국 학생들을 대상으로 해도 교수 · 학습 활동의 난이도가 높아졌음을 토로하고 있다. 이러한 입장에서 교육과정 50% 감축에 대한 전문가들의 의견을 물었을 때 학제 간의 입장과는 달리 무척 반기는 입장이었다. 음악교과의 경우, 수록곡 수를 줄여 학습하는 방안이 가능하다. 수록곡 수를 줄이는 것만으로도 교육과정을 상당 부분 감축할 수 있다. 그러나 국가 수준의 교육과정 개정과 적용에는 수많은 학자들의 연구와 철학이 담겨 있으므로 섣불리 내용을 없애거나 줄일 수는 없을 것이다.

〈표 4-33〉, 〈표 4-34〉, 〈표 4-35〉, 〈표 4-36〉의 이수 우선순위 설문 결과 및 전문가의 의견을 토대로 한 음악 교과 교육과정 감축 방안의 세부 내용은 다음과 같다.

〈표 4-33〉 초등학교 3 · 4학년 음악과 영역별 내용체계 이수 우선순위

영역	이수 우선순위	내용체계
표현	1	1. 바른 자세로 표현하기
	2	2. 악곡의 특징을 살려 표현하기
	3	3. 창의적으로 음악 만들어 표현하기
감상	1	2. 악곡의 특징을 이해하며 감상하기
	2	1. 음악의 요소 및 개념 이해하기
생활화	1	1. 음악을 즐기는 태도 갖기
	2	2. 우리 음악의 가치 인식하기

〈표 4-34〉 초등학교 5 · 6학년 음악과 영역별 내용체계 이수 우선순위

영역	이수 우선순위	내용체계
표현	1	2. 악곡의 특징을 살려 표현하기
	2	1. 바른 자세로 표현하기
	3	3. 창의적으로 음악 만들어 표현하기
감상	1	2. 악곡의 특징을 이해하며 감상하기
	2	1. 음악의 요소 및 개념 이해하기
생활화	1	1. 음악을 즐기는 태도 갖기
	2	2. 우리 음악의 가치 인식하기

〈표 4-35〉 초등학교 3 · 4학년 음악과 영역별 내용 성취기준 이수 우선순위

영역	이수 우선순위	내용체계
표현	1	4. 악곡에 어울리는 신체 표현을 할 수 있다.
	2	1. 바른 자세로 노래를 부를 수 있다.
	3	2. 바른 자세와 주법으로 악기를 연주할 수 있다.
	4	5. 악곡을 외워서 혼자 또는 여럿이 노래를 부르거나 악기로 연주할 수 있다.
	5	6. 동요나 민요를 듣고 부르거나 보고 부를 수 있다.
	6	3. 3 · 4학년 수준의 음악 요소 및 개념을 이해하여 노래를 부르거나 악기로 연주할 수 있다.

영역	이수 우선순위	내용체계
표현	7	8. 수록곡의 노랫말을 바꾸거나 노랫말에 맞는 말 붙임새로 만들 수 있다.
	8	9. 수록곡의 리듬꼴이나 장단꼴을 바꾸어 표현할 수 있다.
	9	7. 상황이나 이야기를 여러 가지 소리로 표현할 수 있다.
감상	1	2. 표제음악 등을 듣고 악곡의 특징에 대해 이야기할 수 있다.
	2	1. 3~4학년 수준의 음악 요소 및 개념에 대해 구별할 수 있다.
	3	3. 노동요, 놀이요, 춤곡, 행진곡 등을 듣고 음악의 쓰임에 대해 이야기할 수 있다.
생활화	1	1. 생활 속에서 음악을 즐길 수 있다.
	2	2. 생활 속에서 우리 음악을 찾아볼 수 있다.

〈표 4-36〉 초등학교 5 · 6학년 음악 영역별 성취기준 이수 우선순위

영역	이수 우선순위	내용체계
표현	1	4. 악곡에 어울리는 신체 표현을 할 수 있다.
	2	1. 바른 자세와 호흡으로 노래를 부를 수 있다.
	3	2. 바른 자세와 주법으로 악기를 연주할 수 있다.
	4	3. 5 · 6학년 수준의 음악 요소 및 개념을 이해하며 노래를 부르거나 악기로 연주할 수 있다.
	5	5. 악곡의 특징을 살려 혼자 또는 여럿이 외워서 노래를 부르거나 악기로 연주할 수 있다.
	6	7. 상황이나 이야기를 음악으로 표현할 수 있다.
	7	8. 수록곡의 노랫말을 바꾸거나 노랫말에 맞는 말 붙임새로 만들 수 있다.
	8	6. 동요나 민요, 시조의 초장을 듣고 부르거나 보고 부를 수 있다.
	9	9. 수록곡의 일부 가락을 바꾸어 표현할 수 있다.
감상	1	2. 다양한 문화권의 음악을 듣고 음악의 특징에 대해 이야기할 수 있다.
	2	3. 의식음악, 축제음악, 풍류음악 등을 듣고 쓰임에 대해 이야기할 수 있다.
	3	1. 5 · 6학년 수준의 음악 요소 및 개념에 대해 구별할 수 있다.
생활화	1	1. 생활 속에서 음악을 활용하며 즐길 수 있다.
	2	2. 우리 음악의 소중함에 대해 이야기할 수 있다.

1) 교육과정 감축 방안

(1) 축소 · 삭제

① 영역 및 단원

음악교과의 각 영역은 학습 수준과 단계에 맞게 구성되어 있어 재구성을 지양한다. 이에 영역보다는 단원이나 수록곡 중심의 내용이나 성취기준을 감축하는 것이 바람직하다.

② 내용 및 성취기준

여기서는 교육과정 영역별 내용 · 성취기준의 중요도를 고려해야 한다. 전문가 간 의견이 가장 일치하는 것은 대부분의 학생들이 창작 내용을 가장 어려워한다는 것이다. 초등 수준에서는 창작보다는 감상, 활동 등 음악의 향유 부분에 초점이 맞추어져야 한다는 것이다. 창작 다음으로는 실제 악기를 연주하는 부분을 학생들이 어려워한다고 지적한다. 이에 음악교과 감축 방안은 창작과 악기 연주 부분을 대폭 축소하여 감축하는 방향으로 가야 할 것이다. 자세한 내용 및 성취기준의 이수 우선순위는 부록의 자료와 같다.

(2) 통합

① 교재의 통합

음악교과 교재의 경우 타 교과와 달리 상당히 간략하게 구성되어 있다. 음악 기초 지식의 이해 및 음악 감상, 간단한 음악 향유 활동을 위한 워크북 등으로 구성되어 있어 타 교과와 달리 재구성이나 통합보다는 수록곡 등 기존 교재의 내용을 축소 또는 삭제하는 방향으로 가야 한다.

② 교과 내 통합(단원의 통합)

음악교과의 경우 고전음악, 국악, 현대음악 등 음악의 시대별 또는 상황별로 묶어 집중이수를 통해 교과 내 통합을 실시하여 교육과정을 감축하는 방향으로 가는 것이 바람직하다. 초등에 있어서 40분 동안의 감상만으로도 시간을 채울 수 있는 음악만의 특성으로 오히려 집중이수가 가능한 교육과정 감축 재구성 방안이 요구된다.

③ 교과 간 통합

음악의 경우 노래 부르기 등의 표현활동 부분을 국어, 사회, 수학, 과학 등 다양한 교과목과의 통합이 가능하다. 이는 초등의 경우 다양한 과목에서 발표식 수업이 많은데 이 부분에 음악은 손쉽게 쓰일 수 있으며, 이 가운데 학습이 가능하다. 따라서 음악은 다양한 교과목의 발표를 중심으로 하여 통합이 가능하다.

2) 시사점

50% 감축에 초점을 맞춘 다문화 대안학교 음악과 교육과정 재구성을 위해 필요한 사항을 기술하면 다음과 같다.

첫째, 음악과 교육과정 50%를 감축한다고 내용체계를 재구성하는 것은 바람직하지 않다. 현 음악과 교육과정 '내용'은 활동, 이해, 생활화 영역으로 구분되어 있으며 활동 영역은 다시 노래 부르기, 악기 연주하기, 음악 만들기 영역으로 구분되어 있다. 이러한 체계는 그대로 수용해야 할 것이다.

둘째, 학년별로 제시된 내용체계의 경우 난이도가 높은 내용을 수정 · 축소 · 삭제해야 한다. 현재 학생들이 어려워하는 영역으로는 '보고 부르기', '가락 창작하기', '장단 창작하기', '2부 합창하기' 등이다. 보고 부르기를 과감하게 축소할 필요가 있다. 중학교 학생들도 대부분의 학생들이 보고 부르기가 되지 않는 것이 음악교육의 현실이다. 이 부분에서의 과감한 생략이 필요하다. 또한 2부 합창의 경우도 수준을 낮추어서 제시하거나 3, 4학년은 제외시킬 필요가 있다. 음악교육에서 학생들이 가장 어려워하며 개인차가 큰 것이 창작 영역이다. 이 부분의 과감한 생략 및 내용 제외가 이루어져야 할 것이다.

셋째, 음악교육은 학생들이 음악을 좋아하고 즐길 수 있도록 하는 데 초점이 맞추어져야 한다. 학생들이 음악을 즐길 때 음악성이 길러지며 음악적 창의성은 물론 음악을 통해 아름다운 마음이 길러질 것이기 때문이다. 그러므로 음악 이해의 학습보다는 실제적인 활동이 왕성하게 일어날 수 있는 내용으로 구성되어야 할 것이다.

넷째, 교육과정 내용의 50% 감축을 위해서는 목표, 내용, 학습 방법으로 전개되는 현 교육과정의 구성을 감축하기보다는 학습량과 관련이 있는 수록곡 수를 줄이는 것을 권장한다. 한 수록곡 안에도 다양한 교육과정 내용을 담을 수 있기 때문에 수록곡 수를 줄여도 교육과정의 내용을 모두 담을 수 있다. 그러므로 교육과정 50% 감축을 위해서는 수록곡 수를 줄이는 것이 가장 바람직하다.

사) 미술

아직까지 미술교육과정은 예술적 감수성 및 창의성 등 미술에 관한 관심과 흥미도 향상보다 미술의 기능적 부분에 초점이 맞추어져 있다는 지적이 있다. 이러한 입장에서 교육과정 50% 감축에 대한 전문가들의 의견을 물었을 때 학제 간의 입장과는 달리 무척 반기는 입장이었다. 그러나 국가 수준의 교육과정의 개정과 적용에는 수많은 학자들의 연구와 철학이 담겨 있으므로 내용을 없애거나 줄일 수는 없을 것이다. 미술교육과정의 감축 방향은 무엇보다 미술 실기능력 학습 축소 및 삭제와 예술적 감수성 향상을 위한 체험 위주의 학습이 가능하도록 하는 방향으로 가야 한다.

〈표 4-37〉 초등학교 미술 영역별 단원 이수 우선순위

영역	이수 우선순위	단원명	
		3·4학년	5·6학년
체험	1	2. 소통	2. 소통
	2	1. 지각	1. 지각
표현	1	1. 주제 표현	1. 주제 표현
	2	2. 표현 방법	2. 표현 방법
	3	3. 조형 요소와 원리	3. 조형 요소와 원리
감상	1	1. 미술사	1. 미술사
	2	2. 미술 비평	2. 미술 비평

〈표 4-38〉 초등학교 3·4학년 미술 단원별 성취기준 이수 우선순위

단원	이수 우선순위	성취기준
1. 지각	1	1. 자연물과 인공물에 대한 느낌과 생각을 다양한 방법으로 나타내기
	2	2. 자연물과 인공물에 대한 느낌과 생각을 다양한 방법으로 나타내기
2. 소통	1	1. 생활 속에서 활용되는 미술 찾아보기
	2	2. 느낌과 생각을 나타낼 수 있는 시각 이미지 탐색하기
3. 주제 표현	1	1. 자유로운 발상을 통해 다양한 주제 탐색하기
	2	2. 주제를 자유롭게 표현하기
4. 표현 방법	1	1. 기본적인 재료와 용구의 사용 방법 익히기
	2	2. 재료와 용구에 따른 표현 방법을 탐색하여 표현하기
5. 조형 요소 와 원리	1	1. 주변 환경에서 조형 요소와 원리 탐색하기
	2	2. 조형 요소와 원리를 활용하여 자유롭게 표현하기
6. 미술사	1	1. 미술 작품의 배경에 관해 알아보기
	2	2. 주변에서 전통 미술 문화 찾아보기

단원	이수 우선순위	성취기준
7. 미술 비평	1	1. 미술의 기본적인 용어 이해하기
	2	2. 미술 작품에 대한 자신의 느낌과 생각 설명하기
	3	3. 미술 작품을 감상할 때의 올바른 태도에 관해 알아보기

〈표 4-39〉 초등학교 5 · 6학년 미술 단원별 성취기준 이수 우선순위

단원	이수 우선순위	성취기준
1. 지각	1	1. 대상이나 현상에서 시각적 특징 발견하기
	2	2. 자신에 대한 느낌과 생각을 다양한 방법으로 나타내기
2. 소통	1	1. 다양한 목적과 의도를 반영한 시각 문화 찾아보기
	2	2. 시각 이미지의 의미 전달 방식을 이해하고 활용하기
3. 주제 표현	1	1. 체계적인 발상을 통해 주제 발전시키기
	2	2. 주제의 특징과 느낌을 효과적으로 표현하기
4. 표현 방법	1	1. 평면, 입체, 영상 등의 특징과 표현 효과를 알고 다양한 표현 방법 탐색하기
	2	2. 여러 가지 재료와 용구, 표현 방법, 표현 과정 등을 탐색하여 표현하기
5. 조형 요소와 원리	1	1. 조형 요소와 원리의 특징 이해하기
	2	2. 조형 요소와 원리를 활용하여 효과적으로 표현하기
6. 미술사	1	1. 다양한 시대와 지역의 미술이 지닌 특징 알아보기
	2	2. 우리나라 미술의 시대별 특징과 변천과정을 알아보고 문화적 전통 이해하기
7. 미술 비평	1	1. 미술 작품의 감상 관점과 방법 이해하기
	2	2. 미술 작품의 특징을 찾아 설명하기
	3	3. 전시회를 관람하고 감상문 작성하기

〈표 4-37〉, 〈표 4-38〉, 〈표 4-39〉의 이수 우선순위 설문 결과 및 전문가의 의견을 토대로 한 미술교육과정 감축 방안의 세부 내용은 다음과 같다.

1) 교육과정 감축 방안

(1) 축소 · 삭제

① 영역 및 단원

영역별 이수순위를 고려한 결과 3 · 4학년군 교육과정에서 전문가가 제시한 축소 · 삭제 가능한 영역은 체험에서의 소통 부분인데, 이는 수업과정 전체에서 느낌과 생각을 나타낼 수 있도록 하는 방향으로 가야 한다는 것이다. 단원 중에서 조형 요소와 원리는 표현 방법 안에서 조형 요소와 원리를 생각해보게 하고, 미술 비평에서도 조형 요소와 원리가 포함되도록 통합이 가능하다.

② 내용 및 성취기준

여기서는 교육과정 영역별 내용 · 성취기준의 중요도를 고려해야 한다. 표현 단원의"자유로운 발상으로 다양한 주제 탐색하기"의 경우"주제를 자유롭게 표현하기"와 통합하는 것이 가능하다. 또한 설문 결과를 토대로 이수 우선순위에 따라 하위 항목의 성취기준의 경우 축소 및 삭제가 가능하다.

(2) 통합

① 교재의 통합

미술교과의 경우 보다 다양한 미술 관련 작품 등의 예시자료가 풍부할수록 활동이 보다 폭넓어질 수 있어 교재를 통합하여 감축하는 방향은 필요하지 않은 것으로 생각된다. 미술교과 교재는 미술교육과정 운영 시수나 활동을 더 증가시키는 부분이 다른 교과와 달리 없다고 볼 수 있다.

② 교과 내 통합(단원의 통합)

오히려 미술의 경우 어려운 실기 수업 부분을 제외하고는 다문화가정 자녀들에게 있어 학교 수업 중 가장 적응하거나 따라가기 용이한 교과목이다. 이에 실기 수업 부분을 대폭 축소 또는 삭제하여 각 영역 또는 단원을 통합하여 감축하는 방향으로 가야 할 것이다.

③ 교과 간 통합

미술 작품 중에서도 회화나 조소 부문의 경우 다양한 과목의 결과물로 도출될 수 있다. 이에 사회교과의 우리 고장을 이해한 결과로 회화 작품을 통해, 또는 국어교과의 시화나 스토리를 그림으로 표현하기 등 타 교과와의 교과 간 통합이 용이하다. 이를 통해 교육과정을 충분히 감축하여 운영할 수 있다.

2) 시사점

초등학교 미술교육과정의 감축 방안은 초등학교 미술과 교육목표 중에서 기본 지식의 이해 및 사용보다는 예술적 감수성과 창의성과 관련도가 높다는 것이 고려되어야 한다. 감축 방향은 다음과 같다.

다문화 대안학교 미술교육과정 재구성에 있어 현행 2009 개정 교육과정의 50% 감축은 전적으로 가르치는 미술 교사의 역량에 달려 있다. 주제, 영역, 단원, 성취기준 또한 마찬가지다. 교사가 어떻게 미술교육과정을 재구성하느냐에 따라 미술교육의 최종 목표인 미적 감수성, 창의적 표현 능력과 비평 능력을 기르고, 미술 문화를 향유할 수 있는 능력과 태도를 기르는 일은 미술의 어떤 분야, 어떤 활동을 통해서도 가능하다. 예를 들어, 고학년(5 · 6학년)의 경우 미술을 사회과 역사 관련 문화재와 연관시켜 시각문화를 충분히 지도할 수 있으며 국어과 광고문 만들기, 음악과의 다양한 나라의 음악 듣기와 미술을 통합하여 충분히 재구성할 수 있다. 즉 융합교육, STEAM 교육을 통해서도 미술교육 목표는 지도될 수 있다. 특히 단원의 감축 여부는 미술교육에 있어서 전혀 의미가 없는 부분이다. 왜냐하면 어떤 단원 또는 어떤 주제든지 미술의 궁극적인 목표에 도달할 수 있기 때문이다. 결론적으로 미술교과 시수 50% 감축은 시간상의 감축일 뿐 어떤 영역이 50% 감축되는 것을 의미하지는 않는다. 특히 현행 미술 교과서는 각 출판사별로 다르게 구성되어 있어 단원이나 주제는 별 의미가 없으며 성취기준 또한 다를 수 있다. 미술의 최종 목표에 도달하기 위한 교사의 수업 재구성 역량이 미술 수업의 질을 좌우한다.

아) 체육

체육교과에서의 교육과정 시수에 대해 전문가들의 자문과 설문 및 다문화 관련 대안학교 방문을 토대로 의견을 종합해보면, 교육과정 시수는 오히려 확대하고 교육과정 내용을 재구성하거나 감축하는 방향으로 가야 한다는 결론이 도출되었다. 다문화가정 자녀들에게 있어서 학교생활 적응을 돕고 자신감을 심어줄 수 있는 과목으로는 미술과 체육이 중요하다.

〈표 4-40〉 초등학교 체육 영역별 단원 이수 우선순위

영역	이수 우선순위	단원명	
		3·4학년	5·6학년
건강	1	1. 건강과 생활습관	1. 건강과 신체 발달
	2	2. 건강과 체력 향상	2. 건강과 재해 안전

영역	이수 우선순위	단원명	
		3·4학년	5·6학년
도전	1	3. 속도 도전	4. 표적/투기 도전
	2	4. 동작 도전	3. 거리 도전
경쟁	1	6. 영역형 경쟁	6. 네트형 경쟁
	2	5. 피하기형 경쟁	5. 필드형 경쟁
표현	1	7. 움직임 표현	7. 민속 표현
	2	8. 리듬 표현	8. 주제 표현
여가	1	9. 가족과 여가	9. 생활환경과 여가
	2	10. 전통놀이와 여가	10. 자연 환경과 여가

〈표 4-41〉 초등학교 3·4학년 체육 단원별 성취기준 이수 우선순위

단원	이수 우선순위	성취기준
1. 건강과 생활 습관	1	1. 건강과 체력의 개념과 상호 관계를 이해하고 간단한 방법으로 체격과 체력을 측정하여 자신의 신체 발달 상태를 파악하며, 운동의 단계를 고려한 안전하고 효과적인 준비 운동 및 정리 운동을 실천한다.
	2	4. 체력 증진을 위한 운동 수행 과정과 건강한 생활습관을 기르는 과정에서 자신이 하고 있는 행동과 느낌을 파악하는 '자기 인식'의 개념을 이해하고 이를 기른다.
	3	2. 초등학교 시기에 많이 발생하는 질병의 종류와 원인 및 증상을 이해하고, 건강을 유지하기 위해 필요한 몸의 바른 자세, 청결 활동(양치질, 목욕, 청소 등) 및 날씨와 환경에 따른 건강한 생활습관을 기른다.
	4	3. 가정에서 많이 발생하는 안전사고의 종류와 원인, 피해 내용 등을 파악하며, 가정의 안전사고 예방 방법과 대처 행동을 이해하고 실천한다.
2. 건강과 체력 향상	1	1. 기초 체력의 종류(건강 체력, 운동 체력)와 측정 방법 및 운동 방법을 알고, 자신의 체격이나 체력 수준에 적절한 운동 계획을 세우고 실천한다.
	2	4. 여러 가지 체력 운동에 참여하면서 자신의 건강과 체력 수준에 알맞은 운동 내용이나 강도를 스스로 정하고 수행하는 '자율성'의 개념을 이해하고 이를 기른다.
	3	2. 비만의 원인과 실태, 건강에 미치는 부정적인 영향 등을 알고, 올바른 식품 관리 및 식생활 습관과 규칙적인 운동습관을 기른다.
2. 건강과 체력 향상	4	3. 학교에서 발생하는 안전사고의 종류와 원인, 피해 내용 등을 파악하며, 학교의 안전사고 예방 방법과 대처 행동을 이해하고 실천한다.

단원	이수 우선순위	성취기준
3. 속도 도전	1	2. 속도를 높이기 위한 기본자세와 몸의 동작 등과 같은 기본 기능을 익히고, 속도 기록을 높일 수 있는 운동 방법을 실천한다.
	2	1. 속도를 향상시켜 자신의 기록을 단축하려는 속도 기록 도전의 의미와 특성을 이해한다.
	3	4. 속도 기록 도전 활동에 참여하면서 자신의 속도 기록을 정확히 알고, 자신의 새로운 기록을 위해 어려움을 참고 꾸준히 노력하는 '끈기'의 개념을 이해하고 이를 실천한다.
	4	3. 자신과 다른 사람의 속도 기록을 측정하면서 자신의 운동 능력과 수행 과정을 평가한다.
4. 동작 도전	1	1. 자신이 수행할 수 있는 가장 정확하고 아름다운 동작을 추구하려는 동작 도전의 의미와 특성을 이해한다.
	2	2. 더 나은 동작을 수행하기 위한 기본 기능을 익히고, 정확하고 아름다운 동작을 표현할 수 있는 방법을 실천한다.
	3	4. 동작 도전 활동에 참여하면서 어려움이나 두려움을 극복하여 자신 있게 표현할 수 있는 '용기'의 개념을 이해하고 이를 기른다.
	4	3. 개인 또는 모둠별로 동작 도전 활동을 구성하여 발표하고 평가하면서 자신의 수행 과정을 반성한다.
5. 피하기형 경쟁	1	1. 방향을 빠르게 바꾸거나 상대방의 움직임을 파악하면서 상대방의 공격에 효과적으로 대처하려는 피하기형 경쟁의 의미와 특성을 이해한다.
	2	2. 피하기형 경쟁 활동에 참여하면서 기본 기능(빠르게 방향 바꾸며 달리기, 속임 동작, 공 던지고 받기, 공 피하기 등)을 습득한다.
	3	4. 게임 활동에 참여하면서 규칙을 정확히 이해하고 올바르게 적용하는 '규칙 준수'의 개념을 이해하고 이를 실천한다.
	4	3. 피하기형 경쟁 활동의 게임 전략(위치 선정, 술래 위치 파악, 상대에게 등을 보이지 않기 등)을 이해하고, 게임 활동에 창의적으로 적용한다.
6. 영역형 경쟁	1	2. 영역형 경쟁 활동에 참여하면서 기본 기능(패스, 드리블, 슛 등)을 익힌다.
	2	4. 영역형 게임에 참여하면서 팀 전체의 목표를 위해 동료들과 함께 협력하는 '협동심'의 개념을 이해하고 이를 실천한다.
	3	1. 팀 동료와 협력하면서 상대편 영역으로 들어가 골을 넣어 점수를 얻는 영역형 경쟁의 의미와 특성을 이해한다.
	4	3. 영역형 경쟁 활동의 게임 전략(패스를 통한 공간 이동, 팀플레이, 수비 등)을 이해하고, 게임 활동에 창의적으로 적용한다.
7. 움직임 표현	1	1. 움직임 언어(이동 움직임, 비이동 움직임, 조작 움직임)와 표현 요소(신체 인식, 공간 인식, 노력, 관계 등)를 이해한다.
	2	2. 움직임 언어와 표현 요소를 활용한 놀이나 활동을 통해 움직임 표현 방법을 익힌다.

단원	이수 우선순위	성취기준
7. 움직임 표현	3	4. 움직임을 표현하면서 자신의 위치와 신체의 변화 등을 통해 자신의 신체를 조절할 수 있는 '신체 인식'의 개념을 이해하고 이를 실천한다.
	4	3. 개인이나 모둠별로 움직임을 창의적으로 표현하고 감상한다.
8. 리듬 표현	1	2. 다양한 음악(동요, 민요 등)에 맞추어 여러 가지 도구(곤봉, 공, 줄, 후프 등)를 활용하여 신체 활동으로 표현하는 방법을 습득한다.
	2	4. 리듬의 변화에 따라 신체 움직임을 달리하여 표현하는 신체 적응력의 개념을 이해하고 이를 실천한다.
	3	1. 신체 활동(리듬체조, 음악 줄넘기, 즉흥 표현 등)을 통해 리듬감을 익히며, 신체활동에 나타나는 리듬의 유형과 요소를 이해한다.
	4	3. 다양한 리듬에 맞추어 개인 또는 모둠별로 신체 활동을 창의적으로 표현하고 감상한다.
9. 가족과 여가	1	3. 나와 가족이 함께할 수 있는 신체 활동 중심의 여가 활동을 체험한다.
	2	4. 여가 활동에 참여하면서 가족 구성원의 역할과 관계를 알고 가족을 소중히 여기는 '가족사랑'의 의미를 이해하고 실천한다.
	3	1. 여가의 의미와 특성을 이해한다.
	4	2. 나와 가족이 함께할 수 있는 여가 활동을 창의적으로 계획한다.
10. 전통 놀이와 여가	1	1. 놀이와 여가와의 관계 및 전통놀이의 의미와 특성을 이해한다.
	2	4. 전통놀이를 체험하면서 우리 조상이 남긴 전통문화의 소중함과 우수성을 깨닫고, 이를 통해 '전통 존중'의 개념을 이해하고 이를 실천한다.
	3	2. 여러 가지 성격(활동 계절, 구성 인원, 사용 도구 등)을 가진 전통놀이의 특징과 방법을 이해하고 창의적으로 계획한다.
	4	3. 다양한 전통놀이를 체험한 후 규칙이나 방법을 변형하여 적용한다.

〈표 4-42〉 초등학교 5 · 6학년 체육 단원별 성취기준 이수 우선순위

단원	이수 우선순위	성취기준
1. 건강과 신체 발달	1	1. 건강 체력의 유형, 체력과 건강 증진의 관계, 건강 체력 증진 방법 등을 이해하고, 효과적인 체력 운동을 계획하여 실천한다.
	2	3. 운동 중에 발생하는 상해의 종류와 원인 및 운동 상해 예방 방법을 이해하고, 대처 행동을 습득한다.
	3	4. 체력 운동에 참여하면서 자신의 수준을 알고 목표를 이루고자 노력하며, 자기를 소중하게 여기는 '자기 이해'의 개념을 이해하고 이를 실천한다.
	4	2. 신체의 성장에 따른 몸의 변화 과정, 제2차 성징을 이해하고, 성폭력 예방 방법 및 대처 행동을 습득한다.

2. 건강과 재해 안전	1	1. 운동 체력의 유형, 체력과 운동 수행의 관계, 운동 체력 증진 방법 등을 이해하고 효과적인 체력 운동을 구안하여 실천한다.
	2	2. 심신 건강에 악영향을 미치는 흡연과 음주의 피해를 이해하고, 금주 및 금연 홍보 활동 등에 참여한다.
	3	3. 우리나라에서 발생하는 각종 재해의 실태와 문제점을 이해하고, 화재나 홍수 및 지진 등의 재난 사고 발생 시 대처 행동을 습득한다.
	4	4. 신체의 부상이 우려되는 위험한 상황이나 재난 상황에서 빠르고 안전하게 대처할 수 있는 '상황 판단력'의 개념을 이해하고 이를 기른다.
3. 거리 도전	1	1. 거리를 늘리거나 높이를 높여 자신의 기록을 향상시키려는 거리 도전의 의미와 특성을 이해한다.
	2	2. 거리 도전 활동의 기본 기능을 익히고, 자신의 거리 기록을 향상시킬 수 있는 운동 방법을 실천한다.
	3	3. 자신과 다른 사람의 거리 기록을 측정하면서 자신의 운동 능력 및 수행 과정을 평가한다.
	4	4. 기록의 향상을 위해 자신의 기록 도전 수행 과정을 반성하면서 자신의 생각과 행동 등에서 고쳐야 할 점을 탐색하는 '문제의 발견' 개념을 이해하고 이를 실천한다.
4. 표적/투기 도전	1	2. 새로운 기록에 도전하거나 상대방의 기량을 극복하는 표적 또는 투기 도전 활동의 기본 기능을 습득하고, 자신의 점수를 높이거나 상대방의 기량을 극복할 수 있는 운동 방법을 실천한다.
	2	1. 정확하게 표적을 맞힐 수 있도록 자신의 신체적 수월성에 도전하는 표적 도전과 겨루기를 통해 타인의 신체적 기량에 도전하는 투기 도전의 의미와 특성을 이해한다.
	3	4. 표적 또는 투기 도전 활동에 참여하면서 주위 여건에 흔들림 없이 표적에 집중하는 '자기조절'과 상대방과의 대련 상황에서 상대방을 고려하는 '타인 존중'의 개념을 이해하고 이를 실천한다.
	4	3. 표적/투기 도전의 과정과 결과에 대한 측정과 평가를 통해 자신의 수행 과정을 반성한다.
5. 필드형 경쟁	1	2. 필드형 경쟁 활동에 참여하면서 기본 기능(치기, 공 던지고 받기 등)을 습득한다.
	2	3. 필드형 경쟁 활동의 게임 전략(빈 곳으로 공 보내기, 위치 선정, 구성원 간의 협력 등)을 이해하고, 게임 활동에 창의적으로 적용한다.
	3	1. 동일한 필드에서 공격과 수비를 번갈아 하며, 공격 시 상대편이 받기 어려운 곳으로 공을 보낸 후 정해진 구역을 돌아 점수를 얻는 필드형 경쟁의 의미와 특성을 이해한다.
	4	4. 필드형 게임에 참여하면서 자신에게 주어진 역할을 알고 적극적으로 수행하는 '자기 책임감'의 개념을 이해하고 이를 기른다.
6. 네트형 경쟁	1	2. 네트형 경쟁 활동에 참여하면서 기본 기능(공 넘기기, 공 받기, 공 이어주기 등)을 습득한다.

	2	3. 네트형 경쟁 활동의 게임 전략(빈 공간을 찾아 공격하기, 효율적인 수비 위치 선정, 팀플레이 등)을 이해하고, 게임 활동에 창의적으로 적용한다.
6. 네트형 경쟁	3	1. 상대편의 빈 곳으로 공을 보내며, 상대의 수비나 반격을 어렵게 하여 점수를 얻는 네트형 경쟁의 의미와 특성을 이해한다.
	4	4. 네트형 게임에 참여하면서 규칙을 준수하며 상대편을 배려하고 예의를 지키는 '운동 예절'의 개념을 이해하고 이를 실천한다.
7. 민속 표현	1	2. 민속 표현 활동에 포함된 다양한 표현 방법(기본 움직임, 대형, 리듬 등)을 익혀 창의적으로 신체 활동에 적용한다.
	2	1. 세계 여러 지역의 전통적이고 고유한 민속 표현의 종류와 특징을 이해한다.
	3	3. 세계 여러 나라의 민속 표현을 개인 또는 모둠별로 창의적으로 표현하고 감상한다.
	4	4. 민속 표현과 감상 활동에 참여하면서 민속 표현 활동에 담긴 여러 민족의 문화적 특성을 인식하는 '다양성'의 개념을 이해하고 이를 적용한다.
8. 주제 표현	1	2. 정해진 주제나 소재의 특징적인 면을 여러 가지 움직임 표현으로 창작하여 신체 활동에 적용한다.
	2	1. 주제 표현의 구성에서 표현 요소(신체 인식, 공간 인식, 노력, 관계 등)의 적용과 창작 과정(발상, 계획, 구성, 수행 등)을 이해한다.
	3	4. 독특하고 개성 있는 신체 표현의 형태로 만들어내는 '독창성'의 개념을 이해하고 이를 적용한다.
	4	3. 개인 또는 모둠별로 주제를 정하여 창의적으로 표현하고 감상한다.
9. 생활환경과 여가	1	1. 여가 활동에 이용할 수 있는 생활 주변의 다양한 여가 자원의 의미와 특성을 이해한다.
	2	2. 생활 주변의 자원을 활용하는 여가 활동을 창의적으로 계획한다.
	3	3. 생활환경 주변이나 야외에서 실시할 수 있는 다양한 여가 활동의 방법을 이해하고 체험한다.
	4	4. 여가 활동에 참여하면서 서로 지켜야 할 규칙과 예절을 바르게 실천하는 '공동체의식'의 개념을 이해하고 이를 함양한다.
10. 자연 환경과 여가	1	1. 여가의 다양한 가치와 유형을 이해한다.
	2	4. 여가 활동에 참여하면서 자연을 아끼고 보존하려는 '자연 사랑'의 개념을 이해하고 이를 실천한다.
	3	3. 자연을 체험하는 다양한 여가 활동의 방법을 이해하고 체험한다.
	4	2. 자연을 체험하는 다양한 여가 활동을 창의적으로 계획한다.

〈표 4-40〉, 〈표 4-41〉, 〈표 4-42〉의 이수 우선순위 설문 결과 및 전문가의 의견을 토대로 한 교육과정 감축 방안의 세부 내용은 다음과 같다.

1) 교육과정 감축 방안

(1) 축소 · 삭제

① 영역 및 단원

영역별 이수순위를 고려한 결과 3 · 4학년군 교육과정에서 건강활동 영역에서는 '건강한 생활' 단원, 도전활동에서는 '속도 도전', 경쟁활동에서는 '영역형 경쟁', 표현활동에서는 '움직임 표현', 여가활동에서는 '가족과 여가' 단원이 중요한 내용이라고 의견이 일치했다. 5 · 6학년군 교육과정에서 건강활동 영역에서는 '건강과 신체 발달' 단원, 도전활동에서는 '표적/투기 도전', 경쟁활동에서는 '네트형 경쟁', 표현활동에서는 '민속 표현', 여가활동에서는 '생활환경과 여가' 단원이 중요하다고 의견이 일치했다.

② 내용 및 성취기준

단원별 성취기준에 대한 이수 우선순위에 대한 의견을 단원별로 정리해 가

〈표 4-43〉 성취기준 상위 두 가지 항목

영역	단원	성취기준 번호
건강활동	1. 건강과 생활습관	①④
	2. 건강과 체력 향상	①④
도전활동	3. 속도 도전	②④
	4. 동작 도전	①④
경쟁활동	5. 피하기형 경쟁	②④
	6. 영역형 경쟁	②④
표현활동	7. 움직임 표현	①④
	8. 리듬 표현	②④
여가활동	9. 가족과 여가	③④
	10. 전통놀이와 여가	③④

장 우선적으로 이수해야 한다고 생각하는 성취기준을 종합하여 상위 두 가지 항목을 정리하면 다음과 같다.

〈표 4-43〉과 같이 전문가들은 성취기준의 중요도를 판단할 때 공통적으로 정의적 영역에서 이루어져야 하는 성취기준이 기본적으로 이수되어야 한다고 생각하고 있었으며, 기본 기능에 대한 개념 이해와 기능 습득이 그다음으로 이수되어야 하는 성취기준이라고 여기고 있다. 축소 및 삭제가 가능한 성취기준은 다음과 같다.

〈표 4-44〉 축소 및 삭제가 가능한 성취기준

영역	성취기준
건강활동	건강과 생활습관의 ③번
건강활동	건강과 체력 향상의 ③번
건강활동	가족과 여가 ②번
표현활동	전통놀이와 여가 ②번
도전활동	피하기형 경쟁의 ①번, 영역형 경쟁의 ①번

(2) 통합

① 교재의 통합

체육교과의 경우 다른 교과에 비해 교재의 활용도가 가장 낮은 것으로 나타났다. 이에 전문가들은 체육교과의 경우 교재를 수행평가 위주의 워크북 형태로 과감하게 축소하여 재구성해야 한다고 주장한다. 따라서 체육교과의 교재는 그 활용도를 높이고 교육과정 감축을 위해 워크북 형태로의 축소 재구성이 요구된다.

참고로 기존 체육과의 교육과정 체계와 내용 위계를 보면, 다문화에 대한 언급이 전혀없는 교과서들로 구성되어 있다. 외국 교과서들의 삽화를 보면 다문화와 장애우에 대한 삽화가 자연스럽게 들어가 있어 그들도 사회의 일원이라는 인식을 하게 되는데, 먼저 그런 것부터 선행되어야 한다. 그들이 우리 사회에서 뿌리내리고 살아가야 한다고 볼 때, 그들이 적응하기 전까지 내용의 위계와 수준을 전체적으로 낮게 설정하고 친근감 있는 교과서가 필요하다.

② 교과 내 통합(단원의 통합)

체육교과의 경우 건강, 도전, 경쟁, 표현, 여가 활동 영역의 종목은 학교 및 담당 교사의 재량으로 자유로이 선정하여 운영하도록 되어 있어 교과 내 통합보다는 종목 선정에 있어 다문화가정 자녀들이 쉽게 이해할 수 있는 종목으로 선정하는 것이 중요할 것이다. 이에 한국을 상징하는 태권도(상징성)와 함께 각 나라의 대표 무도(가라테, 쿵푸, 무에타이 등)를 추가하거나 전 세계적으로 인기 있는 축구, 농구 등의 대표 구기 종목 중심으로 각 영역 활동을 구성하는 것이 요구된다.

③ 교과 간 통합

체육교과의 경우 특히 표현 활동 부분과 여가 활동 부분에서 국어, 사회, 과학 교과목과의 통합 운영이 가능하다. 예를 들어 국어교과의 '나의 주장하기' 내용은 '언어 외의 몸으로 표현하기' 등을 통해 가능하며, 과학교과의 '에너지' 내용 부분을 신체활동과 관련지어 학습이 가능하다. 이처럼 체육교과의 신체활동과 여가 활동 내용은 다양한 교과목과 통합이 가능하다.

2) 시사점

3·4학년군 체육과의 교육과정 운영에 있어서 각 영역별 성취기준에서 기본 기능의 습득, 정의적 영역의 성취기준은 반드시 포함되어야 할 것으로 전문가들의 의견이 일치한다. 즉, 활동적 영역과 정의적 영역의 성취기준은 중요도에서 기

타 영역에 비해 많은 의미를 갖는다고 할 수 있다. 또한 건강생활 영역은 삭제 및 축소하고자 할 때 가장 우선적으로 고려해야 할 영역이다. 건강생활 영역은 체육과에서 삭제되어도 재량활동이나 특별활동 등 기타 시간에 충분히 다루어줄 수 있는 가능성이 크기 때문이다.

5·6학년군 체육과의 교육과정 운영에 있어서 각 영역별 성취기준에서 기본 기능에 대한 이해, 정의적 영역의 성취기준은 반드시 포함되어야 할 것으로 보인다. 즉, 인지적 영역과 정의적 영역의 성취기준은 중요도에서 기타 영역에 비해 많은 의미를 갖는다고 할 수 있다. 또한 여가생활 영역은 삭제 및 축소하고자 할 때 가장 우선적으로 고려해야 할 영역이다. 교과서에서 모든 것을 제시해주기 위해 노력하지만 실제로 운영되기에는 여러 가지 여건상 어려운 점이 많기 때문에 보편적으로 장소와 시간, 경제적 측면에서 모두 즐길 수 있는 내용으로 제시되어야 할 것이다. 여가생활 영역은 체육과에서 삭제된다 해도 창의적 체험활동이나 재량활동 등 기타 시간에 충분히 다루어줄 수 있는 부분이기도 하다. 경쟁활동의 경우, 타인과의 경쟁보다는 자신과의 경쟁에 비중을 두어야 한다. 거리도전보다는 표적도전, 투기도전의 선정이 좋은 방향인데, 이것 역시 자신을 기준으로 스스로를 다스리는 태도나 다른 사람과 함께했을 때의 자세나 마음가짐을 바르게 인도하는 것을 강조할 수 있기 때문이다.

다문화 학생의 경우 자아존중감이나 자기인식에 대해 조심스러운 부분이 있어서 고려해야 할 부분이 많다. 물론 이런 측면은 다른 교과와 다른 영역에도 포함되는 내용이겠지만 체육과에서도 특별히 다문화가정 학생들의 긍정적 자아 인식에 도움이 될 수 있도록 교수 내용이나 전략이 철저하게 계획되고 실행되어야 할 것이다.

아울러 세계의 다양한 문화와 관련하여 민속표현을 배우는 것 또한 고려되어야 한다. 다문화학교에서 그 특성상 문화적 다양성을 직접 체험하고 그런 활동들을 통해 서로에 대한 상호 이해와 존중하는 심성을 기를 수 있기 때문이다.

마지막으로 체육과의 교육과정 운영에 있어 지나친 경쟁보다는 서로 협동하고 이해할 수 있는 협동 게임 같은 내용들로 계획한다면 다문화학교가 필요로 하는 상호 이해와 존중하는 심성을 기를 수 있을 것이다.

나. 중학교 1~3학년군

가) 국어

초등 국어 교과서와 다르게 중학교 국어 교과서는 출판사에 따라 수록 내용과 구성이 다양하다. 그러므로 단원에 따른 교육과정 감축안은 현실적이라 할 수 없을 것이다. 따라서 중학교 국어과 교육과정에 대해서는 영역과 내용ㆍ성취기준에 의한 구분이 보다 중요하다.

1) 영역별 성취기준 이수 우선순위 설문 결과

(1) 듣기-말하기 영역

이수 우선순위	단원명
1	1. 듣기와 말하기의 소통과정을 이해하고 효율적인 듣기와 말하기 계획을 세운다.
2	7. 대화의 상황과 맥락을 이해하고 상대의 이야기에 공감하며 듣고 말한다.

이수 우선순위	단원명
3	8. 목적과 상대에 따라 말하기 방식의 차이를 고려하며 대화를 나눈다.
4	5. 주변에서 일어나는 문제에 대해 의견을 조정하며 토의한다.
5	2. 공식적인 상황에서 상대의 말을 정리하며 듣고, 자신의 의견을 조리 있게 말한다.
6	4. 담화에 나타난 설득의 전략을 파악하고 평가한다.
7	10. 화법의 다양성을 이해하고 서로 다른 집단 간의 소통의 중요성을 안다.
7	11. 협상의 중요성을 이해하고, 의견과 주장이 다른 상대와 협상을 통해 문제를 해결한다.
9	3. 인물이나 관심사를 다양한 방법으로 소개하거나 설명한다.
9	12. 전통적으로 듣기 · 말하기 문화를 이해하고, 오늘날의 듣기 · 말하기 문화를 성찰한다.
11	6. 다양한 논제에 대해 토론하고 토론의 과정과 결과를 평가한다.
12	9. 사회적으로 의미 있는 내용을 매체 자료로 구성하여 발표한다.

(2) 읽기 영역

이수 우선순위	단원명
1	11. 읽기의 가치와 중요성을 깨닫고, 읽기를 생활화하려는 태도를 지닌다.
2	9. 자신의 삶과 관련지으며 글의 의미를 해석하고 독자의 정체성을 형성한다.
3	3. 읽기 목적에 따라 적절한 방법으로 글의 내용을 요약한다.
4	6. 글의 내용을 토대로 질문을 생성하며 능동적으로 글을 읽는다.
5	1. 지식과 경험, 글의 정보, 읽기 맥락을 토대로 내용을 예측하며 글을 읽는다.
6	4. 설명 방식을 파악하며 설명하는 글을 읽는다.
6	8. 글의 표현 방식을 파악하고 표현의 효과를 평가한다.
8	5. 논증 방식을 파악하며 주장하는 글을 읽는다.
9	2. 글이나 매체에 제시된 다양한 자료의 효과와 적절성을 평가하며 읽는다.
9	7. 동일한 대상을 다룬 서로 다른 글을 읽고 관점과 내용의 차이를 비교한다.
11	10. 읽기의 과정과 원리를 이해하고 자신의 읽기 과정을 점검하며 조절한다.

(3) 쓰기 영역

이수 우선순위	단원명
1	7. 자신의 삶을 성찰하고 계획하는 글을 쓴다.
2	1. 주제, 목적, 독자를 고려하여 쓰기 과정을 계획하고, 점검하고 조정한다.

이수 우선순위	단원명
3	2. 설명하고자 하는 대상이나 개념에 맞게 적절한 설명 방법을 사용하여 독자가 이해하기 쉽게 글을 쓴다.
4	4. 의견의 차이가 드러나는 문제에 대해 타당한 근거를 들어 주장하는 글을 쓴다.
5	5. 학교나 지역사회에서 일어난 일에 대해 문제해결 방안이나 요구 사항을 담은 글을 쓴다.
5	10. 쓰기 윤리의 중요성을 인식하고 책임감 있는 태도로 글을 쓴다.
7	6. 자신의 삶과 경험을 바탕으로 독자에게 감동이나 즐거움을 주는 글을 쓴다.
8	3. 관찰, 조사, 실험한 내용을 절차와 결과가 드러나게 보고하는 글을 쓴다.
9	8. 영상 언어의 특성을 살려 영상으로 이야기를 구성한다.
10	9. 매체의 특성이 쓰기의 내용과 형식에 미치는 영향을 고려하여 글을 효과적으로 쓴다.

(4) 문법 영역

이수 우선순위	단원명
1	10. 담화의 개념과 특성을 이해하고 담화 상황에 적합한 국어 생활을 한다.
2	1. 언어의 본질과 기능을 이해한다.
3	2. 음운 체계를 탐구하고 그 특징을 이해한다.
3	11. 한글의 창제 원리와 가치를 이해한다.
5	3. 어문 규범의 기본 원리와 내용을 이해한다.
6	4. 음운 변동의 규칙성을 탐구하고 자연스러운 발음의 원리를 이해한다.
7	5. 단어의 짜임을 분석하고 새말이 만들어지는 원리를 이해한다.
8	6. 품사의 개념과 특성을 이해하고 단어를 적절하게 사용한다.
9	7. 문장의 구조를 탐구하고 자신의 생각을 다양한 구조의 문장으로 표현할 수 있다.
10	8. 어휘의 유형과 의미 관계를 이해하고 활용한다.
11	9. 문법적 기능을 담당하는 요소들의 특징을 이해하고 담화 상황에 맞게 사용할 수 있다.

(5) 문학 영역

이수 우선순위	단원명
1	1. 비유, 운율, 상징 등의 표현 방식을 바탕으로 작품을 이해하고 표현한다.
2	9. 자신의 일상에서 의미 있는 경험을 찾아 다양한 작품으로 표현한다.
3	5. 작품의 세계가 누구의 눈을 통해 전달되는지 파악하며 작품을 수용한다.

이수 우선순위	단원명
4	2. 갈등의 진행과 해결 과정을 파악하며 작품을 이해한다.
5	4. 표현에 드러나는 작가의 태도에 주목하며 작품을 이해하고 표현한다.
5	6. 사회 · 문화 · 역사적 상황을 바탕으로 작품의 의미를 파악한다.
7	3. 다양한 관점과 방법으로 작품을 해석한다.
8	7. 작품의 창작 의도와 소통 맥락을 고려하며 작품을 수용한다.
9	8. 자신의 주체적인 관점에서 작품을 평가한다.
10	10. 문학이 인간의 삶에 어떤 가치를 지니는지 이해한다.

2) 교육과정 감축 방안

(1) 축소 · 삭제

① 영역 및 단원

전문가의 영역별 이수 순위는 설문으로 제시한 서술형 답변에서도 나타나듯이 말하기 · 듣기 · 읽기 · 쓰기 순으로 나타났다. 또한 언어의 기본기능이 '의사소통'임을 고려하여 의사소통과 관련도가 낮은 영역을 축소 · 삭제하는 방안이 있을 것이다. 문법 영역과 문학 영역에 대해서는 축소 또는 삭제 가능한 영역으로 나타났다. 그러나 문법이나 소설을 중심으로 한 문학은 다른 영역의 도구적 기능을 할 수 있다. 예를 들어, 중학교 2학년 교과서에 수록되어 있는 권정생의 『강아지똥』, 이현주의 『알게 뭐야』 등은 학습자 자신의 삶과 관련지으며 글을 읽도록 하는 것이 좋을 것이다. 그 문학작품을 통해 자신을 반추하게 하여 학습자의 삶에 어떤 가치로 자리매김하는지 느끼게 될 것이기 때문이다. 문학 자체가 현실에서 있을 법한 이야기를 꾸며놓은 것이기 때문에 접촉 가능한 상황에서 다양한 어법과 표현이 제시되어 있다는 점에서 무조건 삭제보다는 적절한 재구성이 요구된다.

② 내용 및 성취기준

앞에서 살펴본 국어과 영역별 성취기준 우선순위 표에 제시된 바와 같이 내용·성취기준별 중요도를 고려하여 우선순위를 정해 하위 50%에 대해 축소·삭제를 한다. 현장 전문가들의 의견을 반영한 것이기에 충분히 타당성을 확보할 수 있다는 장점과 동시에 지금의 전문가 범위로는 일반화를 도출하기 어려우므로 추가 설문이 필요하다는 단점이 있다.

(2) 통합

국어과에서의 통합은 접촉 가능성, 작품의 난이도, 작품에 들어 있는 문화 특성의 문제일 것이다. 현재 중학교 2학년 국어 교과서 15종에 수록된 소설 수는 약 106편에 이른다. 한 종의 교과서에 평균 7편의 소설이 실린 셈이다. 박경리의 『토지』, 박지원의 『양반전』 등과 같은 작품은 접촉 가능성 부분에 있어 현재 사용 빈도가 낮은 어휘가 보이고, 상황 및 어체 역시 흔히 경험하거나 사용하는 것이 아니므로 배제하는 것이 바람직할 것이다. 이는 서술형 설문 항목에서 축소·삭제 가능한 것으로 고전과 관련된 답변이 많음을 생각할 때 현장 전문가 역시 같은 의견을 갖고 있는 것을 알 수 있다.

3) 시사점

중학교 국어 교육과정의 감축 방안에 대한 전문가 의견은 다음과 같다.

첫째, 단원의 축소나 삭제는 현재의 교과서 검·인정방식에서는 의미가 없다.

둘째, 어느 영역의 삭제를 통한 감축은 학제 간 동의를 구하기 어렵다. 또한 초등 국어의 감축과 연계해보았을 때, 삭제된 영역에 대해 학습자가 교육받을 기회를 갖지 못하게 될 수 있다.

셋째, 영역 간 통합을 통한 방식은 보다 현실성이 있다.

넷째, 영역의 통합은 실생활과 관련한 높은 문학작품을 통해 구현 가능하다.

다섯째, 문학작품의 선정은 기존의 교과서들에 수록된 것 중에서 접촉 가능성, 난이도, 문화의 특성을 고려하여 선정한다.

나) 수학

수학과의 경우 단원 내 성취기준이 2~3개인 관계로 성취기준에 대한 이수 우선순위보다는 영역과 단원에 대한 이수 우선순위를 설문했다.

1) 이수 우선순위 설문 결과

(1) 영역 이수 우선순위

이수 우선순위	영역명
1	수와 연산
2	문자와 식
3	함수
4	기하
5	확률과 통계

(2) 각 영역 내 단원 이수 우선순위

① 문자와 식 영역

이수 우선순위	단원명
1	문자의 사용과 식의 계산
2	일차방정식
3	식의 계산
4	미지수가 2개인 연립일차방정식
5	다항식의 인수분해
6	이차방정식
7	일차부등식과 연립이차부등식

② 기하 영역

이수 우선순위	단원명
1	기본 도형
2	평면도형의 성질
3	작도와 협동
4	삼각형과 사각형의 성질
5	입체도형의 성질
6	도형의 닮음
7	피타고라스의 성질
8	닮음의 활용
8	삼각비
9	원의 성질

③ 함수 영역

이수 우선순위	영역명
1	함수와 그래프
2	일차함수와 그래프
3	이차함수와 그래프

④ 확률과 통계 영역

이수 우선순위	영역명
1	도수분포와 그래프
2	확률과 그 기본성질
3	대푯값과 산포도

⑤ 수와 연산 영역

이수 우선순위	단원명
1	정수와 유리수
2	소인수분해
3	유리수와 순환소수
4	제곱근과 실수
5	근호를 포함한 식의 계산

2) 교육과정 감축 방안

(1) 축소 · 삭제

중학교 수학과의 경우 5개 영역이 수학의 영역별 특징을 지니고 있어서 특정 영역을 삭제하는 것보다는 각 영역별로 내용을 축소하는 식의 교육과정 재구성이 학생들의 수학적 개념 형성에 바람직해 보인다. 기본적으로 중학교 1학년은 기본 과정을 중심으로 하되 2~3학년에서 심화되는 내용들을 축소할 수 있을 것이다.

구체적으로 교사들의 의견은 수와 연산, 문자와 식, 함수 영역은 중요한 반면 확률과 통계, 기하 영역은 덜 중요하다고 주장했다. 기하 영역의 경우 대폭 수정, 축소를 제안하기도 했다.

세부 단원으로 살펴보자면, 수와 연산 영역에서는 소인수분해, 정수와 유리

수는 중요하나 순환소수는 축소 운영하고 제곱근과 근호를 포함한 식의 계산은 난이도가 어려워 중요도를 낮게 설정했다. 난이도를 고려할 때, 중학교에서는 제곱근과 근호는 개념 제시 정도만 하고 제곱근과 근호를 포함한 식의 계산은 고등학교에서 다루는 방안이 있다.

문자와 식 영역도 중요하기는 하나 축소 운영을 제안했는데, 이차방정식과 일차부등식 및 연립일차부등식, 다항식의 인수분해의 경우 중학교에서는 대폭 축소하고 이 단원들은 고등학교 수학과 교육과정에서도 반복 제시되므로 고등학교에서 심화 학습할 수 있다. 함수 영역은 기본적으로 학생들이 가장 어려워하는 영역으로 문자와 식 영역과 연계되어 학습해야 한다. 함수 영역 또한 이차함수와 그래프의 단원은 축소 운영하는 것이 바람직하겠다.

확률과 통계 영역은 기본 개념을 제외하고는 대폭 삭제하자는 의견이 대부분으로 확률과 그 기본성질은 고등학교의 학습내용과 겹치므로 삭제 가능하고, 대푯값과 산포도의 경우도 축소할 수 있다. 그리고 도수분포와 그래프 정도를 다루고 대푯값에 해당하는 개념들만 간단히 학습할 수 있다.

기하 영역은 내용이 너무 많고 심화내용도 많아 대폭 축소를 제안하는데, 원의 성질이나 닮음의 활용 등은 삭제하고, 삼각비도 고등학교에서 학습내용으로 대체할 수 있으므로 삭제 가능하다. 기본도형, 평면도형, 입체도형의 성질은 기본과정으로 이수해야 하지만, 증명이 많은 피타고라스 정리나 삼각형과 사각형의 성질 단원은 증명을 삭제하여 대폭 축소할 수 있다. 작도와 합동의 경우는 체험활동을 중심으로 편성하고 응용문제나 심화문제는 삭제할 수 있다. 기하 영역의 경우 일반 중학교의 경우도 수학적인 증명에 어려움을 겪어 축소하고 있는 현실을 반영할 때, 증명은 최대한 삭제하고 고등학교에서 접하도록 한다.

3) 시사점

수학과 교육과정은 한 학년에서 모든 개념을 배우고 학습을 마무리할 수 없기 때문에 학년별로 개념을 분리하여 학습하기는 힘들다. 그러므로 한두 영역을 삭제하는 것은 이후 학습에 영향을 미치므로 모든 영역을 제시하되 소단원들을 축소하여 최소한의 개념들은 경험하게 하는 것이 중요하다. 하지만 확률과 통계처럼 고등학교에서 제시되는 내용들은 대폭 삭제하여 이후에 학습하는 것도 가능하고, 기하 영역처럼 일상생활과 거리가 먼 수학적인 증명 부분은 대폭 감소해도 이후 학습에 큰 무리는 없을 것이다. 공립형 다문화 대안학교 교육과정에서는 단원을 줄이고 각 단원의 성취기준을 축소하는 방향으로 내용을 재구성하는 것이 바람직할 것으로 보인다.

다) 사회

1) 이수 우선순위 설문 결과

(1) 영역 이수 우선순위

① 지리 영역

이수 우선순위	단원명
1	1. 내가 사는 세계
2	2. 인간 거주에 유리한 지역
3	4. 자연으로 떠나는 여행

이수 우선순위	단원명
4	5. 자연재해와 인간 생활
5	8. 문화의 다양성과 세계화
6	3. 극한 지역에서의 생활
7	11. 자원의 개발과 이용
8	12. 환경 문제와 지속 가능한 환경
9	6. 인구 변화와 인구 문제
10	13. 우리나라의 영토
11	7. 도시 발달과 도시 문제
12	9. 글로벌 경제와 지역 변화
13	14. 통일 한국과 세계시민의 역할
14	10. 세계화 시대의 지역화 전략

② 일반사회 영역

이수 우선순위	단원명
1	4. 정치생활과 민주주의
2	1. 개인과 사회생활
3	6. 경제생활의 이해
3	9. 인권 보장과 법
4	2. 문화의 이해와 창조
4	10. 헌법과 국가 기관
5	5. 정치 과정과 시민 참여
5	7. 시장경제의 이해
5	8. 일상생활과 법
6	13. 국제사회와 국제 정치
7	11. 국민 경제와 경제 성장
8	3. 사회의 변동과 발전
9	12. 국제 경제와 세계화
10	14. 현대사회와 사회 문제

2) 교육과정 감축 방안

기본적으로 일반사회와 지리 영역이 같이 들어 있는 사회과의 경우 교사들의 전공에 따라 제시하는 내용에서 많은 차이를 보였다. 한국사회의 현재적 삶과 국제사회와 관련된 성취기준을 요구하는 쪽과 한국사회에 대한 더 깊이 있는 이해를 원하는 방식으로 성취기준을 압축하는 것에 대한 의견이 반반으로 나뉘는 것을 알 수 있었다.

지리 영역과 관련하여 지리 전공 교사는 주로 대단원 중에서 앞부분에 제시되는 내용을 중요하다고 판단하는 반면, 일반사회 전공 교사는 한국의 지리와 관련된 내용을 중요하다고 판단하고 있었다. 또한 일반사회 영역과 관련하여 지리 전공 교사는 주로 대단원 중에서 앞 단원에 개설된 내용을 중요하다고 판단하는 반면, 일반사회 전공 교사는 한국의 정치경제 등 현재 상황에 대한 내용을 중시하는 경향을 보였다.

3) 시사점

설문 결과 일반적으로 앞부분에 있는 성취기준을 우선적으로 가르쳐야 한다고 생각되며, 지리나 일반사회 영역 모두 우리나라의 현상 자체에 초점을 두고 단원 조정을 하는 것이 좋을 것으로 보인다.

라) 과학

1) 이수 우선순위 설문 결과

① 물질과 에너지 영역

이수 우선순위	단원명
1	1. 힘과 운동
2	3. 분자 운동과 상태 변화
3	7. 일과 에너지 전환
4	4. 물질의 구성
5	6. 물질의 특성
6	8. 전기와 자기
7	5. 빛과 파동
8	2. 열과 우리 생활
9	9. 화학 반응에서의 규칙성
10	10. 여러 가지 화학 반응

② 생명과 지구 영역

이수 우선순위	단원명
1	5. 소화 · 순환 · 호흡 · 배설
2	6. 자극과 반응
3	1. 지구계와 지권의 변화
4	8. 생식과 발생
5	9. 유전과 진화
6	2. 광합성
7	4. 기권과 우리 생활
8	3. 수권의 구성과 순환
9	7. 태양계
10	10. 외권과 우주개발

2) 교육과정 감축 방안

(1) 축소·삭제

① 영역 및 단원

물질과 에너지 영역에서는 '2단원. 열과 우리 생활', '9단원. 화학 반응에서의 규칙성', '10단원. 여러 가지 화학 반응'이 축소 또는 삭제가 가능할 것이라는 의견이 많았다. 반면, 꼭 이수해야 할 단원으로는 '1단원. 힘과 운동', '3단원. 분자 운동과 상태 변화', '7단원. 일과 에너지 전환'이 선정되었다.

생명과 지구 영역에서는 '10단원. 외권과 우주 개발'이 축소 또는 삭제가 가능하다는 의견이 많았다. 반면, 필수적으로 이수해야 할 단원으로는 '1단원. 지구계와 지권의 변화', '2단원. 광합성', '5단원. 소화·순환·호흡·배설', '6단원. 자극과 반응', '8단원. 생식과 발생'이다.

② 내용 및 성취기준

물질과 에너지 영역에서는 '빛과 파동', '화학반응', '수권-외권'에 관한 내용은 대폭 축소하거나 삭제가 가능할 것이라는 의견이 많았다.

(2) 교과 내 통합(단원의 통합)

물질과 에너지 영역에서는 '2단원. 열과 우리 생활'과 '3단원. 분자 운동과 상태 변화'를 한 단원으로, '4단원. 물질의 구성', '6단원. 물질의 특성', '9단원. 화학 반응에서의 규칙성'을 한 단원으로 통합할 수 있을 것이다.

생명과 지구 영역에서는 '1단원. 지구계와 지권의 변화', '3단원. 수권의 구성과 순환', '4단원. 기권과 우리 생활', '10단원. 외권과 우주 개발'이 한 단원으로 통합 가능할 것이라는 의견이 있었다.

3) 시사점

전반적으로 볼 때 현장 교사나 전문가는 삭제보다는 축소하여 통합하는 것이 좋다는 의견을 냈다. 즉 기본 주요 개념은 포함되지만, 복잡한 계산이나 수식을 축소하여 과학이 우리 생활에 필수적이고도 재미있는 일상의 문제임을 깨닫게 하는 데 목표를 두어야 한다. 이는 과학적 지식만큼 과학적 소양에도 비중을 두어 다루는 것을 의미한다. 또한 저학년 때 우리 몸이나 생물, 지구과학 현상에 비중을 두어 배우고, 고학년 때 물리ㆍ화학의 비중을 늘려 배우는 것도 좋은 방법이라는 의견이 있었다. 반드시 4등분하여 매 학년 동일하게 배우는 현 상황이 정답은 아니라는 지적이 있었다.

마) 영어

1) 이수 우선순위 설문 결과

(1) 영역 이수 우선순위

① 듣기 영역

이수 우선순위	단원명
1	1. 일상생활이나 친숙한 일반적 주제에 관한 말이나 대화를 듣고 줄거리를 파악한다.

이수 우선순위	단원명
2	3. 일상생활이나 친숙한 일반적 주제에 관한 말이나 대화를 듣고 의도나 목적을 파악한다.
3	9. 일상생활이나 친숙한 일반적 주제에 관한 말이나 대화를 듣고 과업을 수행한다.
4	2. 일상생활이나 친숙한 일반적 주제에 관한 말이나 대화를 듣고 주제 및 요지를 파악한다.
5	8. 일상생활이나 친숙한 일반적 주제에 관한 말이나 대화를 듣고 일이나 사건의 원인과 결과를 파악한다.
6	5. 일상생활이나 친숙한 일반적 주제에 관한 말이나 대화를 듣고 세부 내용을 파악한다.
6	6. 일상생활이나 친숙한 일반적 주제에 관한 말이나 대화를 듣고 화자의 심정이나 태도를 파악한다.
7	4. 그림이나 도표에 관한 짧은 말이나 대화를 듣고 세부 내용을 파악한다.
8	7. 일상생활이나 친숙한 일반적 주제에 관한 말이나 대화를 듣고 일이나 사건의 전후 관계를 파악한다.

② 말하기 영역

이수 우선순위	단원명
1	1. 일상생활이나 친숙한 일반적 주제에 관해 주요 내용을 묻고 답한다.
2	2. 일상생활이나 친숙한 일반적 주제에 관한 말이나 글의 주제 및 요지를 말한다.
3	9. 일상생활과 관련된 간단한 문제를 해결하기 위해 절차나 방법을 묻고 답한다.
4	4. 일상생활이나 친숙한 일반적 주제에 관한 서로 다른 입장을 나타내는 짧은 글을 읽고 차이점을 말한다.
5	3. 일상생활이나 친숙한 일반적 주제에 관한 말이나 글의 세부 내용을 묻고 답한다.
6	5. 주변의 친숙한 대상을 간단히 묘사한다.
7	7. 간단한 일상 용품의 사용법 등을 순서에 맞게 설명한다.
8	6. 주변의 친숙한 대상에 대해 좋아하거나 싫어하는 이유를 묻고 답한다.
8	10. 일상생활에 관한 짧은 글을 읽고 이어질 내용을 추측하여 말한다.
9	8. 일상생활이나 친숙한 일반적 주제에 관한 실물, 그림, 도표 등의 자료를 간단히 설명한다.
9	12. 일상생활에 관한 경험이나 계획에 대해 간단히 말한다.
10	13. 일상생활에 관한 느낌이나 의견을 묻고 답한다.
11	11. 일상생활이나 친숙한 일반적 주제에 관한 일이나 사건의 원인과 결과를 묻고 답한다.
12	14. 일상생활이나 친숙한 일반적 주제에 관한 글이나 대화문을 활용하여 간단한 역할극을 수행한다.

③ 읽기 영역

이수 우선순위	단원명
1	3. 일상생활이나 친숙한 일반적 주제에 관한 글을 읽고 줄거리를 파악한다.
2	5. 일상생활이나 친숙한 일반적 주제에 관한 글을 읽고 글쓴이의 의도나 목적을 파악한다.
3	4. 일상생활이나 친숙한 일반적 주제에 관한 글을 읽고 주제 및 요지를 파악한다.
4	1. 일상생활이나 친숙한 일반적 주제에 관한 짧은 글을 소리 내어 읽고 의미를 파악한다.
5	2. 일상생활이나 친숙한 일반적 주제에 관한 짧은 글을 듣고 따라 읽으면서 의미를 파악한다.
6	8. 일상생활이나 친숙한 일반적 주제에 관한 글을 읽고 낱말이나 어구의 의미를 문맥으로 추측한다.
7	6. 그림이나 도표가 포함된 짧은 글을 읽고 세부 내용을 파악한다.
8	7. 일상생활이나 친숙한 일반적 주제에 관한 글을 읽고 세부 내용을 파악한다.
9	9. 일상생활이나 친숙한 일반적 주제에 관한 글을 읽고 일이나 사건의 전후 관계를 파악한다.
9	10. 일상생활이나 친숙한 일반적 주제에 관한 글을 읽고 글의 연결 관계를 파악한다.
10	12. 일상생활이나 친숙한 일반적 주제에 관한 글을 읽고 이어질 내용을 추측한다.
11	11. 일상생활이나 친숙한 일반적 주제에 관한 글을 읽고 일이나 사건의 원인과 결과를 파악한다.

④ 쓰기 영역

이수 우선순위	단원명
1	4. 일상생활이나 친숙한 일반적 주제에 관한 말이나 글의 주요 내용을 쓴다.
2	5. 일상생활이나 친숙한 일반적 주제에 관한 글을 읽고 요지를 쓴다.
3	10. 일상생활이나 친숙한 일반적 주제에 관한 글을 읽고 느낌이나 의견을 간단히 쓴다.
4	1. 주어진 낱말이나 어구를 활용하여 문장을 완성한다.
5	7. 주변의 사람, 대상 등을 묘사하는 간단한 문장이나 글을 쓴다.
6	11. 초대, 감사, 축하, 위로 등의 짧은 글을 쓴다.
7	6. 일상생활이나 친숙한 일반적 주제에 관한 말이나 글의 세부 내용을 쓴다.
8	12. 간단히 일기, 편지, 광고문, 안내문을 쓴다.
9	2. 주변의 실물, 그림, 사진, 도표 등을 보고 문장을 완성한다.
10	8. 일상생활이나 친숙한 일반적 주제에 관한 그림, 사진, 도표 등을 설명하는 간단한 문장이나 글을 쓴다.
10	9. 일상생활에 관한 경험이나 계획에 대해 간단히 쓴다.
11	3. 일상생활이나 친숙한 일반적 주제에 관한 글을 읽고 결말을 완성한다.

2) 교육과정 감축 방안

영어과의 경우에는 성취기준이 듣기, 말하기, 읽기, 쓰기라는 언어의 네 가지 기능별로 제시되어 있고, 영어교과서가 인정도서 체제로 다양하게 사용되고 있기 때문에 한 교과서를 선정하여 설문을 하기가 어려운 상황이다. 따라서 본 연구에서는 2009 개정 교육과정에 따른 영어과 교육과정 상의 성취기준을 기준으로 이수우선 성취기준에 대해 설문했다.

각 영역별 이수우선 성취기준에 대한 결과는 다음과 같다.

듣기 영역에서는 성취기준 '9. 일상생활이나 친숙한 일반적 주제에 관한 말이나 대화를 듣고 과업을 수행한다', '3. 일상생활이나 친숙한 일반적 주제에 관한 말이나 대화를 듣고 의도나 목적을 파악한다' 항목이 순서대로 우선순위를 차지했고, 4, 5단원의 듣고 세부 내용을 파악하기 항목은 최하위를 보였다.

말하기 영역에서는 '1. 일상생활이나 친숙한 일반적 주제에 관해 주요 내용을 묻고 답한다', '2. 일상생활이나 친숙한 일반적 주제에 관한 말이나 글의 주제 및 요지를 말한다', '9. 일상생활과 관련된 간단한 문제를 해결하기 위해 절차나 방법을 묻고 답한다' 항목이 상위를 차지했으며, '8. 일상생활이나 친숙한 일반적 주제에 관한 실물, 그림, 도표 등의 자료를 간단히 설명한다', '11. 일상생활이나 친숙한 일반적 주제에 관한 일이나 사건의 원인과 결과를 묻고 답한다'는 최하위를 차지했다.

읽기 영역에서는 '3. 일상생활이나 친숙한 일반적 주제에 관한 글을 읽고 줄거리를 파악한다', '5. 일상생활이나 친숙한 일반적 주제에 관한 글을 읽고 글쓴이의 의도나 목적을 파악한다'가 상위권을 차지했고, 세부내용을 묻는 '6. 그림이나 도표가 포함된 짧은 글을 읽고 세부 내용을 파악한다', '7. 일상생활이나 친숙한 일반적 주제에 관한 글을 읽고 세부 내용을 파악한다'는 하위를 차지했다.

쓰기 영역에서는 '1. 주어진 낱말이나 어구를 활용하여 문장을 완성한다',

'11. 초대, 감사, 축하, 위로 등의 짧은 글을 쓴다' 항목은 상위권 우선순위에 해당했으며, '3. 일상생활이나 친숙한 일반적 주제에 관한 글을 읽고 결말을 완성한다', '6. 일상생활이나 친숙한 일반적 주제에 관한 말이나 글의 세부 내용을 쓴다'는 하위 우선순위를 차지했다.

각 영역에서 가장 기본적인 사항들을 우선순위로 꼽았으며, 세부사항 등 상세정보를 묻는 성취기준은 우선순위에서 배제된 경향을 보였다. 특히 네 영역 중 쓰기 영역에서 내용 축소나 삭제가 가능하다는 공통적인 의견을 보였다.

3) 시사점

다문화 학생들을 위한 교육과정 감축 시 영어교과에서는 모든 성취기준이 독립된 것이 아니라 상호 관련이 있으므로 우선순위를 정하는 데 어려움이 있다. 예를 들어, 말하기 영역에서 말이나 글의 주제나 요지를 묻고 답하기 항목은 최우선순위로 정해졌으나, 사건의 원인과 결과를 묻고 말하기는 최하위에 있다. 이 두 항목은 글의 전반적인 내용을 이해하고 있어야 주제나 원인과 결과도 알 수 있으므로 순위는 큰 차이가 없다. 다만 글의 세부적인 내용을 묻고 답하기보다는 포괄적인 관점에서 묻고 답하는 문제를 우선으로 꼽았다는 공통점이 있다.

현행 중학교 교과서들은 다양한 문화적 · 지역적 주제를 다루고 있어 매우 흥미롭게 제작되었으며, 4개 영역을 동시에 학습할 수 있도록 구성되어 있다. 특히 실제 수업 시에는 다른 영역보다는 읽기 영역에 많은 학습시간이 배정되어 학습을 하게 되는데, 어느 영역을 삭제하기보다는 4개 영역을 다루면서 듣기와 말하기에 좀 더 비중을 두고 읽기와 쓰기 영역을 다소 축소하여 운영하는 것이 좋을 것이다. 기본적인 회화가 될 수 있도록 의사소통에 초점을 맞춰 교과를 운영하는 것이 학생들에게 좀 더 활동적이고 즐거운 영어 수업이 될 것으로 사료된다.

중학교 영어교과서에서 다양한 주제를 다루고 있지만, 영어교과서에서는 아직 다문화적 요소를 찾아보기 힘들다. 만약 새롭게 교과서를 만들 경우, 교과서 사진 속 모델들이 다양한 피부색을 가진 다양한 지역 출신의 사람들로 표현되면 더 좋을 것으로 판단된다.

바) 음악

1) 이수 우선순위 설문 결과

(1) 영역 이수 우선순위

이수 우선순위	영역
1	1. 표현
2	3. 생활화
3	2. 감상

(2) 영역 별 내용체계 이수 우선순위

이수 우선순위	내용체계
1	6. 음악을 즐기는 태도 갖기
2	2. 악곡의 특징을 살려 표현하기
2	5. 악곡의 특징을 이해하며 감상하기
3	1. 바른 자세로 표현하기
3	7. 우리 음악의 가치 인식하기
4	3. 창의적으로 음악 만들어 표현하기
5	4. 음악의 요소 및 개념 이해하기

(3) 각 영역별 성취기준 이수 우선순위

① 표현 영역

이수 우선순위	내용체계
1	5. 악곡의 특징을 살려 개성 있게 노래 부르거나 악기로 연주할 수 있다.
2	1. 바른 자세와 호흡 및 정확한 발음으로 노래를 부를 수 있다.
2	2. 바른 자세와 정확한 주법으로 악기를 연주할 수 있다.
3	3. 7~9학년 수준의 음악 요소 및 개념을 이해하며 노래 부르거나 악기로 연주할 수 있다.
4	6. 예술가곡, 민요, 판소리 한 대목, 가곡의 초장을 듣고 부르거나 보고 부를 수 있다.
5	7. 다양한 예술에 어울리는 배경음악을 만들 수 있다.
5	8. 주제에 맞는 노랫말과 극본을 만들어 음악극으로 표현할 수 있다.
5	9. 주어진 조건에 따라 간단한 가락을 만들 수 있다.
6	4. 악곡의 종류에 어울리는 신체 표현을 할 수 있다.

② 감상 영역

이수 우선순위	내용체계
1	2. 다양한 시대의 음악을 듣고 음악의 특징에 대해 이야기할 수 있다.
2	3. 음악을 듣고 현대사회에서 음악의 다양한 쓰임에 대해 이야기할 수 있다.
3	1. 다양한 예술에 어울리는 배경음악을 만들 수 있다.

③ 생활화 영역

이수 우선순위	내용체계
1	1. 생활 속에서 음악을 활용하며 문화행사에 참여할 수 있다.
2	2. 세계 속에서 우리 음악의 위상에 대해 이야기할 수 있다.

2) 교육과정 감축 방안

음악과의 이수 우선순위에 대한 설문 결과는 다음과 같다.

먼저, 영역별 이수 우선순위는 표현, 생활화, 감상 순으로 나타났다. 또한 내용체계에서는 '음악을 즐기는 태도 갖기, 악곡의 특징을 살펴 표현하기, 악곡의 특징을 이해하며 감상하기'가 높은 순위를 차지했다.

각 영역별 성취기준에 대한 이수 우선순위를 보면, 표현 영역에서는 '악곡의 특징을 살려 개성 있게 노래를 부르거나 악기로 연주할 수 있다, 바른 자세와 호흡 및 정확한 발음으로 노래를 부를 수 있다, 바른 자세와 정확한 주법으로 악기를 연주할 수 있다'가 비교적 높은 이수 우선순위로 평가되었다. 감상 영역에서는 '다양한 시대의 음악을 듣고 음악의 특징에 대해 이야기할 수 있다'가, 생활화 영역에서는 '생활 속에서 음악을 활용하며 문화 행사에 참여할 수 있다'가 성취기준이 높은 이수 우선순위로 나타났다.

이러한 결과에 대한 전문가의 의견은 다음과 같다.

첫째, 음악과 교육과정을 50% 감축한다고 내용체계를 재구성하는 것은 바람직하지 않다. 현 음악과 교육과정 '내용'은 활동, 이해, 생활화 영역으로 구분되어 있으며, 활동 영역은 다시 노래 부르기, 악기 연주하기, 음악 만들기 영역으로 구분되어 있다. 이러한 체계는 그대로 수용되는 편이 좋다.

둘째, 학년별로 제시된 내용체계의 경우 난이도가 높은 내용을 수정·축소·삭제하는 것이 좋다. 현재 학생들이 어려워하는 영역으로는 '보고 부르기', '가락 창작하기', '장단 창작하기', '2부 합창하기' 등이다. 보고 부르기를 과감하게 축소할 필요가 있다. 중학교도 대부분의 학생들이 보고 부르기가 되지 않는 것이 음악교육의 현실이다. 이 부분에서 과감한 생략이 필요하다. 그리고 음악교육에서 학생들이 가장 어려워하며 개인차가 큰 것이 창작 영역이다. 이 부분에서 과감한 생략 및 내용 제외가 이루어져야 할 것이다.

셋째, 교육과정 내용의 50% 감축을 위해서는 목표, 내용, 학습 방법으로 전개되는 현 교육과정의 구성을 감축하기보다는 학습량과 관련이 있는 수록곡 수를 줄이는 것을 권장한다. 한 수록곡 안에도 다양한 교육과정 내용을 담을 수 있기 때문에 수록곡 수를 줄여도 교육과정의 내용을 모두 담을 수 있다. 그러므로 교육과정 50% 감축을 위해서는 수록곡 수를 줄이는 것이 가장 바람직하다고 본다.

3) 시사점

음악교육은 학생들이 음악을 좋아하고 즐길 수 있도록 초점을 맞추어야 한다. 학생들이 음악을 즐길 때 음악성이 길러지며 음악적 창의성은 물론 음악을 통해 아름다운 마음이 길러질 것이기 때문이다. 그러므로 음악 이해의 학습보다는 실제적인 활동이 활발히 일어날 수 있는 내용으로 구성되어야 할 것이다.

사) 미술

1) 교육과정 감축 방안

미술교과는 각 출판사마다 단원이나 내용이 조금씩 달라 교사의 재구성 능력이 특히 요구된다. 미술교과의 특성상 다양한 재료를 활용하여 신나고 재미있는 미술 수업을 통해 중학교 미술교육과정 상의 목표를 달성할 수 있어 어떤 분야를 감축하든지 그것은 큰 문제가 되지 않고 교사의 재량권에 달려 있다는 의견이 대체적으로 지배적이었다. 또한 감상 영역은 미술 수업 전반에 걸쳐 이루어지므로 따로 제시하지 않고 축소 또는 삭제 가능하다고 할 수 있다. 미술 비평과 지각 단원도 축소 또는 삭제 가능할 것이라는 의견이 있었다.

2) 시사점

전문가와 여러 교사의 의견을 종합한 결과, 미술교과는 어느 부분을 감축하여 수업해도 미술과 교육과정 상의 성취기준에 도달할 수 있다고 할 수 있다. 따라서 수업 주제와 소재를 학생들의 흥미와 발달단계에 맞게 선정하는 것이 필수적이라고 할 수 있다.

아) 체육

1) 이수 우선순위 설문 결과

(1) 영역 내 단원 이수 우선순위

① 건강활동 영역

이수 우선순위	내용체계
1	2. 건강과 체력
2	3. 건강과 안전
3	1. 건강과 환경

② 도전활동 영역

이수 우선순위	내용체계
1	5. 동작 도전
2	4. 기록 도전
3	6. 표적/투기 도전

③ 경쟁활동 영역

이수 우선순위	내용체계
1	8. 필드형 경쟁
2	7. 영역형 경쟁
3	9. 네트형 경쟁

④ 표현활동 영역

이수 우선순위	내용체계
1	11. 현대 표현
2	10. 심미 표현
2	12. 전통 표현

⑤ 여가활동 영역

이수 우선순위	내용체계
1	13. 사회와 여가
2	14. 자연과 여가
2	15. 지구촌 여가

(2) 영역 내 단원별 성취기준 이수 우선순위

① 건강활동 영역: 건강과 환경 단원

이수 우선순위	단원명
1	1. 건강의 개념과 청소년기 건강을 유지하고 증진하기 위한 방법을 이해한다.
2	2. 건강을 유지하고 증진하기 위한 바른 신체 자세, 규칙적인 운동, 올바른 식습관 등을 실천한다.
3	6. 일상생활에서 건강한 삶을 위해 올바른 생활습관을 유지하고, 바람직하지 않은 행동을 자제하는 자기 조절 태도를 기른다.
4	3. 환각제, 흡입제 등과 같이 건강에 유해한 약물과 담배, 술 등과 같은 기호품의 종류에 대해 이해한다.
5	4. 약물과 기호품의 남용으로 발생하는 문제의 심각성을 이해하고 올바른 사용 방법에 따라 적절하게 실천한다.
6	5. 환경오염이 개인과 지역사회의 건강에 미치는 영향을 이해하고, 일상생활에서 환경오염 예방을 위한 구체적인 활동을 실천한다.

② 건강활동 영역: 건강과 환경 단원

이수 우선순위	단원명
1	1. 건강 및 운동과 관련된 다양한 체력 요소의 증진을 위한 운동의 원리, 체력을 관리하는 방법 등을 이해한다.
2	2. 체력 증진의 원리와 관리 방법을 적용하여 체력 운동을 목적에 맞게 수행한다.
3	5. 안전사고 발생의 유형별 원인 및 예방법을 이해하고 안전사고 및 응급 상황 발생에 대처하는 행동의 우선순위를 판단하고 이를 수행한다.
4	3. 사춘기의 심리적 · 신체적 변화, 2차 성징 등 청소년기의 올바른 성 지식과 성 역할을 이해한다.
5	6. 자신에 대해 긍정적이고 가치 있게 여기는 자기 존중의 태도를 기른다.
6	4. 성희롱, 성추행, 성폭력 등의 예방 방법과 대처 행동을 이해하고 상황에 따라 적절하게 적용한다.

③ 건강활동 영역: 건강과 환경 단원

이수 우선순위	단원명
1	1. 다양한 체력 요소의 측정 방법과 절차를 이해하고 적절한 방법을 이용하여 종합적인 체력 수준을 평가한다.
2	2. 일반적인 운동 처방의 개념과 원리를 이해하고 운동 처방의 원리에 따라 자신에게 알맞은 체력 증진 프로그램을 계획한다.
3	3. 체력을 증진하기 위해 자신에게 알맞은 맞춤형 체력 증진 프로그램에 따라 운동을 지속적으로 실천한다.
4	4. 일상생활과 운동 중 일어날 수 있는 사고 및 상해의 종류와 원인, 상해 발생 시의 구급 처치법과 대처 방법을 이해하고 적용한다.
5	6. 체력 운동에 참여하면서 쉽게 중단하거나 포기하지 않는 실천 의지력을 기른다.
6	5. 지진, 해일, 화재 등과 같은 재난의 유형과 그에 따른 적절한 대처 방법을 이해하고 적용한다.

2) 교육과정 감축 방안

2009 개정 교육과정에 따른 체육과 교육과정은 5개 영역으로 구성되며, 각 영역은 3개 단원으로 이루어진다. 또한 각 단원에는 6개의 성취기준이 제시된다. 5개 영역은 '건강활동, 도전활동, 경쟁활동, 표현활동, 여가활동'이다.

각 영역 내 단원에서 높은 이수 우선순위를 차지한 단원은 다음과 같다.

건강활동 영역에서는 '건강과 안전', 도전활동에서는 '기록 도전', '동작 도전', 경쟁활동에서는 '영역형 경쟁', '필드형 경쟁', 표현활동에서는 '현대 표현', '심미 표현', 여가활동에서는 '사회와 여가', '자연과 여가' 단원의 순으로 이수 우선순위가 높은 단원으로 선정되었다.

각 단원별 성취기준 중 이수 우선순위가 높게 나온 성취기준을 번호로 표시한 내용은 다음 표와 같다.

영역	단원	성취기준 번호
건강활동	1. 건강과 환경	1, 2, 6
	2. 건강과 체력	1, 2, 5
	3. 건강과 안전	1, 2, 3
도전활동	4. 기록 도전	1, 2, 3
	5. 동작 도전	1, 2, 3
	6. 표적/투기 도전	1, 3, 4
경쟁활동	7. 영역형 경쟁	3, 4, 6
	8. 필드형 경쟁	1, 2, 3
	9. 네트형 경쟁	1, 2, 3
표현활동	10. 심미 표현	1, 2, 3
	11. 현대 표현	1, 2, 3
	12. 전통 표현	1, 2, 3
여가활동	13. 사회와 여가	1, 2
	14. 자연과 여가	1, 2
	15. 지구촌 여가	1, 2

위 표에서 살펴보듯이, 인지적 영역과 활동적 영역에서의 성취기준들이 중요하게 다뤄져야 할 요소들로 판단된다. 이와 더불어 경쟁활동에서는 정의적 영역을 강조함으로써 지나친 경쟁활동에서 생길 수 있는 인성적인 부분에서의 문제점들에 대해 인지하고 조치를 취한다고 할 수 있다.

(1) 축소 · 삭제

① 영역 및 단원

건강활동 영역과 여가활동 영역은 삭제 및 축소 시 가장 우선적으로 고려해야 할 영역이라는 전문가 의견이 있었다. 즉, 건강활동 영역과 여가생활 영역은 체육과에서 지도하지 않아도 창의적 체험활동 등 기타 시간에 다룰 수 있는 가능성이 크기 때문이다. 반면, 각 영역별 성취기준에서 기본 기능의 이해, 기본 기능의 습득에 관한 성취기준은 반드시 포함되어야 할 것이다.

② 내용 및 성취기준

축소 또는 삭제가 가능한 성취기준은 다음 표와 같다.

영역	단원	성취기준
건강활동	1. 건강과 환경	⑤ 환경오염이 개인과 지역사회의 건강에 미치는 영향을 이해하고, 일상생활에서 환경오염 예방을 위한 구체적인 활동을 실천한다.
여가활동	5. 동작 도전	② 동작 도전 스포츠의 변천 과정과 역사적 의미를 이해한다.
	6. 표적/투기 도전	② 표적/투기 도전 스포츠의 변천 과정과 역사적 의미를 이해한다. ⑤ 표적/투기 도전 스포츠의 경기 유형, 규칙 및 용구, 인물, 기록, 사건 등을 감상하며 비교 · 분석한다. ⑥ 표적/투기 도전 스포츠를 수행하면서 발생하는 문제를 정확하게 파악하고, 상황에 맞게 해결해나가는 문제 해결력을 기른다.
경쟁활동	7. 영역형 경쟁	⑤ 영역형 경쟁 스포츠의 경기 유형, 규칙 및 용구, 인물, 기록, 사건 등을 감상하며 비교 · 분석한다.
표현활동	10. 심미 표현	⑤ 작품 창작의 과정에서 자신의 능력과 개성에 따라 새롭고 다양한 표현을 시도하는 독창성을 기른다.
	11. 현대 표현	⑥ 다양한 현대 표현의 과정에서 온몸과 정신을 다해 작품을 표현하는 열정을 기른다.
여가활동	14. 자연과 여가	④ 사람과 자연이 함께 살아감을 인식하고 더불어 살아가는 공존의 태도를 기른다.

3) 시사점

　　다문화 대안학교의 특성상 언어적인 소통의 문제가 있을 수 있으므로 체육과의 내용 구성에 있어서 언어 수준과는 무관하게 진행될 수 있는 내용으로 구성하여 체육과의 본질적인 측면을 추구할 수 있도록 세심한 고려가 필요하다. 또한 체육과의 교육과정 운영에 있어서는 지나친 경쟁보다는 서로 협동하고 이해할 수 있는 협동 게임 같은 내용들로 계획한다면, 다문화 대안학교가 필요로 하는 상호 이해와 존중하는 심성을 기를 수 있을 것이다.

　　더불어 체육활동도 학생들이 흥미 있어 하는 경쟁활동 부분과 각 국가의 전통적인 신체놀이를 체험하는 내용을 해당 영역에 구성한다면, 서로에 대한 이해로 학생들의 참여도가 더욱더 높아질 것이다. 이러한 전통놀이는 부모와 함께하는 수업으로 진행하면 효과가 배가 될 것이다.

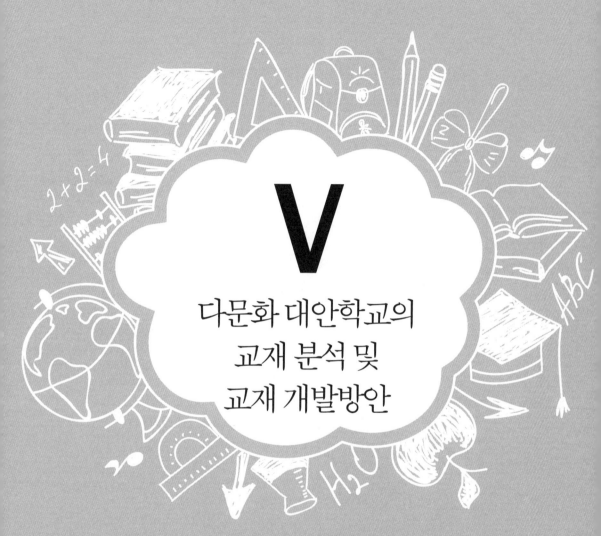

V

다문화 대안학교의
교재 분석 및
교재 개발방안

2000년 중반 이후 급속하게 늘어나는 국제결혼과 함께 중도입국 학생 수도 급격하게 늘어나고 있다. 부모의 결혼과 함께 입국한 중도·동반입국 학생은 낯선 한국에서의 적응과 함께 가장 먼저 교육이라는 현실에 부딪히고 있는 실정이다.

현재 한국에서 중도입국 학생을 위한 한국어교재는 찾기가 쉽지 않다. 전국 현장에서 사용하는 다문화 대안학교들은 자체적으로 교재를 제작하여 학생들을 교육하고 있지만, 다문화 대안학교에서 만든 자체 교재는 중도입국 학생의 현실을 고려하지 않은 내용과 문법으로 구성되어 있는 경우가 많아서 학생들의 교육환경은 심각하게 열악한 실정이다. 또한 우리나라의 한국어교재들은 대학에서 만든 교재가 대부분을 차지하고 있다고 해도 과언이 아니다. 각 대학의 한국어교육기관들마다 체계적으로 개발·출간되지만, 중도입국 자녀들의 현실과 동떨어진 구성과 내용으로 적용이 쉽지 않다.

이 장에서는 타 교재와 비교하여 구성적인 측면과 대상을 고려하여 시중에 출판되어 사용되고 있는 한국어교재 「아름다운 한국어」와 「Korean Language in Action(청소년을 위한 초급 한국어)」을 분석하고, 이와 함께 다문화 대안학교인 아시아공동체학교와 무지개청소년센터 및 새날학교에서 사용하고 있는 교재를 이해영(2001)의 분석틀과 원진숙(2011)의 연구와 비교·분석했다.

따라서 이 장에서는 앞에서 언급한 두 연구의 조사 틀을 기준으로 교재를 분석했다. 교재 분석은 1차와 2차에 걸쳐 진행되었고, 1차 분석은 이해영(2001)의 교재 분석 평가항목을 중심으로, 2차 분석은 원진숙(2011)의 연구에서 제시된 각 항목을 비교했다.

1.
대안학교 교재 분석

각 대안학교별 교재 분석은 이해영(2001)의 분석항목을 주제, 문법, 어휘, 발음과 억양, 담화와 화용, 문화, 말하기, 듣기, 읽기, 쓰기, 평가와 피드백 기준으로 분석했다.

1) 주제

주제는 학습자의 흥미 유도, 주제의 다양성, 학습내용과 학습자 대상, 현장 적용성을 기준으로 분석했다.

〈표 5-1〉 주제

기준/교재	아시아공동체학교	무지개청소년센터	새날학교
주제의 학습자 흥미 유도	보통	보통	보통
주제의 다양성	보통	보통	보통
주제의 학습내용과 학습자 대상	초등	초 · 중등	초 · 중등
주제의 현장 적용성	언어권(중국어, 러시아어)별 구성	한국어	한국어

아시아공동체학교 교재는 학습자의 흥미 유도 측면에서 보면, 초급단계에서 알아야 할 주제를 중심으로 일상생활이 본문의 문답식 대화로 구성되어 학습자의 흥미 유도가 높은 편이다. 본문이 등장인물로 구성되어 있는 대다수 한국어교재와 차이가 있고, 흑백으로 구성되어 있어 초등학교 학습자들은 흥미가 저조할 수 있다. 주제의 다양성 측면에서는 초등학교 학생의 일상생활을 중심으로 구성되었다.

학습내용과 학습자의 고려 측면에서는 초등학교 대상이고, 현장 적용성은 책의 발행연도가 확인되지 않아 어렵고, 언어권(중국어, 러시아어)별로 구분되어 있어 중도입국 학생의 사회·문화적 현실생활을 이해하는 데 도움을 줄 수 있다.

사회적 편견 측면에서는 직업을 소개하는 등장인물이 여성만 등장하고, 운동은 남학생만 등장하여 남성과 여성의 성비 측면을 고려할 필요가 있으며, 인종의 구별은 없고, 교과서가 흑백이며, 인종을 이야기하는 어휘나 대화가 없다. 직업은 교사, 요리사, 학생, 의사, 간호사, 경찰관, 소방관, 농부, 과학자, 미용사, 마술사, 어부 등으로 구성되었다.

무지개청소년센터 교재는 학습자의 흥미 유도 측면에서는 단원의 주제가 되는 기본적인 표현을 습득하고, 과제 활동을 통해 재미있게 학습할 수 있도록 구성되었다. 다양성 측면에서는 기본적인 표현을 반복적인 연습을 통해 습득하도록 구성되었고, 기본적인 학습을 충분히 습득함으로써 다른 상황에서도 기본적인 표현을 응용할 수 있는 기초를 마련하도록 구성되었다. 학습내용과 학습자의 측면에서는 습득한 내용을 다양한 활동 상황과 융통성 있게 서로 연계하여 표현할 수 있도록 구성되었다.

현장 적용성 측면에서는 단원에서 공부한 내용을 평가를 통해 확인 단계, 검토, 점검할 수 있도록 구성되어 있다. 구성 측면에서는 자음, 모음, 인사, 소개, 가족, 친구, 수, 시간, 요일, 날짜, 날씨, 계절, 물건, 가격, 음식, 교통, 우체국, 신체, 색, 문구, 초대, 전화, 음식주문, 가게, 교환, 사과, 컴퓨터, 예절 등 우리 주변에서 쉽게 접할 수 있는 주제들로 구성되어 있다.

새날학교 교재는 학습자의 흥미 유도 측면에서는 초급단계에서 반드시 알아야 할 주제를 중심으로 등장인물의 일상생활을 본문의 대화내용으로 구성되어 있지만, 등장인물은 제한적이다.

주제의 다양성 측면에서는 일상생활을 중심으로 구성되었고, 주제는 인사, 가족, 한국, 지시대명사, 숫자, 의성어, 의태어로 구성되었다. 학습내용과 학습자는 초·중등 다문화가정 학생이고, 적용성 측면에서는 사회·문화적 현실생활과의 연결이 비교적 잘 이루어질 수 있도록 구성되었다. 사회적 편견에 대한 사항은 관찰되지 않았다.

2) 문법

문법은 학습자의 언어 고려, 문법항목의 연계 관련성, 네 기능 영역과의 통합성, 개별학습의 적합성을 기준으로 분석했다.

아시아공동체학교 교재는 학습자의 언어를 중국어와 러시아어로 구성했고, 문법항목의 관련성 측면에서는 문법이 순차적으로 제시되어 있지 않고, 앞에서 배운 문법과 새 문법 사이의 연계가 없는 편이다. 또한 네 기능 영역과의 통합성에서 말하기, 쓰기, 읽기를 제외한 듣기 영역이 없다. 개별학습의 적합성에서 단원별 연습문제는 1~2쪽으로 개별학습이 부족하고 해답도 제시되어 있지 않다.

〈표 5-2〉 문법

기준/교재	아시아공동체학교	무지개청소년센터	새날학교
학습자의 언어 고려	중국어, 러시아어	한국어	중국어
문법항목의 연계 관련성	낮음	낮음	낮음
네 기능 영역과의 통합성	낮음	낮음	낮음
개별학습의 적합성	낮음	낮음	낮음

무지개청소년센터 교재는 문법이 별도로 제시되어 있지 않다. 그렇기 때문에 상급학교와의 학습연계를 위해 좀 더 구체적이고 체계적인 접근이 요구된다. 또한 문법을 활용한 읽기, 쓰기, 듣기, 말하기로 구성되어 있지 않다.

새날학교 교재는 학습자의 언어가 중국어로 구성되었고, 문법항목의 관련성에서 문법이 순차적으로 제시되어 있지 않고, 앞에서 배운 문법과 새 문법 사이의 연계가 원활히 이루어지고 있지 않다. 네 기능 영역과의 통합성에서 과제와 연습을 통해 네 기능이 골고루 사용되도록 구성되어 있다. 개별학습의 적합성은 문법 설명이 삽화와 연습문제로 구성되어 있으나 해답이 제시되어 있지 않다.

3) 어휘

어휘는 어휘학습, 대화, 어휘, 어휘의 적절성을 기준으로 분석했다.

아시아공동체학교 교재는 어휘학습이 학습자의 어휘력을 향상시키고 어휘학습 전략을 개발하는 데 도움을 준다. 대화에서 새 단어는 대화 옆에 제시했고, 어휘는 항목이 문법과 별도로 따로 제시되었다. 어휘의 적절성에서는 문제가 있다고 본다.

<표 5-3> 어휘

기준/교재	아시아공동체학교	무지개청소년센터	새날학교
어휘학습	보통	낮음	보통
대화	보통	보통	보통
어휘	보통	보통	보통
어휘의 적절성	낮음	낮음	낮음
새 어휘의 반복성	보통	보통	보통

예 1과 속담

"가는 정이 있어야 오는 정이 있다"

새 어휘의 반복성 측면에서는 본문 대화와 연습문제의 어휘가 연계하여 반복이 잘되지 않고 있다.

무지개청소년센터 교재는 실생활에서 사용하는 어휘의 양이 적지만, 활용과 연습에서 충분히 활동하도록 구성되어 있다.

새날학교 교재는 어휘학습에서 학습자의 어휘력을 향상시키고 어휘학습 전략을 개발하는 데 도움을 주도록 구성되었고, 어휘는 항목을 부록으로 별도로 제시되었다. 과제에서 새 단어는 해당 쪽 아래에 제시되었고, 어휘는 본문 대화를 중심으로 반복되고 있다.

4) 발음과 억양

발음과 억양은 발음 방법의 소개와 자료, 구어 축약형, 문장의 강세, 억양, 음운규칙을 기준으로 분석했다.

아시아공동체학교 교재는 발음 방법의 소개와 자료에서 발음 소개가 제시되어 있지 않다. 구어 축약형, 문장의 강세, 억양, 음운규칙 측면에서 구어 축약형은 본문 대화를 통해 다루고 있으나, 강세나 억양은 명시적으로 다루고 있지 않다. 전체적인 한글 발음에 대한 부분이 제시되어 있지 않다.

〈표 5-4〉 발음과 억양

기준/교재	아시아공동체학교	무지개청소년센터	새날학교
발음 방법의 소개와 자료	없음	없음	없음
구어 축약형, 문장의 강세, 억양, 음운규칙	낮음	없음	낮음

무지개청소년센터 교재는 발음과 억양 부분이 구성되어 있지 않다.

새날학교 교재는 발음 방법의 소개와 자료에서 발음 소개가 제시되어 있지 않고, 구어 축약형, 문장의 강세, 억양, 음운규칙 측면에서 구어 축약형은 본문 대화를 통해 다루고 있으나, 강세나 억양은 명시적으로 다루고 있지 않다.

5) 담화와 화용

담화와 화용은 교재의 실생활 담화 표지를 기준으로 분석했다.

아시아공동체학교 교재는 실생활과 관련된 담화 표지가 포함되어 있다.

무지개청소년센터 교재는 실생활과 관련된 담화 표지의 현실적 제한이 크다.

새날학교 교재는 실생활과 관련된 담화 표지가 포함되어 있고, 실제 담화 상황에서 사용할 수 있는 사례를 제시하고 있다.

6) 문화

문화는 현장 적용성과 문화 제시를 기준으로 분석했다.

〈표 5-5〉 담화와 화용

기준/교재	아시아공동체학교	무지개청소년센터	새날학교
실생활 담화 표지	낮음	낮음	낮음

〈표 5-6〉 문화

기준/교재	아시아공동체학교	무지개청소년센터	새날학교
현장 적용성	보통	낮음	낮음
문화 제시	높음	낮음	낮음

아시아공동체학교 교재는 현장 적용성에서 한국생활에 적합한 일상문화 중심이다. 매 과의 문화 부문에서 한국문화의 이해와 함께 중국(러시아) 문화 차이에 대한 이해를 설명하고 있다.

> **예** 1과 호칭
> 2과 크리스마스는 1월 7일이에요
> 3과 알아두면 좋은 긴급 전화번호
> 4과 고3이 11학년이라고요?

무지개청소년센터 교재는 일상문화를 조금밖에 다루고 있지 않다. '급식 먹을 때'가 예다.

새날학교 교재는 일상문화가 거의 구성되어 있지 않다.

7) 말하기

말하기는 쓰기, 읽기, 듣기 영역과의 통합활동을 기준으로 분석했다.

아시아공동체학교 교재는 말하기, 말하고 쓰기 등 다른 영역과의 통합활동이 제시되어 있지만, 매 과에는 적용하지 않고 있다. 소개하기, 게임, 그림 보고 말하기, 표 보고 말하기, 묻고 답하기, 묻고 표 만들기, 역할극 등 비교적 다양한 유형의 말하기 자료를 포함하고 있다. 실생활의 말하기 과제 활동, 상호작용을 익힐 수 있게 되어 있고, 생략이나 축약 등을 통해 구어의 특성이 드러나 있다.

〈표 5-7〉 말하기

기준/교재	아시아공동체학교	무지개청소년센터	새날학교
다른 영역과의 통합활동	보통	낮음	보통

무지개청소년센터 교재는 활용 측면에서 파트너 활동이 제시되어 있다. 묻고 대답하고, 역할을 바꾸기 등이 그에 대한 사례다.

새날학교 교재는 말하기, 듣고 말하기, 쓰고 말하기, 말하고 쓰기, 읽고 말하기 등 다른 영역과의 통합활동이 있다. 소개하기, 발표하기, 게임, 그림 보고 말하기, 표 보고 말하기, 묻고 답하기, 읽고 말하기, 쓰고 말하기, 묻고 표 만들기, 역할극 등 비교적 다양한 유형의 말하기 자료를 포함하고 있다. 실생활의 말하기 과제 활동, 상호작용을 익힐 수 있게 되어 있고, 생략이나 축약 등을 통해 구어의 특성이 드러나 있다.

8) 듣기

듣기는 말하기, 쓰기, 읽기 영역과의 통합활동을 기준으로 분석했다.

아시아공동체학교 교재는 듣기, 듣고 말하기, 듣고 쓰기 등 말하기와 쓰기 영역과의 통합활동이 있다. 어휘 듣고 표시하기, 듣고 그림에 표시하기, 묻고 대답하기, 게임 등의 활동이 제시되어 있고, 친구들의 발화를 통해 듣는 활동이 제시되어 있지만, 매 과 활동의 일관성이 없다.

무지개청소년센터 교재는 듣기 영역이 없다.

새날학교 교재는 듣기, 듣고 말하기, 듣고 쓰기 등 말하기와 쓰기 영역과의 통합활동이 있다. 실생활의 말하기가 본문 대화를 통해 많이 제시되어 있고, 생략이나 축약 등을 통해 구어의 특성이 드러나 있다.

〈표 5-8〉 듣기

기준/교재	아시아공동체학교	무지개청소년센터	새날학교
다른 영역과의 통합활동	보통	없음	보통

9) 읽기

읽기는 말하기, 쓰기, 듣기 영역과의 통합활동을 기준으로 분석했다.

아시아공동체학교 교재는 읽기(2과 학교와 집), 읽고 쓰기, 쓰고 읽기 등 다른 영역과의 활동이 적다.

읽기 교재가 별도로 있기 때문에 본 교재에서는 상대적으로 적은 편이다.

무지개청소년센터 교재는 쓰고 말하기, 읽고 말하기가 제시되어 있다.

새날학교 교재는 읽기, 읽고 질문과 대답하기, 읽고 쓰기, 쓰고 읽기 등 다른 영역과의 활동이 적다.

10) 쓰기

쓰기는 말하기, 읽기, 듣기 영역과의 통합활동을 기준으로 분석했다.

아시아공동체학교 교재는 쓰기, 듣고 쓰기, 말하고 쓰기, 쓰고 읽고 말하기 등 타 영역과의 통합활동으로 구성되어 있다. 그리고 소개하는 글쓰기, 표 보고 판단하는 글쓰기, 그림 보고 사실적인 글쓰기, 표 완성하기, 경험에 대해 쓰기 등 활동으로 구성되어 있다.

〈표 5-9〉 읽기

기준/교재	아시아공동체학교	무지개청소년센터	새날학교
다른 영역과의 통합활동	보통	낮음	보통

〈표 5-10〉 쓰기

기준/교재	아시아공동체학교	무지개청소년센터	새날학교
다른 영역과의 통합활동	보통	낮음	보통

무지개청소년센터 교재는 연습에서 쓰고 읽기, 읽고 쓰기 등 활동으로 구성되어 있다.

새날학교 교재는 쓰기, 듣고 쓰기, 말하고 쓰기, 쓰고 읽고 말하기 등 타 영역과의 통합활동이 있다.

소개하는 글쓰기(자기, 가족, 고향 등), 표 보고 판단하는 글쓰기, 그림 그리고 설명하는 글쓰기(상차림, 시장 가기, 집 등), 그림 보고 대화문 완성하기, 연상하기, 표 완성하기, 추측하는 글쓰기, 비교하는 글쓰기, 단어를 골라 문장 완성하기 등 다양한 활동으로 구성되어 있다. 또한 정확성에 중점을 둔 문법 연습으로 구성되어 있다(조사 고르기, 괄호 채우기, 문형 사용하여 글쓰기, 한 문장 만들기, 맞게 고치기 등).

11) 평가와 피드백

평가와 피드백은 매 과 연습문제, 연습문제를 기준으로 분석했다.

아시아공동체학교 교재는 매 과의 어휘와 문법 연습에서 학습 활동으로 연계되지 않고, 연습문제 정답과 문제풀이가 제시되어 있지 않다. 그래서 부교재를 통해 부족한 부분을 연습하도록 구성되어 있다.

무지개청소년센터 교재 「기초 한국어」 1, 2, 3권은 학습과의 연계가 잘 이루어지지 않고 있다. 또한 「기초 한국어 중등」에서는 표현, 연습, 활용, 활동지가 구성되어 있지만, 연계가 비교적 잘 이루어지지 않고 있다.

새날학교 교재는 매 과의 어휘와 문법 연습을 확인하도록 구성되어 있다(학습

〈표 5-11〉 평가와 피드백

기준/교재	아시아공동체학교	무지개청소년센터	새날학교
매 과 연습문제	보통	낮음	보통
연습문제	보통	낮음	낮음

활동의 일부분으로 구성되어 있고, 시험으로는 제시되어 있지 않다).

연습문제 정답과 문제풀이는 제시되어 있지 않다.

12) 교재 개발 방안

아시아공동체학교 교재는 삽화와 문법 등 내용과의 연계가 일관성 없이 구성되어 있다. 기관 외의 교사가 사용할 때에는 지침서가 없어서 교수하는 데 어려울 수 있기 때문에 다른 부교재를 준비해야 한다. 과제활동이 없어서 학습자들이 활동하기 어렵고, 교재 내용의 일관성이 없다. 초등학생들이 흥미를 유발할 수 있는 삽화를 삽입하여 효율성을 높일 필요가 있다.

무지개청소년센터 교재는 삽화가 흑백으로 만들어져 있기 때문에 청소년의 흥미를 유발할 수 없고, 유아들이 사용하는 색칠하기와 선 긋기 등으로 구성되어 있어서 대상에 맞는 삽화와 구성이 요구된다.

연습, 활용, 활동지가 구성되어 있으나, 내용에서 현저한 차이를 보이기 때문에 체계적이고 전문화된 내용 구성이 요구된다. 또한 교수학습 내용의 연계성과 학습자의 흥미를 고려한 수준별 교육과정 개발이 필요하다.

새날학교 교재는 기관에서 교육을 통해 가르치기에 편리하도록 만든 교재라는 것을 알 수 있고, 기관 외의 교사가 사용할 때에는 지침서가 없어서 어려울 수 있다. 연습 활동에서는 본문 내용의 반복성이 제한적이다.

따라서 대안학교 한국어교육 교재 개발 방안은 다음과 같다.

첫째, 한국어교육을 위한 표준 교육과정이 필요하다.

실제 각 학교나 단체에서 한국어교육 교재를 제작하여 사용하고 있지만, 교육과정에 근거하지 않은 자체 교재가 대다수를 차지하고 있다.

둘째, 표준 듣기 교재의 개발이 시급하다.

대안학교 교재에서 과제 활동이 부족한 것은 각 영역별 공통적으로 나타나지만, 가장 시급한 것은 표준화된 듣기 교재의 개발이다. 현재 각 대안학교에서 듣기 과제는 교사의 역량에만 의존하고 있는 것이 현실이다. 하지만 초기 한국어교육 학습자의 잘못된 화석화를 방지하기 위해 표준 발음과 억양의 듣기가 선행되어야 제대로 된 말하기가 가능하다.

셋째, 표준화된 부교재의 개발이 필요하다.

각 대안학교의 교사들은 한국어교육 교재뿐만 아니라 표준화된 부교재의 필요성을 언급하고 있다. 현재 대다수 교사들은 각자 부교재를 준비하고 있는데, 그 또한 교사의 역량에만 의존하고 있기 때문에 표준화되고 학습자를 고려한 부교재의 개발이 필요하다고 할 수 있다.

넷째, 한국의 중등 교육과정에 포함되어 있는 주제와 내용을 연계해야 한다.

한국의 중등 교육기관으로 편입되어야 할 학생들은 또래의 한국 중등 교육과정에 있는 주제와 내용에 해당하는 어휘를 숙지해야 하고 이를 충분히 포함하는 교재개발이 있어야 할 것이다.

2.
기타 교재 분석

기타 교재 분석은 이해영(2001)의 분석항목을 주제, 문법, 어휘, 발음과 억양, 담화와 화용, 문화, 말하기, 듣기, 읽기, 쓰기, 평가와 피드백 기준으로 분석했다.

1) 주제

주제는 학습자 흥미 유도, 주제의 다양성, 학습자 대상, 현장 적용성을 기준으로 분석했다.

〈표 5-12〉 주제

기준/교재	아름다운 한국어	Korean Language in Action (청소년을 위한 초급 한국어)
주제의 학습자 흥미 유도	높음	높음
주제의 다양성	높음	높음
학습자 대상	중등교육 이상	청소년 대상
현장 적용성	높음	높음

「아름다운 한국어」 교재는 학습자의 흥미 유도에서 초급단계에서 꼭 알아야 할 주제를 중심으로 등장인물의 일상생활이 본문의 대화 내용으로 구성되었다. 주제의 다양성 측면에서는 일상생활을 중심으로 구성되었고, 학습내용과 학습자는 중등교육 이상 대상으로 구성되었다. 현장의 적용성 측면에서는 2009년 발행으로 사회·문화적 현실생활을 비교적 잘 반영하고 있다.

「Korean Language in Action」 교재는 학습자의 흥미 유도 측면에서 초급단계에서 꼭 알아야 할 주제를 중심으로 등장인물의 일상생활을 본문의 대화내용으로 구성했다. 등장인물이 있어서 현실감을 살렸지만, 등장인물이 매우 제한적이다. 주제의 다양성 측면에서는 청소년의 일상생활을 중심으로 구성되었다. 주제는 홈페이지에 가족 소개하기, 나의 꿈 말하기, 스포츠신문 만들기, 한글 조사하기, 동아리 홍보하기, 영화 포스터 만들기, 패션 잡지 만들기, 맛있는 떡국 만들기, 물건 팔기 등이 제시되어 있다.

학습내용과 학습자 대상은 초등 수준 이상의 청소년이고, 현장 적용성 측면에서는 2010년 발행으로 사회·문화적 현실생활을 비교적 잘 반영하고 있다.

2) 문법

문법은 학습자의 언어, 문법항목의 관련성, 네 기능 영역과의 통합성을 기준으로 분석했다.

「아름다운 한국어」 교재는 어휘 색인에서 학습자의 언어가 영어, 중국어, 일본어로 구성되었고, 문법 설명은 영어로 구성되었다. 문법항목의 관련성 측면에서 문법은 순차적으로 제시되어 있고, 앞에서 배운 문법과 새 문법 사이의 연계가 잘 이루어져 있다. 네 기능 영역과의 통합성은 과제를 통해 골고루 사용하도록 구성되어 있다. 개별학습의 적합성 측면에서는 문법 설명이 영어로 제시되어 있지

<표 5-13> 문법

기준/교재	아름다운 한국어	Korean Language in Action (청소년을 위한 초급 한국어)
학습자의 언어	한국어, 영어, 중국어, 일본어	한국어
문법항목의 관련성	높음	높음
네 기능 영역과의 통합성	높음	높음
개별학습의 적합성	높음	높음

만, 해답이 별도로 제시되어 있지 않다.

　「Korean Language in Action」 교재는 학습자의 언어가 한국어로만 구성되었다.문법항목의 관련성 측면에서 문법은 순차적으로 제시되어 있고, 앞에서 배운 문법과 새 문법 사이의 연계가 잘 이루어져 구성되어 있다. 네 기능 영역과의 통합성 측면에서 과제를 통해 골고루 사용하도록 구성되어 있다. 개별학습의 적합성 측면에서 삽화와 과제 활동은 구성되어 있지만, 해답이 제시되어 있지 않다.

3) 어휘

　어휘는 어휘학습, 대화, 어휘, 어휘의 반복성을 기준으로 분석했다.

　「아름다운 한국어」 교재는 어휘학습에서 학습자의 어휘력을 향상시키고, 어

<표 5-14> 어휘

기준/교재	아름다운 한국어	Korean Language in Action (청소년을 위한 초급 한국어)
어휘학습	높음	높음
대화	높음	높음
어휘	높음	높음
어휘의 반복성	높음	높음

휘학습 전략을 개발하는 데 도움을 줄 수 있도록 구성되어 있다. 대화에서 새 단어는 대화 옆에 제시되었다. 어휘는 항목을 문법과 별도로 제시했고, 의미장으로 범주화시켜서 연습할 수 있도록 제시되어 있다.

「Korean Language in Action」 교재는 어휘학습이 학습자의 어휘력을 향상시키고 어휘학습 전략을 개발하는 데 도움을 주도록 구성되어 있다. 대화에서 새 단어는 대화 옆에 함께 제시했다. 어휘는 항목을 문법과 별도로 제시했고, 의미장으로 범주화시켜 제시하고 연습할 수 있다. 새 어휘의 반복성은 본문 대화를 중심으로 구성되어 있다.

4) 발음과 억양

발음과 억양은 발음 방법의 소개와 자료, 구어 축약형, 문장의 강세, 억양, 음운규칙을 기준으로 분석했다.

「아름다운 한국어」 교재는 발음 방법의 소개와 자료에서 발음 소개가 제시되어 있지 않고, 대화 본문에 대한 CD는 구성되어 있다. 구어 축약형, 문장의 강세, 억양, 음운규칙 측면에서 구어 축약형은 본문 대화를 통해 다루고 있으나, 강세나 억양은 명시적으로 다루고 있지 않다.

「Korean Language in Action」 교재는 발음 방법의 소개와 자료에서 발음 소개가 제시되어 있지 않고, 대화 본문에 대한 CD는 구성되어 있다. 구어 축약형, 문장

〈표 5-15〉 발음과 억양

기준/교재	아름다운 한국어	Korean Language in Action (청소년을 위한 초급 한국어)
발음 방법의 소개와 자료	높음	높음.
구어 축약형, 문장의 강세, 억양, 음운규칙	낮음	낮음

의 강세, 억양, 음운규칙 측면에서 구어 축약형은 본문 대화를 통해 다루고 있으나, 강세나 억양은 명시적으로 다루고 있지는 않다.

5) 담화와 화용

담화와 화용은 교재의 실생활 담화 표지를 기준으로 분석했다.

「아름다운 한국어」 교재는 실생활과 관련된 담화 표지가 포함되도록 구성되어 있다. 「Korean Language in Action」 교재도 실생활과 관련된 담화 표지가 포함되어 있다.

6) 문화

문화는 현장 적용성, 매 과의 문화 제시를 기준으로 분석했다.

「아름다운 한국어」 교재는 현장 적용성 측면에서 일상생활에 적합한 일상문

〈표 5-16〉 담화와 화용

기준/교재	아름다운 한국어	Korean Language in Action (청소년을 위한 초급 한국어)
실생활 담화 표지	높음	높음

〈표 5-17〉 문화

기준/교재	아름다운 한국어	Korean Language in Action (청소년을 위한 초급 한국어)
현장 적용성	높음	높음
매 과의 문화 제시	높음	높음

화 중심으로 구성되어 있다. 문화 제시의 '배워봅시다'를 통해 여러 문화에 대한 이해를 돕는 항목이 제시되고, 한국문화의 이해와 함께 다른 문화에 대한 이해를 돕고 있다.

「Korean Language in Action」 교재는 현장 적용성 측면에서 청소년 일상생활에 적합한 일상문화 중심으로 구성되어 있다.

문화의 제시 측면에서 과제를 통해 여러 문화에 대한 이해를 돕는 항목이 제시되고, 한국문화의 이해와 함께 다른 문화에 대한 이해를 돕는 질문을 하고 있다.

7) 말하기

말하기는 듣기, 쓰기, 읽기 영역과의 통합활동을 기준으로 분석했다.

「아름다운 한국어」와 「Korean Language in Action」 교재는 모두 말하기, 듣고 말하기, 쓰고 말하기, 말하고 쓰기, 읽고 말하기 등 다른 영역과의 통합활동이 제시되어 있다. 또한 소개하기, 발표하기, 게임, 그림 보고 말하기, 표 보고 말하기, 묻고 답하기, 읽고 말하기, 쓰고 말하기, 묻고 표 만들기, 역할극 등 비교적 다양한 유형의 말하기 자료를 포함하고 있다. 그리고 실생활의 말하기 과제 활동 등 상호작용을 습득할 수 있게 구성되어 있고, 생략이나 축약 등을 통해 구어의 특성이 드러나도록 구성되어 있다.

〈표 5-18〉 말하기

기준/교재	아름다운 한국어	Korean Language in Action (청소년을 위한 초급 한국어)
다른 영역과의 통합활동	높음	높음

8) 듣기

듣기는 쓰기, 읽기, 말하기 영역과의 통합활동을 기준으로 분석했다.

「아름다운 한국어」와 「Korean Language in Action」 교재는 모두 듣기, 듣고 말하기, 듣고 쓰기 등 말하기와 쓰기 영역과의 통합활동으로 구성되어 있다. 어휘 듣고 표시하기, 듣고 그림에 표시하기, 묻고 대답하기, 게임 등의 활동이 나오고, 듣기 CD를 듣거나 친구들의 발화를 통해 듣는 활동이 많이 나온다. 실생활의 말하기가 본문대화를 통해 많이 제시되고 있고, 생략이나 축약 등을 통해 구어의 특성이 드러나 있다.

9) 읽기

읽기는 말하기, 쓰기, 듣기 영역과의 통합활동을 기준으로 분석했다.

「아름다운 한국어」와 「Korean Language in Action」 교재는 읽기, 읽고 질문과 대답하기, 읽고 쓰기, 쓰고 읽기 등 다른 영역과의 활동이 매우 적은 편이다.

〈표 5-19〉 듣기

기준/교재	아름다운 한국어	Korean Language in Action (청소년을 위한 초급 한국어)
다른 영역과의 통합활동	보통	보통

〈표 5-20〉 읽기

기준/교재	아름다운 한국어	Korean Language in Action (청소년을 위한 초급 한국어)
다른 영역과의 통합활동	낮음	낮음

10) 쓰기

쓰기는 말하기, 듣기, 읽기 영역과의 통합활동을 기준으로 분석했다.

「아름다운 한국어」 교재는 쓰기, 듣고 쓰기, 말하고 쓰기, 쓰고 읽고 말하기 등 타 영역과의 통합활동으로 구성되어 있다. 소개하는 글쓰기(자기, 가족, 고향, 음식, 식사예절, 일과 등), 표 보고 판단하는 글쓰기, 그림 보고 사실적인 글쓰기(요리법, 공공기관 신청서), 그림 그리고 설명하는 글쓰기(상차림, 시장가기, 집 등), 그림 보고 대화문 완성하기, 메뉴판 만들기, 계획표 만들기(여행 등), 연상하기, 표 완성하기, 문자(음성) 메시지, 추측하는 글쓰기, 비교하는 글쓰기, 단어를 골라 문장 완성하기(반말 쓰기 포함), 경험에 대해 쓰기(여행 경험 등) 등 다양한 활동으로 구성되어 있다. 정확성에 중점을 둔 문법 연습이 제시되어 있다(조사 고르기, 괄호 채우기, 문형 사용하여 글쓰기, 한 문장 만들기, 맞게 고치기, 간접 인용으로 바꾸기 등).

「Korean Language in Action」 교재는 쓰기, 듣고 쓰기, 말하고 쓰기, 쓰고 읽고 말하기 등 타 영역과의 통합활동으로 구성되어 있다. 소개하는 글쓰기, 표 보고 판단하는 글쓰기, 그림 보고 사실적인 글쓰기, 그림 그리고 설명하는 글쓰기, 그림 보고 대화문 완성하기, 메뉴판 만들기, 계획표 만들기, 연상하기, 표 완성하기, 추측하는 글쓰기, 비교하는 글쓰기, 단어를 골라 문장 완성하기 등 다양한 활동으로 구성되어 있다. 정확성에 중점을 둔 문법 연습이 있다(조사 고르기, 괄호 채우기, 문형 사용하여 글쓰기, 한 문장 만들기, 맞게 고치기 등).

〈표 5-21〉 쓰기

기준/교재	아름다운 한국어	Korean Language in Action (청소년을 위한 초급 한국어)
다른 영역과의 통합활동	높음	높음

11) 평가와 피드백

평가와 피드백은 매 과마다 과제 확인과 연습문제를 기준으로 분석했다.

「아름다운 한국어」 교재는 매 과 어휘, 문법 연습, 과제에서 배운 부분을 확인
하도록 구성되어 있고, 복습 부분에서 다시 확인하도록 구성되어 있다(학습활동의 부
분으로 구성되어 있지만, 시험으로는 구성되어 있지 않다). 연습문제 정답과 문제풀이는 제시되
어 있지 않다.

「Korean Language in Action」 교재는 매 과 어휘, 문법 연습, 과제에서 습득한
부분을 확인하도록 구성되어 있으나 연습문제 정답과 문제풀이는 제시되어 있지
않다.

〈표 5-22〉 평가와 피드백

기준/교재	아름다운 한국어	Korean Language in Action (청소년을 위한 초급 한국어)
매 과 과제 확인	보통	보통
연습문제	보통	보통

12) 교재 개발 방안

이상의 분석을 통해 「아름다운 한국어」는 기관에서 가르치기에 편리하도록
만든 교재라는 것을 알 수 있다. 또한 어느 정도 지식을 갖춘(대학수준 이상) 서울 주
변의 학습자가 학습하기에 좋다.

예를 들어, 서울시 지하철 노선과 버스 이용 안내 등 지방에 거주하거나 해외
에 있는 학습자의 경우, 이해하는 데 어려움이 뒤따를 수 있다. 삽화와 그림 등이
많이 제시되어 있어서 학습자의 흥미를 유발할 뿐만 아니라, 교사가 다른 부교재

를 준비하는 데 도움이 될 수 있다.

「Korean Language in Action」 교재는 삽화와 그림 등이 많이 제시되어 있어서 학습자의 흥미를 유발할 수 있다. 과제 활동에서 보기를 제시하여 학습자들이 활동하기에 용이하게 한 것과 앞에서 습득한 내용이 연계되어 반복하여 제시된 것이 장점이다.

「아름다운 한국어」는 대학교 교재와 비교하여 풍부한 주제와 활동이 구성되어 있는 교재이고, 기관에서 교재로 사용해도 무방할 것으로 판단된다. 또한 「Korean Language in Action」 교재는 청소년을 위한 초급 한국어로 흥미유발에 있어서 좋지만, 교재의 양이 적기 때문에 부교재가 별도로 필요할 뿐만 아니라 중·고급 과정이 없는 것이 단점이다.

3.
원진숙(2011)의 개념, 기능, 문법, 담화에 따른 비교 분석

1) 개념(notion) 항목

원진숙(2011)은 초급수준에서 80% 이상의 KSL 지도교사와 귀국 자녀반 담당교사 두 집단 모두 '가족', '계절' 등의 항목이 제시되어야 하고, '소개', '인사', '일상생활', '요일' 등이 필수 개념 항목으로 제시되어야 한다고 주장했다.

중급수준에서는 70% 이상의 KSL 지도교사와 귀국 자녀반 담당교사 두 집단 모두 '전통', '운동' 등의 항목이 제시되어야 하고, '예절', '국가', '속담' 등을 우선 개념 항목으로 제시해야 한다는 것을 지적했다.

〈표 5-23〉에 제시한 것처럼 대안학교 교재는 항목이 적고, 교수·학습 내용의 위계성과 연계성의 체계화가 되어 있지 않고 실생활 항목 위주로 구성되었다는 것을 알 수 있다.

무지개청소년센터의 「중도입국 청소년을 위한 길라잡이 프로그램 – 기초 한

원진숙(2011) 연구
가족, 인사, 일상생활, 시간, 날짜, 요일, 계절, 날씨, 음식, 소개, 장소, 물건, 취미, 학교, 일과, 식당, 신체, 색, 물건 사기, 집, 가구, 초대, 크기, 활동, 동작, 취미, 주말, 가격, 위치, 방향, 식당, 전화, 병, 운동, 병원 예약, 계획, 감정, 거리, 고향, 공부, 교통, 규칙, 모양, 방학, 상태, 색, 생일, 여행, 영화, 우체국, 은행, 직업, 친구

무지개청소년센터	아시아공동체학교	새날학교
자음, 모음, 인사, 소개, 가족, 친구, 수, 시간, 요일, 날짜, 날씨, 계절, 물건, 가격, 음식, 교통, 우체국, 신체, 색, 문구, 초대, 전화, 음식주문, 가게, 교환, 사과, 컴퓨터, 예절	가족, 학용품, 동물, 학교, 음식, 과일과 채소, 수업시간, 직업, 운동, 탈것, 청소, 교실, 주방, 집, 호칭, 교과목, 장소, 색, 시간, 운동, 숫자, 신체, 문화, 속담, 동요	신체, 숫자, 시간, 위치, 동물, 가족, 호칭, 과일, 색, 기분, 나라, 운동, 모양과 크기, 은행, 우체국, 식사, 병원, 옷, 채소, 과일, 고기, 학교, 기후, 교통, 정원, 기후, 속담, 사명감, 목적, 목표, 비전, 전략, 소원, 소망, 희망, 꿈, 한글, 태극기, 조선시대

아름다운 한국어	Korean Language in Action (청소년을 위한 초급 한국어)
인사, 숫자, 전화번호, 장소, 물건, 날짜, 하루, 휴가, 교통, 지하철, 길, 약속, 식당, 주문, 약속, 계절, 여행, 존칭, 생일계획, 고민, 조언, 소망, 희망, 집, 예약, 은행, 방문, 수료식, 취미, 회식, 음식, 쇼핑, 현장학습, 허락, 금지, 부탁	홈페이지, 학교, 꿈, 스포츠, 신문, 한글, 동아리, 홍보, 영화, 포스터, 패션, 잡지, 음식, 물건, 가족, 친척, 숫자, 직업, 운동, 국가, 언어, 취미, 감정, 옷, 색, 날짜, 명절, 돈

국어-」 교재에서는 개념항목이 적게 수록된 반면, 컴퓨터 게임, 컴퓨터로 물건 구입하기, 게임 시 지켜야 할 예절 등을 넣어 학생의 흥미와 특성을 고려한 내용이 많이 제시되었다. 아시아청소년학교 교재에서는 중·고급 개념인 속담, 동요 등이 실려 있고, 새날학교 교재는 사명감, 목적, 목표, 비전, 전략, 소원, 소망, 희망, 조선시대 등이 제시되어 있어 초급 학습자의 한국어 능력 수준에 따른 교수·학습 내용의 위계성과 연계성의 체계화가 이루어지고 있지 않다는 것을 알 수 있다. 기타 「아름다운 한국어」는 충분한 개념이 포함되어 있고, 「Korean Language in Action」 교재는 중등 청소년의 일상생활 위주의 홈페이지, 패션, 스포츠, 영화, 잡지 등의 항목이 제시되어 있다.

따라서 교재 개발 시 초점을 두어야 할 것은 학습자의 한국어 능력 수준에 따른 교수·학습 내용의 위계성과 연계성의 체계화가 이루어져야 하며, 교육과정의 목표를 분명히 설정해야 한다. 한국문화의 이해를 목적으로 하지만, 너무 전통적인 것보다는 현대문화와 일상생활과 연계할 수 있는 의·식·주 등의 개념항목이 다루어져야 할 것으로 판단된다.

2) 기능(function) 항목

원진숙(2011)은 초급수준에서 80% 이상의 KSL 지도교사와 귀국 자녀반 담당교사, 이중언어강사 세 집단 모두 '질문하기', '대답하기' 등의 기능이 제시되어야 하고, '물건 사기', '길 묻기', '교통편 이용하기' 등을 우선 기능 항목으로 제시해야

〈표 5-24〉 기능 항목

원진숙(2011) 연구
교통편 이용하기, 길 묻기, 질문하기, 대답하기, 거절하기, 물건 사기, 소개하기, 전화하기, 부탁하기, 주문하기, 병원 이용하기, 명령하기, 묘사하기, 제안하기, 서술하기, 설명하기, 약속하기, 요청하기, 우체국 이용하기, 은행 이용하기, 간단한 광고 및 안내문 이용하기

무지개청소년센터	아시아공동체학교	새날학교
인사하기, 자기 소개하기, 가족 소개하기, 숫자 익히기, 일과, 시간, 요일 표현하기, 날씨와 계절, 구매하기, 음식 주문하기, 음식 이름 알기, 교통수단, 길 건너는 예절, 길 묻고 대답하기, 알맞은 병원 선택하기, 색 익히기, 학용품 익히기, 축하하는 말, 친구 초대하기, 승낙하기, 거절하기, 전화 대화 알기, 전화로 음식 주문하기, 물건 고르기, 교환하기, 환불하기, 사과하기, 인터넷 하기, 인터넷 이용하기	서술하기, 질문하기, 대답하기, 소개하기, 물건 사기, 분리수거 하기, 설명하기, 묘사하기, 명령하기, 약속하기	말하기, 대답하기, 질문하기, 명령하기, 설명하기

아름다운 한국어	「Korean Language in Action」 (청소년을 위한 초급 한국어)
인사하기, 전화번호 묻고 답하기, 수 말하기, 목적지 말하기, 정중하게 명령하기, 장소 이용하기, 과거 말하기, 교통수단 이용하기, 방향 지시하기, 길 찾기, 감탄하기, 허락하기, 금지하기, 의지 말하기, 색 이야기하기, 제안하기, 조언하기, 소망·희망 말하기, 권유하기, 첨가하여 말하기, 현금지급기 이용하기, 의지 말하기, 능력 말하기	소개하기, 설명하기, 한글 조사하기, 홍보하기, 영화 포스터 만들기, 패션 잡지 만들기, 스포츠신문 만들기, 물건 팔기

「한다는 것을 지적했다. 반면 중급수준에서 80% 이상의 KSL 지도교사와 귀국 자녀반 담당교사 두 집단 모두 '설명하기', '비교하기' 등의 기능이 제시되어야 하고, '함축적 의미 이해하기', '묘사하기', '제안하기' 등을 우선 기능 항목으로 제시해야 한다는 것을 주장했다.

〈표 5-24〉와 같이 대안학교 교재는 기능 항목이 상대적으로 매우 제한적으로 제시되어 있어 부교재 등의 활동이 필요하다고 할 수 있다. 또한 일상생활과 밀접하게 관련된 은행 이용하기, 우체국 이용하기, 간단한 광고 및 안내문 이용하기 등이 포함되지 않아 교수자의 주의가 필요하다. 하지만 기타 「Korean Language in Action」 교재는 기능 항목이 많이 부족하지만, 청소년의 실생활과 흥미를 유발할 수 있는 항목이 많이 포함되어 있어 교재로 적당하다.

따라서 내용이 충실한 한국어교재가 되기 위해서는 교재 개발 시 초점을 두어야 할 기능 항목으로 초급에서는 일상생활에서의 한국어 이해 및 표현 교육이 이루어질 수 있도록 구성되어야 하고, 중·고급으로 갈수록 각 교과학습을 위한 내용이 서로 연계될 수 있도록 구성되어야 한다.

3) 문법(grammar) 항목

원진숙(2011)은 초급수준에서 80% 이상의 KSL 지도교사 집단만이 '문장의 종류', '어순', '시제' 등의 문법이 제시되어야 하고, '종결형 어미', '부정문', '기본 조사' 등을 필수 문법항목으로 제시해야 한다고 지적했다. 또한 중급수준에서도 마찬가지로 80% 이상의 KSL 지도교사 집단만이 '사동법과 피동법', '간접화법'의 문법이 제시되어야 하고, 귀국 자녀반 담당교사와 이중언어강사는 70% 미만으로 '사동법과 피동법', '간접화법' 등을 지적한 것과 같이 문법은 개념과 기능보다 우선순위에서 낮게 지적되었다는 것을 알 수 있다.

원진숙(2011) 연구
문장의 종류, 어순, 시제, 종결형 어미, 기본 연결어미, 부정문, 관형사형, 기본 조사, 빈도 높은 표현, 높임법, 격식체와 비격식체, 자주 쓰이는 표현, 간접화법, 부사형, 구어체와 문어체, 불규칙 활동, 사동법과 피동법

무지개청소년센터	아시아공동체학교	새날학교
보조사(은/는), 격식체, 비격식체, 수량명사, 수 관형사, 공동격조사(하고), 주격조사 (이/가), 희망의 보조형용사, 나열의 연결어미, 대조의 연결어미, 간접인용문, 청유형 연결어미, 이유의 연결어미, 조건의 연결어미, 접속부사, 금지, 명령	기본형 · 부정형 만들기, 그리고, 몇, 지시대명사, 의문문, 자주 쓰이는 표현, 격식체와 비격식체, 구어체와 문어체, 종결형, 기본 연결어미, 기본 조사	연음법칙, 중화규칙, 겹받침 단순화, 비음화, 격음화, 구개음화, 'ㅎ' 탈락, 경음화, 문장의 어순, 종결형, 기본 조사, 구어체와 문어체, 빈도 높은 표현

아름다운 한국어	「Korean Language in Action」 (청소년을 위한 초급 한국어)
문장의 종류, 어순, 시제, 종결형 어미, 기본 연결어미, 부정문, 관형사형, 기본 조사, 빈도 높은 표현, 높임법, 격식체와 비격식체, 자주 쓰이는 표현, 간접화법, 부사형, 구어체와 문어체, 불규칙 활동, 사동법과 피동법	-아/어요, ~은/는, ~에/-(으)ㄹ 거예요, ~을/를, -고 싶다, ~에서, -ㅂ니다/-습니다, -(으)ㄹ 수 있다, 못, -았/었-, -(으)려고, -아/어서, -고 있다, ~보다, -아/어 보세요, -(으)ㄴ는, -(으)면, -아/어 봤다, ~(으)로, -아/어 주다

〈표 5-25〉에서 알 수 있듯이, 대안학교 교재는 구체적인 문법 설명이 거의 제시되어 있지 않고, 연습 및 활동 또한 매우 제한적이다. 또한 의사소통을 위한 구어체 표현 위주로 구성되어 있다는 것이 특징이라고 할 수 있다. 그리고 기타 「아름다운 한국어」는 충분한 문법이 제시되어 있고 연습과 활용이 충분하게 제시되어 있는 반면, 「Korean Language in Action」에서는 문법 요소가 제시되어 있기는 하지만 충분한 연습과 활동 부분이 부족하다는 것을 알 수 있다.

따라서 초급수준부터 학습자의 의사소통을 정확하게 습득하기 위해 문법은 계속 다루어져야 하지만, 초급에서 문법을 너무 강조하게 되면 통제된 연습 활동에 지나치게 의존하게 되고, 유창성을 방해하는 요인이 되므로 주의해야 한다.

4) 담화(text type) 유형

원진숙(2011)은 초급수준에서 KSL 지도교사 한 집단의 80% 이상이 '문장', '문장의 연쇄', '대화문' 등이 우선적으로 포함되어야 한다고 지적했지만, 귀국 자녀반 담당교사, 이중언어강사 집단의 70% 미만이 '문장', '문장의 연쇄', '대화문' 등이 포함되어야 한다고 지적했다. 또한 중급수준에서는 세 집단 모두 70% 미만이 담화 유형을 중요한 요소가 아니라고 주장했다.

〈표 5-26〉과 같이 대학교 교재 초급, 중급 모두 충분한 담화 유형이 제시되어 있다. 대안학교 교재와 기타 교재는 실생활 위주의 담화로 구성되어 있지만, 매우 제한적으로 보인다. 이와 같이 담화 유형은 초·중급의 전반적 수준에서 앞에서 제시된 개념, 기능 등의 항목과 비교하여 교육과정에 넣어야 할 중요한 요소는 아닌 것으로 판단된다.

따라서 초급에서 지나친 담화와 화용은 오히려 학습자에게 부담을 주고 정확성을 저해하는 요인이 될 수 있으므로 학습 내용의 연계성과 위계성을 고려하여 중·고급에서 확장하는 것이 바람직하다.

〈표 5-26〉 담화 유형

원진숙(2011) 연구		
문장, 문장의 연쇄/대화문, 생활문, 설명문, 실용문, 메모, 초대장, 안내문, 표지, 광고, 일기예보, 편지		

무지개청소년센터	아시아공동체학교	새날학교
문장, 담화/담화문, 초대장	문장, 문장의 연쇄/대화문, 생활문, 설명문, 실용문, 메모, 초대장, 안내문, 표지, 광고	문장, 문장의 연쇄/대화문, 생활문, 설명문

아름다운 한국어	「Korean Language in Action」 (청소년을 위한 초급 한국어)
문장, 문장의 연쇄/대화문, 생활문, 설명문, 실용문, 메모, 초대장, 안내문, 표지, 광고, 일기예보, 편지	문장, 대화문, 생활문, 실용문, 메모, 광고, 설명문, 발표문, 공고, 기사

4.
교재 분석 결과와 개발방안

이 장에서는 이해영(2001)과 원진숙(2011)의 틀을 기준으로 대안학교 교재 초급, 그리고 기타 교재로 구분하여 분석했다.

대안학교 교재를 분석한 결과, 다음과 같은 특징이 나타났다.

첫째, 기관에서 교사들이 가르치기에 편리하도록 만든 교재라는 것을 알 수 있지만, 학습 경험으로 만들어진 교재이므로 내용과 구성의 검증이 필요하다.

둘째, 기관 외의 교사가 사용할 때에는 지침서와 부교재가 없어서 어려울 수 있다.

셋째, 삽화와 내용의 연계가 일관성이 없고, 삽화의 수준이 세련되지 못한 부분이 있다.

넷째, 과제 활동이 없거나 많이 부족하여 부교재의 개발이 필요하다.

다섯째, 학습자의 목적에 맞는 주제와 문법 등 교재 내용의 체계적인 연계가 필요하다.

여섯째, 말하기, 듣기, 읽기, 쓰기 영역과의 통합활동과 각 영역별 내용이 부족하고, 어휘력 향상과 어휘학습 전략을 개발하기에 부족한 편이다.

일곱째, 중도입국 학생들의 진학을 위한 문법 항목의 관련성 부분에서 순차적 연계가 잘 이루어져 있지 않다.

따라서 세 대안학교 교재 모두 체계적인 교수학습 내용의 연계가 부족하고, 문법이나 과제 활동 등이 제한적이고 부족한 경우가 대부분이기 때문에 대안학교 교재로서 적합하다고 판단하기가 어렵다.

일반 목적의 학습자들을 대상으로 한 기타 교재의 특징은 다음과 같다.

첫째, 일반 교육기관에서 가르치기에 편리하도록 만든 교재다.

둘째, 삽화와 그림 등이 많이 제시되어 있어서 학습자의 흥미유발에 도움이 될 수 있고, 교사가 부교재를 준비하는 데 도움이 될 수 있다.

셋째, 과제 활동에서 보기를 제시하여 학습자들이 활동하도록 용이하게 한 것과 앞에서 수업한 내용이 연계되어 반복적으로 나오는 것이 좋은 점이라 할 수 있다.

넷째, 「청소년을 위한 초급 한국어」는 학습자의 특징에 맞는 구성과 내용이 동기 유발에 도움이 될 수 있지만, 중·고급 학습자를 위한 교재가 없어 내용의 연계성이 부족할 수 있다.

따라서 「아름다운 한국어」는 대안학교 교재로 사용해도 무방할 정도로 체계적인 교수학습 내용으로 구성되었다는 것을 알 수 있다. 그리고 「Korean Language in Action(청소년을 위한 초급 한국어)」는 학습자의 흥미와 동기를 부여하는 데 적절할 수 있지만, 초·중급 과정의 연계가 잘 이루어지지 않아서 좀 더 체계적인 구성이 필요하다고 할 수 있다.

다양한 한국어교재의 분석을 통해 한국어교육 교재를 개발하는 방안을 제시하면 다음과 같다.

첫째, 한국어교육을 위한 표준 교육과정이 필요하다.

실제 각 학교나 단체에서 한국어교육 교재를 제작하여 사용하고 있지만 교육과정에 근거하지 않은 자체 교재가 대다수를 차지하고 있기 때문이다.

둘째, 표준 듣기 교재의 개발이 시급하다.

대안학교 교재의 과제 활동이 부족한 것은 각 영역별 공통점으로 나타나지만, 가장 시급한 것은 표준화된 듣기 교재의 개발이다. 현재 각 대안학교에서 사용하는 듣기 교재는 교사의 역량에만 의존하고 있는 것이 현실이다. 하지만 초기 한국어교육 학습자의 잘못된 화석화를 방지하기 위해 표준 발음과 억양의 듣기가 선행되어야 제대로 된 말하기가 가능하다.

셋째, 표준화된 부교재의 개발이 필요하다.

각 대안학교의 교사들은 한국어교육 교재뿐만 아니라 표준화된 부교재의 필요성을 언급하고 있다. 현재 대다수 한국어 교사들은 각자 부교재를 준비하고 있는데, 그 또한 교사의 역량에만 의존하고 있기 때문에 표준화되고 학습자의 수준을 고려한 부교재의 개발이 필요하다고 할 수 있다.

넷째, 한국의 중등 교육과정에 포함되어 있는 주제와 내용을 연계해야 한다.

한국의 중등 교육기관으로 편입되어야 할 학생들은 또래의 한국 중등 교육과정에 있는 주제와 내용에 해당하는 어휘를 숙지해야 하고, 이를 충분히 포함하는 교재개발이 있어야 할 것이다.

VI

결론 및 제언

한국사회는 다문화사회로의 진입이 급속도로 이루어지는 상황에서 발생하는 여러 가지 어려움을 교육적 차원에서 그 해답을 찾고자 많은 노력을 기울이고 있다. 이러한 노력은 국가 수준 교육계획의 기본이라고 할 수 있는 교육과정을 통해서도 확인할 수 있다. 2009년 개정된 교육과정 총론에서 제시한 '문화적 소양과 다원적 가치에 대한 이해', '세계와 소통하는 시민으로서 배려와 나눔의 정신'은 우리 교육이 추구해야 하는 인간상으로 다문화사회를 역동적으로 수용하고자 하는 의지가 표출된 것이라고 할 수 있다. 특히, 다문화가정 학생의 진로 및 직업 선택에 있어서 불평등한 사회 계층구조를 지속적으로 재생산할 수 있다는 우려가 기존의 공교육의 틀에 나타나고 있어서 이에 대한 대안으로 다문화학교의 필요성이 대두되고 있다. 학교는 다문화가정 학생에게 있어서 문화적 차이를 본격적으로 경험하게 되는 최초의 공식적인 장이며, 학교에서의 생활에 따라 이후의 성공적인 사회적응에 영향을 미치고 있다.

보다 적극적인 대처 방안으로 인천광역시 교육청은 다문화가정 학생에게 맞춤형 교육을 지원하기 위해 공립 다문화 대안학교인 '인천한누리학교'를 2013년 3월에 설립하여 운영하고 있다.

본 연구에서는 한국과 외국의 대안학교를 중심으로 다문화 대안교육을 살펴보았다. 이상의 논의를 토대로 다문화 대안교육의 방향을 제시하면 다음과 같다.

첫째, 다양한 민족의 통합과 민족 간 긍정적 접촉을 지지하는 학습환경 조성을 위해 다문화 대안학교의 한국어 수준별 학년 통합학급 편성 및 조정이 요구된다. 현재의 다문화 대안학교 학급 편성의 경우 국가가 편중된 학급도 있으며, 특히 한국어 수준차로 인해 교육과정 활동의 목적 도달에 제한점이 있는 상황이다.

둘째, 다문화학교의 조건 중 하나인 '교사의 긍정적 기대'를 위해 보다 전문적이고 다양한 교원 연수 및 교육 프로그램 지원이 필요하다. 현재 다문화 대안학교나 여러 기관에서 실시되고 있는 교원 연수 프로그램은 실제 다문화교육보다 일반 교과 과정 또는 한국어교육, 사회 통합교육으로서의 다문화교육 연수들이

주를 이루고 있다. 이제 다문화교육의 개념 또는 한국어 중심, 사회통합 중심의 틀에서 벗어나 실제 다문화학교 운영과 다문화교육 과정 중심의 다문화교육 전문성 제고를 위한 연수 또는 교육이 요구된다.

셋째, 다문화 대안교육 활성화를 위해 대학 또는 다문화교육센터 중심의 다문화교육과정 운영을 위한 연구 활동 및 지원이 시급하다. 아직까지 다문화 대안학교들이 이제 시작인 단계로 초등 6년 또는 중등 6년 이상의 교육과정 운영 경험이 없는 편이다. 바야흐로 다문화교육 과정 계획수립 · 실행 · 평가에 이르기까지의 '준비-실행-피드백'의 교육활동이 동시에 진행되어야 하는 상황이다. 그렇기 때문에 다문화교육 전문 교수, 기관 담당자, 교육청의 교육과정(교육과정 계획, 교수-학습 프로그램 개발 지원 등) 지원이 필요하다.

넷째, 앞으로 다문화 대안학교는 지역사회 학교로서의 기능을 담당할 수 있는 학교가 되어야 한다. 아직까지 한국의 다문화 대안학교는 다문화학교로서의 다문화교육과정 운영 내실화에 힘을 기울여야 하는 상황이다. 하지만 다문화 대안학교는 프로젝트 또는 단기간 실험적으로 운영되는 학교가 아닌 다문화사회로의 진입을 돕기 위한 교육 차원의 해결방안을 제시하면서 지속적으로 운영될 학교다. 따라서 지역사회의 다문화 인식도 개선 및 학교 교육활동의 활성화를 위한 지역사회 학교로서의 기능을 담당할 수 있는 학교 기관이 되어야 할 것이다.

다섯째, 다문화 대안학교는 다문화교육센터로서의 기능을 담당해야 한다. 현재 한국어교육 전문 기관을 제외하고는 공립학교, 대안학교의 다문화교육 지원을 위한 전문 연구기관이 없는 실정이다. 그렇기 때문에 다문화교육 전문가들의 집합체라 할 수 있는 인천한누리학교 같은 다문화 대안학교는 향후 다문화교육 관련 다문화교육과정 및 교수-학습 자료개발 등의 연구 활동을 통해 공교육과 대안교육 학교 현장의 다문화교육 활성화에 기여할 수 있는 전문 연구기관으로서의 기능을 담당해야 할 것이다.

이제 한국사회도 다양한 인종과 문화를 공존하는 '다민족 · 다문화사회'로 빠르게 변화하고 있음을 아무도 부인하지 않는다. 서로 협력하고 공존할 줄 아는 공동체적인 삶의 태도와 포용할 수 있는 시민정신을 키워야 할 때다.

다문화가정 학생들은 한국문화와 이(異)문화를 제대로 배움으로써 대외적으로 한국문화를 전 세계에 체계적으로 신속하게 전파하는 자랑스러운 한국인이 될 것이다. 다문화가정 학생들이 우리와 함께 부모 나라의 문화를 자랑스럽게 여기고 우리 사회의 당당한 일원으로 성장한다면 아시아 공동체, 더 나아가 세계를 상대로 훌륭한 역할을 수행할 수 있는 글로벌 인재가 될 것이다. 학교의 역할이 중요한 이유가 여기에 있다.

참고문헌

강대중(2013), 중도입국 학생의 학교생활 분석, 한국실과교육학회지 Vol.26 No.2, 215-234.

강일국(2010), 다문화 대안학교 "새날학교" 연구 농어촌: 다문화가정 교육지원을 위한 기초연구, 교육과정연구 Vol.28 No.4, 1-28.

강주현(2008), 해외 다문화사회 통합 사례연구: 덴마크 사례를 중심으로, 다문화 사회연구 1권 1호, 105-134.

강현석(2008), 다문화교육과정 설계에서 문화심리학의 적용가능성 탐색, 사회과교육 47(2), 23-57.

강현화(2007), 한국어 교재의 문형 유형 분석-문형등급화를 위해, 한국어교육 18(1), 1-21.

강화군다문화가족지원센터: 2009 다문화가족지원센터 사업계획서.

_____: http://happylog.naver.com/ghfc07.do

강휘원(2006), 한국 다문화 사회의 형성 요인과 통합 정책, 중앙행정논집 20(2), 5-34.

교육과학기술부(2009), 교과교육과정 내용 연계와 적정화 방안 연구, 교육과학기술부.

_____(2012. 06), 다문화가정 학생 자료집, 교육과학기술부.

교육부(1998), 초등학교 교육과정 해설(Ⅰ): 총론, 재량활동. 대한교과서주식회사.

구자억 외(2005), 동서양 주요 국가들의 새로운 학교. 문음사.

권낙원 · 민용성 · 최미정(2008), 학교 교육과정 개발론. 학지사.

권효숙(2006), 탈북청소년을 위한 대안학교의 적응교육: 문화기술적 사례연구, 한국교육, Vol.33 No.3, 89-120.

近藤敦(2009), 日本在住外国人に関する法制度-特集 1 グローバル化する世界における多文化主義: 日本からの視点-学術の動向, 20-30.

금명자 · 권해수 · 류진아 · 장진이 · 이경아(2006), 위기청소년통합지원체계와 연계한 학교상담 모형 연구, 청소년상담연구 127.

김기하(2008), 사회 통합을 위한 법의 역할 - 내 체류외국인 정책 -, 저스티스 106호, 218-237.

김명정(2011), 동반 · 중도입국 자녀들을 위한 다문화교육, 교육문화연구 Vol.17 No.2, 55-76.

김병성(1986), 고등학교 교육체제 개선방향, 한국교육 13(1).

김복래(2009), 프랑스, 영국, 미국의 다문화 주의에 대한 비교고찰: 삼국의 이민 통합 정책을 중심으로, 유럽연구 27권 1호, 207-236.

김상무(2010), 독일의 상호문화교육정책이 한국 다문화교육정책에 주는 시사점, 교육사상연구 24(3), 65-89.

김세훈(2006), 다문화사회의 문화정책, 한국행정학회 학술대회 발표논문집. 한국행정학회, 461-470.

김연희 · 김영주(2010), 다문화가정 자녀를 위한 한국어 교재 분석 - 기초 문식성을 중심으로, 이중언어학회 43, 55-79.

김영순 외 역(2010), 다문화교육과 인간관계, 교육과학사.

김영순 외(2012), 공립다문화대안학교 체제 및 운영 연구. 최종보고서.

김영옥(2008), 유아 다문화교육의 통합적 적용. 학지사.

김옥일 · 채경진 · 박광국(2009), 다문화 정책의 전략적 우선순위에 관한 탐색적 연구: 기초자치단체 다문화 정책을 중심으로, 한국사회와 행정연구 20권 2호, 115-135.

김용찬(2008), 서유럽국가 이주민 통합 정책의 수렴 경향에 관한 연구: 영국, 프랑스, 독일 사례 분석. 대한정치학회보 제16집 1호, 89-108.

김원섭(2008), 여성 결혼 이민자 문제와 한국의 다문화 정책 - '다문화 가족지원법'의 한계와 개선 방안 - , 민족연구 36권, 112-135.

김이선 · 김민정 · 한건수(2006), 국제결혼 이주 여성의 문화적 갈등 경험을 통해 본 문화간 소통의 현실, 경제인문사회연구회 학술세미나 발표논문집, 131-160.

김인희(2010), 교육복지와 격차 해소를 위한 교육복지정책의 과제, 한국 사회정책 17권 1호, 129-175

김일형(2004), "마그넷스쿨", 아시아태평양교육학회, 한국교육포럼 학술대회 자료집, 85-116.

김정민(2014), 중도입국 다문화가정 청소년의 다문화 대안학교 학습경험 탐색, 단국대학교 박사학위논문.

김창아 · 김영순(2013), 교육연극을 활용한 다문화 대안학교의 한국어교육 프로그램 실행연구, 교육과학연구 Vol.44 No.3, 241-269.

김창아 · 김영순 · 홍정훈(2014), 교육연극 활동에 참여한 다문화대안학교 초등생의 협동학습 경험에 관한 연구, 학습자중심교과교육연구 Vol.14 No.4, 177-205.

김창아 · 오영훈 · 조영철(2014), 진학목적의 다문화 대안학교 교육과정 개발에 대한 탐색적 연구 - 입학사정관제 전형을 중심으로 - , 인문과학연구 Vol.32, 143-173.

김태연(2004), 도쿄슈레, 한국교육포럼 학술대회 자료집, 61-83.

김평국(2005), 중등학교 교사들의 교과내용 재구성 실태와 그 활성화 방향. 교육과정연구 23(4), 91-130.

김헌민 · 김유미 · 박지현(2008), 다문화 사회의 정책적 이슈에 대한 고찰, 한국행정학회 학술대회 발표논문집, 601-622.

김형수(2008), 한국 다문화 정책공동체의 연계 방안에 관한 연구, 한국동북아논총 46, 127-151.

김홍태(2000), 차터스쿨 운영의 실제에 관한 연구, 교육행정학연구 18(3), 385-408.

김효선 · 김성길(2010), 다문화 대안학교 학습자 배움 저해 요인, 배움학 연구 Vol.2 No.1, 53-65.

김효선 · 한진상(2012), 다문화 대안학교에서의 교사봉사자 경험에 대한 자문화기술지, 교원교육 Vol.28 No.3, 67-89.

＿＿＿＿(2014), 다문화대안학교의 다문화가정 청소년 문제행동 유형 및 원인 분석 연구, 미래교육연구 Vol.4 No.2, 61-83.

김흥주 · 박길태(2010), 다문화가정 청소년의 생활실태와 복지욕구 특징: 일반청소년과 비교 분석을 중심으로, 사회과학

연구 49(1), 93-128.

박병량(2006), 학교발전의 새로운 방안, 지방교육경영, 11.

_____(2009), 다문화가족 자녀의 적응유연성 연구, 동신대학교 대학원, 박사학위논문.

박봉수 · 선곡유화 · 이영선(2014), 일본의 이주배경 아동 · 청소년을 위한 지원 제도 고찰: 학교 적응 및 지원 중심으로, 청소년문화포럼 40.

박승배(2007), 교육과정학의 이해. 학지사.

박채복(2008), 한국 이주자 사회 통합 정책의 방향과 과제, 한국동북아논총 46, 253-274.

방기혁(2011), 초등 다문화 대안학교의 교육과정 개발, 한국실과교육학회지 Vol.24 No.2, 25-48.

_____(2012), 중학교 수준의 공립형 다문화 대안학교 교육과정 개발 및 편성에 관한 연구, 다문화교육연구 Vol.5 No.1, 93-115.

_____(2013), 다문화 대안학교를 위한 고등학교 수준의 교육과정 개발 및 편성, 다문화교육연구 Vol.6 No.3, 21-53.

방기혁 · 신운호(2011), 다문화 대안교육 프로그램의 분석 및 발전 방향, 실과교육연구 Vol.17 No.2, 237-256.

방성원(2011), 한국어교재 및 교육 자료 연구 동향 분석, 이중언어학 47, 591-626.

보건복지가족부(http://www.mw.go.kr/front/jc/sjc1102ls.jsp)

福田誠治 · 末藤美津子(2005). 世界の外国人学校. Tokyo, Japan. 東信堂.

서울시교육청(2012), 교무행정지원사 업무 길라잡이.

서혁(2007), 세계화와 국어교육, 한국어교육과 국어교육의 관계 설정 – 상호 발전과 세계화를 위한 과제 –, 國語教育學研究 30권, 51-86.

설규주(2009), 현상 따라잡기를 넘어서 다문화교육으로, 2008 KSCS KSSEE 국제학술대회 자료집, 135-139.

성열관(2004), 마그넷스쿨을 통한 교육과정 혁신 방안 고찰: 뉴욕 센트럴파크이스트 중등학교(CPESS) 사례를 중심으로, 경희대학교 교육발전연구소 논문집 20(1), 89-105.

송륜진(2011), 다문화적 수학수업 개발 연구, 이화여대 박사학위논문.

신동희(2011), 아시아 5개 국가의 초등 과학 교과서 지구과학 내용 비교 – 외국인 근로자 가정 초등학생들을 위해 –, 한국초등과학교육 30호, 38-50.

심보선(2007), 온정주의 이주노동자 정책의 형성과 변화 – 한국의 다문화 정책을 위한 시론적 분석 –, 담론 201 10권 2호, 41-76.

오성배(2006), 한국사회의소수 민족(ethnic minority), '코시안'(Kosian) 아동의 사례를 통한 다문화교육의 방향 탐색, 교육사회학 연구 제16권 4호, 137-157.

_____(2010), 인천 공립 다문화 대안학교 설립 타당성 조사 및 운영 방안연구.

오영훈(2009), 다문화교육으로서 상호문화교육 – 독일의 상호문화교육을 중심으로 –, 교육문화연구, 15(2), 27-44.

오영훈 · 박봉수 · 허숙 · Phan Thi Huyen Trang(2012), 중도입국청소년을 위한 초급 한국어 교재 개발 방안 연구, 다문화교육 Vol.3 No.2, 51-73.

오영훈 · 방현희 · 정경희(2015), 다문화대안학교 특성화교과과정 분석 연구: 인천한누리학교와 새날학교를 중심으로, 다문화와 평화 제9집 3호, 1-23.

오영훈 · 허숙(2012), 중도입국학생을 위한 한국어교육 교재 분석 연구 – 새날학교와 아시아공동체학교의 한국어교재를 중심으로 –, 텍스트언어학 33호, 409-433.

우평균(2008), 다문화 공생사회에서의 국적 개념의 의의와 각국의 정책, 한국국제정치학회 학술대회 발표논문집, 201-215.

원진숙(2010), 초등학교 다문화가정 학생을 위한 언어 교육 프로그램, 한국초등국어교육 40권, 158-187.

_____(2011), 다문화가정 학생을 위한 한국어(KSL) 교육과정 개발연구, 2011년도 교육정책네트워크 협동연구과제, 한국교육개발원, 서울교육대학교.

유동석(2010), 다문화 문식성 교육 내용 체계화 연구, 부산대학교 박사학위논문.

은선경(2009), 다문화가족 자녀의 학교적응에 영향을 미치는 요인에 관한 연구: 가족기능의 조절 효과를 중심으로, 숭실대학교 박사학위논문.

이경진 · 김경자(2005), "실행"을 중심으로 본 교육과정의 의미와 교사의 역할. 교육과정연구 23(3), 57-80.

이병환 · 김영순(2008), 대안교육의 실천과 모색, 학지사.

이성순(2008), 이민자의 사회 통합 프로그램 이수제 도입에 관한 고찰, 다문화사회연구 1권 1호, 347-357.

이수정(2007), 다문화 사회의 통합을 위한 인문학적 이슈 개발-다문화 공생을 위한 제도적 지원-, 인문논총 15권, 11-20.

이완기(2008), 초등영어교육론(개정4판). 문진미디어.

이용일(2007), 이민과 다문화 사회로의 도전-독일의 이민자 사회 통합과 한국적 함의-, 서양사론 92권, 219-254.

이의갑 외(2008), 초등학교 교육과정 해설 외국어(영어). 한국교육과정평가원.

이인회(2008), 미국 교육개혁의 최근 동향-뉴욕주 charter school movement를 중심으로-, 충북대학교 교육개발연구소, 教育研究論叢 29(1), 93-116.

이종열(2008), 다문화 정책과 민주주의: 미국 사례, 한국행정학회 학술대회 발표논문집, 51-65.

이종열 · 황정원 · 노지영(2008), 다문화 정책의 거버넌스 접근-인천광역시 사례를 중심으로-, 한국행정학회 학술대회 발표논문집, 75-95.

이해영(2001), 학습자 중심 수업을 위한 교재 분석, 한국어교육 12-1, 199-232.

이혜경(2009), 다문화 가족 지원 정책의 유형화에 관한 연구. 한국가족복지학 25권, 147-166.

이화성(2004), "차터스쿨", 아시아태평양교육학회 한국교육포럼 학술대회 자료집, 146-171.

인천선학초등학교 · 인천신현초등학교 · 인천한누리학교(2014), 교육부요청 인천광역시교육청지정 다문화교육정책연구학교 합동종결보고서.

일본 대안학교 협회: http://www.t-net.ne.jp

일본 도쿄슈레: www.shure.or.jp/

일본 프리스쿨 네트워크: http://dir.yahoo.co.jp/Education/K_12/Free_School

임명희 · 최안복(2007), 다문화교육과정과 관련 변인에 관한 이론적 고찰, 한국보육학회지 7(1), 1-24.

장영희(1997), 유아를 위한 다문화교육의 개념 및 교수방법에 대한 이론적 고찰, 성신연구논집 35, 295-314.

장인실(2003), 다문화교육이 한국 교사 교육과정 개혁에 주는 시사점, 교육과정연구 21(3), 409-431.

_____(2011), 공립형 다문화 대안학교 교육과정 총론(시안) 개발 연구. 한국교육개발원 연구보고서.

전경옥(2007), 젠더 관점에서 본 다문화사회의 사회 통합, 아시아여성연구 46권 1호, 7-42.

전종미(2011), 다문화가정 청소년의 임파워먼트에 관한 연구, 성신여자대학교 박사학위논문.

정기섭(2005), 독일 대안학교 개념의 이해와 실천적 특징, 비교교육연구 15(4), 129-152.

정기섭(2013), 독일 헬레네-랑에-학교 사례 및 한국교육에의 시사점, 한국교육개발원 제6호.

정문성(2011), 공립형 다문화 대안 학교의 가능성에 대한 탐색, 다문화교육 Vol.2 No.2, 69-82.

정영근(2009a), 학교의 이중 언어수업과 상호문화교육-독일 베를린의 공립학교 이중 언어수업 실험모형을 중심으로-, 교육의 이론과 실천 14(1), 167-185.

_____(2009b), 학교 상호문화교육 프로그램 개발의 준거와 실례, 교육이론과 실천 14(2), 159-180.

_____(2011), 독일 초등학교의 상호문화교육-교육내용, 교수방법 및 교육프로그램을 중심으로-, 교육의 이론과 실천 16(2), 55-77.

정영수 외(2008), 각급학교 행정실 법제화의 타당성에 관한 연구, 수시현안정책연구 RI2008-5, 한국지방교육연구센터.

정정희(2006), 결혼 이주여성 자녀교육 프로그램 개발과 교육지원 방안, 경북대학교 연구보고서.

정제영 · 신인수(2009), 미국 차터스쿨의 학업성취도에 관한 메타분석, 教育行政學研究 27(1), 101-122.

정진주 · 이지영 · 임재환(2008), 일본 도쿄지역 프리스쿨 사례의 시설이용현황 조사연구, 한국교육시설학회지 15(1). 53-61.

정혜영 외(2008), 독일의 초등학교 교육. 문음사.

정희라(2007), 특집: 유럽과 미국에서의 이민자 통합: 영국의 자유방임식 다문화주의-영국적 전통과 이민자 통합-, 이화사학연구 제35집, 1-27.

조영철(2015), 다문화 대안교육의 현재와 미래, 2015 중등교육연구소 전국학술대회: 상생과 공존을 위한 대안 교육의 모색, 133-155.

주경철(2007), 특집: 유럽과 미국에서의 이민자 통합: 다문화주의에서 '문화전쟁'으로-네덜란드 이주민 통합 문제-, 이화사학연구 제35집, 59-82.

주효진(2008), 아시아의 다문화정책에 대한 비교 연구, 한국행정학회 학술대회 발표논문집, 89-104.

지종화 · 정명주 · 차창훈 · 김도경(2008), 다문화 국가와 정책 이론, 한국지방정부학회 학술대회논문집, 1-28.

한겨레신문(2011.10.27), http://www.hani.co.kr/arti/society/area/498272.html.

한국문화관광정책연구원(2006), 다문화 정책의 방향과 문화적 지원 방안 연구, 2006-19 정책 과제, 한국문화관광정책연구원.

한국여성정책연구원(2008), 다민족 · 다문화사회로의 이행을 위한 정책 패러다임 구축(Ⅱ)-다문화 역량 증진을 위한 정책 · 사회적 실천 현황과 발전 방향-(총괄보고서), 경제 · 인문사회연구회 협동연구총서 08-17-01, 2008 연구보고서-2.

한누리학교 홈페이지 http://hannuri.icesc.kr/main.do

[분석자료]

강정화 · 현지희 · 왕리 · 하윤주(2010), 기초 국어(상권). 새날학교.

_____(2010), 기초 국어(하권). 새날학교.

김혜영 · 박정선 · 오명옥 · 이성옥(발행연도 미상), 이주아동을 위한 한국어교재 2, 3. 아시아공동체학교, 고른 기회 장학재단.

이해영 · 이정덕 · 황선영(2010), Korean Language in Action. 하우.

재단법인 무지개청소년센터(2010), 중도입국 청소년 길잡이 프로그램 기초한국어 1, 2, 3. 재단법인 무지개청소년센터.

재단법인 무지개청소년센터(2010), 중도입국 청소년 길잡이 프로그램 중등용 1. 재단법인 무지개청소년센터.

한국교육개발연구원(2009), 아름다운 한국어 Ⅰ-1, Ⅰ-2, Ⅰ-3. 아름다운 한국어학교.

_____(2009), 아름다운 한국어 Ⅱ-1, Ⅱ-2. 아름다운 한국어학교.

_____(2009), 아름다운 한국어 Ⅲ-1, Ⅲ-2. 아름다운 한국어학교.

Auernheimer, G. (2007), Einführung in die interkulturelle Erziehung 5. Auflage. Darmstadt: Wissenschaftliche Buchgesellschaft.

Banks, J. A. (2002), An Introduction to Multicultural Education(3rd ed.). Boston: Allyn & Bacon.

Banks, J. A. & Banks, C. M. (2007), Multicultural Education: Issues and perspectives(6th eds.). New Jersey: Jon Wiley & Sons.

Kaiser, A. (2006), Praxisbuch interkultureller Sachunterricht. Baltmannsweiler: Schneider Verlag Hohengehren.

KMK(1996), Interkulturelle Bildung und Erziehung in der Schule. Beschluʼß der Kultusministerkonferenz vom 25. 10. 1996.

KMK(Kultusministerkonferenz) (2002), Bericht "Zuwanderung". Beschluss der Kultusministerkonferenz vom 24. 05. 2002.

Krüger-Potratz, M. (2006), Interkultureller Perspektivenwechsel in Erziehung und Schule am Beispiel Deutschlands und Frankreichs. In Niklas, H, Müller, B. & Kordes, H.(Hg.). Interkulturell denken und handeln. Frankfurt; New York: Campus.

LISUM (2008), Informationen zum Arbeitsgebiet Interkulturelle Bildung und Erziehung. Nr. 5.(LISUM=Landesinstitut für Schule und Medien Berlin-Brandenburg)

Nieke, W. (2008), Interkulturelle Erziehung und Bildung. Wertorientierungen im Alltag. 3. aktualisierte Aufl., Wiesbaden: Verlag für Sozialwissenschaften.

찾아보기

첨부 자료

다문화 대안학교의 교육과정을 위한 설문지

(중학교 1~3학년 군용: 국어과)

안녕하십니까?

저희는 다문화 대안학교 체제 및 운영 연구를 수행하고 있는 인하대학교 다문화 대안학교 연구팀입니다.

다문화 대안학교에서는 교육과학기술부 지침에 의거 일반학교 교육과정의 50% 수준으로 교육과정을 감축하여 운영하고자 합니다. 따라서 기존 교육과정에서 핵심이 되는 주제, 단원, 성취기준을 선정하여 교육과정을 재구성하여 운영할 예정입니다.

이에 본 연구팀은 다문화 대안학교 교육과정 수립을 위해 "각 교과별 전문가"를 대상으로 설문을 실시하고자 합니다.

설문에 응해주신 귀하의 의견은 앞으로 다문화 대안학교 교육과정 운영에 기초가 될 자료이므로 솔직한 답변을 부탁드립니다. 설문에 응답한 내용은 철저하게 비밀이 보장되며, 연구 목적 이외에는 절대 사용하지 않을 것을 약속드립니다.

설문에 응해주셔서 진심으로 감사합니다.

【설문 참여자 인적사항】

성명	근무기관	근무경력	E-mail 또는 연락처

문의: 인하대학교 다문화교육연구센터(032-860-8585)

본 설문은 다문화가정 자녀들이 우선적으로 이수해야 할 교육과정 단원 및 성취기준을 알아보기 위해 실시합니다.

귀하께서 생각하시는 이수 우선순위를 '이수 우선순위' 란에 기록해주십시오. 그 예는 아래와 같습니다.

예			
영역	단원	성취기준	이수 우선순위
구분 없음	우리가 살아가는 곳 (4개)*	① 우리가 살고 있는 곳의 위치를 지도, 인터넷 등을 이용하여 찾아보고, 우리나라에서 어디에 위치하고 있는지 말할 수 있다.	2
		② 지도는 방위, 기호 등으로 구성됨을 알고, 우리가 살고 있는 동네를 그림지도로 나타낼 수 있다.	3
		③ 우리 지역의 산, 강, 들, 바다의 모습을 살펴보고, 그와 같은 환경과 더불어 살아가는 사람들의 서로 다른 생활 모습을 이해할 수 있다.	1
		④ 우리 지역의 주요 산업을 사례로 우리 지역의 변화에 대해 이해할 수 있다.	4

*은 성취기준(단원) 수를 의미함

뒷장에 계속 ↓

다음은 각 교과의 단원별(영역별) 성취기준에 대한 이수 우선순위와 관련한 질문입니다. 이수 우선순위를 번호로 기록해주시기 바랍니다.

영역	내용 · 성취기준	이수 우선순위
듣기 -말하기 (12)	1. 듣기와 말하기의 소통과정을 이해하고 효율적인 듣기와 말하기 계획을 세운다.	
	2. 공식적인 상황에서 상대의 말을 정리하며 듣고, 자신의 의견을 조리 있게 말한다.	
	3. 인물이나 관심사를 다양한 방법으로 소개하거나 설명한다.	
	4. 담화에 나타난 설득의 전략을 파악하고 평가한다.	
	5. 주변에서 일어나는 문제에 대해 의견을 조정하며 토의한다.	
	6. 다양한 논제에 대해 토론하고 토론의 과정과 결과를 평가한다.	
	7. 대화의 상황과 맥락을 이해하고 상대의 이야기에 공감하며 듣고 말한다.	
	8. 목적과 상대에 따라 말하기 방식의 차이를 고려하며 대화를 나눈다.	
	9. 사회적으로 의미가 있는 내용을 매체 자료로 구성하여 발표한다.	
	10. 화법의 다양성을 이해하고 서로 다른 집단 간의 소통의 중요성을 안다.	
	11. 협상의 중요성을 이해하고, 의견과 주장이 다른 상대와 협상을 통해 문제를 해결한다.	
	12. 전통적으로 듣기 · 말하기 문화를 이해하고, 오늘날의 듣기 · 말하기 문화를 성찰한다.	
읽기 (11)	1. 지식과 경험, 글의 정보, 읽기 맥락을 토대로 내용을 예측하며 글을 읽는다.	
	2. 글이나 매체에 제시된 다양한 자료의 효과와 적절성을 평가하며 읽는다.	
	3. 읽기 목적에 따라 적절한 방법으로 글의 내용을 요약한다.	
	4. 설명 방식을 파악하며 설명하는 글을 읽는다.	
	5. 논증 방식을 파악하며 주장하는 글을 읽는다.	
	6. 글의 내용을 토대로 질문을 생성하며 능동적으로 글을 읽는다.	
	7. 동일한 대상을 다룬 서로 다른 글을 읽고 관점과 내용의 차이를 비교한다.	
	8. 글의 표현 방식을 파악하고 표현의 효과를 평가한다.	
	9. 자신의 삶과 관련지으며 글의 의미를 해석하고 독자의 정체성을 형성한다.	
	10. 읽기의 과정과 원리를 이해하고 자신의 읽기 과정을 점검하며 조절한다.	
	11. 읽기의 가치와 중요성을 깨닫고, 읽기를 생활화하려는 태도를 지닌다.	
쓰기 (10)	1. 주제, 목적, 독자를 고려하여 쓰기 과정을 계획하고, 점검하고 조정한다.	
	2. 설명하고자 하는 대상이나 개념에 맞게 적절한 설명 방법을 사용하여 독자가 이해하기 쉽게 글을 쓴다.	

↓ 뒷장에 계속

영역	내용 · 성취기준	이수 우선순위
쓰기 (10)	3. 관찰, 조사, 실험한 내용을 절차와 결과가 드러나게 보고하는 글을 쓴다.	
	4. 의견의 차이가 드러나는 문제에 대해 타당한 근거를 들어 주장하는 글을 쓴다.	
	5. 학교나 지역사회에서 일어난 일에 대해 문제해결 방안이나 요구 사항을 담은 글을 쓴다.	
	6. 자신의 삶과 경험을 바탕으로 독자에게 감동이나 즐거움을 주는 글을 쓴다.	
	7. 자신의 삶을 성찰하고 계획하는 글을 쓴다.	
	8. 영상 언어의 특성을 살려 영상으로 이야기를 구성한다.	
	9. 매체의 특성이 쓰기의 내용과 형식에 미치는 영향을 고려하여 글을 효과적으로 쓴다.	
	10. 쓰기 윤리의 중요성을 인식하고 책임감 있는 태도로 글을 쓴다.	
문법 (11)	1. 언어의 본질과 기능을 이해한다.	
	2. 음운 체계를 탐구하고 그 특징을 이해한다.	
	3. 어문 규범의 기본 원리와 내용을 이해한다.	
	4. 음운 변동의 규칙성을 탐구하고 자연스러운 발음의 원리를 이해한다.	
	5. 단어의 짜임을 분석하고 새말이 만들어지는 원리를 이해한다.	
	6. 품사의 개념과 특성을 이해하고 단어를 적절하게 사용한다.	
	7. 문장의 구조를 탐구하고 자신의 생각을 다양한 구조의 문장으로 표현할 수 있다.	
	8. 어휘의 유형과 의미 관계를 이해하고 활용한다.	
	9. 문법적 기능을 담당하는 요소들의 특징을 이해하고 담화 상황에 맞게 사용할 수 있다.	
	10. 담화의 개념과 특성을 이해하고 담화 상황에 적합한 국어 생활을 한다.	
	11. 한글의 창제 원리와 가치를 이해한다.	
문학 (10)	1. 비유, 운율, 상징 등의 표현 방식을 바탕으로 작품을 이해하고 표현한다.	
	2. 갈등의 진행과 해결 과정을 파악하며 작품을 이해한다.	
	3. 다양한 관점과 방법으로 작품을 해석한다.	
	4. 표현에 드러나는 작가의 태도에 주목하며 작품을 이해하고 표현한다.	
	5. 작품의 세계가 누구의 눈을 통해 전달되는지 파악하며 작품을 수용한다.	
	6. 사회 · 문화 · 역사적 상황을 바탕으로 작품의 의미를 파악한다.	
	7. 작품의 창작 의도와 소통 맥락을 고려하며 작품을 수용한다.	
	8. 자신의 주체적인 관점에서 작품을 평가한다.	
	9. 자신의 일상에서 의미 있는 경험을 찾아 다양한 작품으로 표현한다.	
	10. 문학이 인간의 삶에 어떤 가치를 지니는지 이해한다.	

뒷장에 계속 ↓

다음은 각 교과의 내용에 대한 서술식 질문입니다. 다음의 질문에 맞추어 기술해주시기 바랍니다.

1. 교육과정 영역, 단원, 성취기준별 이수 우선순위와 별도로 본 교과의 구성내용 중 주제, 영역, 단원, 성취기준을 50% 수준으로 교육 내용을 감축할 경우 축소 또는 삭제 가능하다고 생각하는 내용을 다음의 4가지 영역에서 5가지 이상 기입해주시기 바랍니다(각각이 아닌 주제, 영역, 단원, 성취기준의 내용을 합쳐 5가지 이상임).

주제: _____

_____

영역: _____

_____

단원: _____

_____

성취기준: _____

_____

2. 다문화 대안학교 교육과정 재구성(50% 감축)을 위한 기타 의견을 써주십시오.

_____

_____

_____

_____

♣ 설문에 응해주셔서 감사합니다. ♣

중학교 1-3학년용: 영어과

본 설문은 다문화가정 자녀들이 우선적으로 이수해야 할 교육과정 단원 및 성취기준을 알아보기 위해 실시합니다.

귀하께서 생각하시는 이수 우선순위를 '이수 우선순위' 란에 기록해주십시오. 그 예는 아래와 같습니다.

	예		
영역	단원	성취기준	이수 우선순위
구분 없음	우리가 살아가는 곳 (4개)*	① 우리가 살고 있는 곳의 위치를 지도, 인터넷 등을 이용하여 찾아보고, 우리나라에서 어디에 위치하고 있는지 말할 수 있다.	2
		② 지도는 방위, 기호 등으로 구성됨을 알고, 우리가 살고 있는 동네를 그림지도로 나타낼 수 있다.	3
		③ 우리 지역의 산, 강, 들, 바다의 모습을 살펴보고, 그와 같은 환경과 더불어 살아가는 사람들의 서로 다른 생활 모습을 이해할 수 있다.	1
		④ 우리 지역의 주요 산업을 사례로 우리 지역의 변화에 대해 이해할 수 있다.	4

*은 성취기준(단원) 수를 의미함

뒷장에 계속 ↓

다음은 교과의 단원별(영역별) 성취기준에 대한 이수 우선순위와 관련한 질문입니다. 이수 우선순위를 번호로 기록해주시기 바랍니다.

영역	내용 · 성취기준	이수 우선순위
듣기 (9)	1. 일상생활이나 친숙한 일반적 주제에 관한 말이나 대화를 듣고 줄거리를 파악한다.	
	2. 일상생활이나 친숙한 일반적 주제에 관한 말이나 대화를 듣고 주제 및 요지를 파악한다.	
	3. 일상생활이나 친숙한 일반적 주제에 관한 말이나 대화를 듣고 의도나 목적을 파악한다.	
	4. 그림이나 도표에 관한 짧은 말이나 대화를 듣고 세부 내용을 파악한다.	
	5. 일상생활이나 친숙한 일반적 주제에 관한 말이나 대화를 듣고 세부 내용을 파악한다.	
	6. 일상생활이나 친숙한 일반적 주제에 관한 말이나 대화를 듣고 화자의 심정이나 태도를 파악한다.	
	7. 일상생활이나 친숙한 일반적 주제에 관한 말이나 대화를 듣고 일이나 사건의 전후 관계를 파악한다.	
	8. 일상생활이나 친숙한 일반적 주제에 관한 말이나 대화를 듣고 일이나 사건의 원인과 결과를 파악한다.	
	9. 일상생활이나 친숙한 일반적 주제에 관한 말이나 대화를 듣고 과업을 수행한다.	
말하기 (14)	1. 일상생활이나 친숙한 일반적 주제에 관해 주요 내용을 묻고 답한다.	
	2. 일상생활이나 친숙한 일반적 주제에 관한 말이나 글의 주제 및 요지를 말한다.	
	3. 일상생활이나 친숙한 일반적 주제에 관한 말이나 글의 세부 내용을 묻고 답한다.	
	4. 일상생활이나 친숙한 일반적 주제에 관한 서로 다른 입장을 나타내는 짧은 글을 읽고 차이점을 말한다.	
	5. 주변의 친숙한 대상을 간단히 묘사한다.	
	6. 주변의 친숙한 대상에 대해 좋아하거나 싫어하는 이유를 묻고 답한다.	
	7. 간단한 일상 용품의 사용법 등을 순서에 맞게 설명한다.	
	8. 일상생활이나 친숙한 일반적 주제에 관한 실물, 그림, 도표 등의 자료를 간단히 설명한다.	
	9. 일상생활과 관련된 간단한 문제를 해결하기 위해 절차나 방법을 묻고 답한다.	
	10. 일상생활에 관한 짧은 글을 읽고 이어질 내용을 추측하여 말한다.	
	11. 일상생활이나 친숙한 일반적 주제에 관한 일이나 사건의 원인과 결과를 묻고 답한다.	
	12. 일상생활에 관한 경험이나 계획에 대해 간단히 말한다.	
	13. 일상생활에 관한 느낌이나 의견을 묻고 답한다.	
	14. 일상생활이나 친숙한 일반적 주제에 관한 글이나 대화문을 활용하여 간단한 역할극을 수행한다.	

뒷장쟁예책속

영역	내용 · 성취기준	이수 우선순위
읽기 (12)	1. 일상생활이나 친숙한 일반적 주제에 관한 짧은 글을 소리 내어 읽고 의미를 파악한다.	
	2. 일상생활이나 친숙한 일반적 주제에 관한 짧은 글을 듣고 따라 읽으면서 의미를 파악한다.	
	3. 일상생활이나 친숙한 일반적 주제에 관한 글을 읽고 줄거리를 파악한다.	
	4. 일상생활이나 친숙한 일반적 주제에 관한 글을 읽고 주제 및 요지를 파악한다.	
	5. 일상생활이나 친숙한 일반적 주제에 관한 글을 읽고 글쓴이의 의도나 목적을 파악한다.	
	6. 그림이나 도표가 포함된 짧은 글을 읽고 세부 내용을 파악한다.	
	7. 일상생활이나 친숙한 일반적 주제에 관한 글을 읽고 세부 내용을 파악한다.	
	8. 일상생활이나 친숙한 일반적 주제에 관한 글을 읽고 낱말이나 어구의 의미를 문맥으로 추측한다.	
	9. 일상생활이나 친숙한 일반적 주제에 관한 글을 읽고 일이나 사건의 전후 관계를 파악한다.	
	10. 일상생활이나 친숙한 일반적 주제에 관한 글을 읽고 글의 연결 관계를 파악한다.	
	11. 일상생활이나 친숙한 일반적 주제에 관한 글을 읽고 일이나 사건의 원인과 결과를 파악한다.	
	12. 일상생활이나 친숙한 일반적 주제에 관한 글을 읽고 이어질 내용을 추측한다.	
쓰기 (12)	1. 주어진 낱말이나 어구를 활용하여 문장을 완성한다.	
	2. 주변의 실물, 그림, 사진, 도표 등을 보고 문장을 완성한다.	
	3. 일상생활이나 친숙한 일반적 주제에 관한 글을 읽고 결말을 완성한다.	
	4. 일상생활이나 친숙한 일반적 주제에 관한 말이나 글의 주요 내용을 쓴다.	
	5. 일상생활이나 친숙한 일반적 주제에 관한 글을 읽고 요지를 쓴다.	
	6. 일상생활이나 친숙한 일반적 주제에 관한 말이나 글의 세부 내용을 쓴다.	
	7. 주변의 사람, 대상 등을 묘사하는 간단한 문장이나 글을 쓴다.	
	8. 일상생활이나 친숙한 일반적 주제에 관한 그림, 사진, 도표 등을 설명하는 간단한 문장이나 글을 쓴다.	
	9. 일상생활에 관한 경험이나 계획에 대해 간단히 쓴다.	
	10. 일상생활이나 친숙한 일반적 주제에 관한 글을 읽고 느낌이나 의견을 간단히 쓴다.	
	11. 초대, 감사, 축하, 위로 등의 짧은 글을 쓴다.	
	12. 간단히 일기, 편지, 광고문, 안내문을 쓴다.	

뒷장에 계속 ↓

다음은 각 교과의 내용에 대한 서술식 질문입니다. 다음의 질문에 맞추어 기술해주시기 바랍니다.

1. 교육과정 영역, 단원, 성취기준별 이수 우선순위와 별도로 본 교과의 구성내용 중 주제, 영역, 단원, 성취기준을 50% 수준으로 교육 내용을 감축할 경우 축소 또는 삭제 가능하다고 생각하는 내용을 다음의 4가지 영역에서 5가지 이상 기입해주시기 바랍니다(각각이 아닌 주제, 영역, 단원, 성취기준의 내용을 합쳐 5가지 이상임).

주제: _____

_____

영역: _____

_____

단원: _____

_____

성취기준: _____

_____

2. 공립형 다문화 대안학교 교육과정 재구성(50% 감축)을 위한 기타 의견을 써주십시오.

_____

_____

_____

_____

♣ 설문에 응해주셔서 감사합니다. ♣

중학교 1-3학년 군용: 수학과

본 설문은 다문화가정 자녀들이 우선적으로 이수해야 할 교육과정 단원 및 성취기준을 알아보기 위해 실시합니다.

귀하께서 생각하시는 이수 우선순위를 '이수 우선순위' 란에 기록해주십시오. 그 예는 아래와 같습니다.

예			
영역	단원	성취기준	이수 우선순위
구분 없음	우리가 살아가는 곳 (4개)*	① 우리가 살고 있는 곳의 위치를 지도, 인터넷 등을 이용하여 찾아보고, 우리나라에서 어디에 위치하고 있는지 말할 수 있다.	2
		② 지도는 방위, 기호 등으로 구성됨을 알고, 우리가 살고 있는 동네를 그림지도로 나타낼 수 있다.	3
		③ 우리 지역의 산, 강, 들, 바다의 모습을 살펴보고, 그와 같은 환경과 더불어 살아가는 사람들의 서로 다른 생활 모습을 이해할 수 있다.	1
		④ 우리 지역의 주요 산업을 사례로 우리 지역의 변화에 대해 이해할 수 있다.	4

*은 성취기준(단원) 수를 의미함

뒷장에 계속 ↓

다음은 수학과의 단원에 대한 이수 우선순위와 관련한 질문입니다. 각 단원의 이수 우선순위를 번호로 기록해주시기 바랍니다.

영역(5개)	영역 이수 우선순위	영역 내 단원	영역 내 단원 이수 우선순위
수와 연산(5)		1. 소인수분해	
		2. 정수와 유리수	
		3. 유리수와 순환소수	
		4. 제곱근과 실수	
		5. 근호를 포함한 식의 계산	
문자와 식(7)		1. 문자의 사용과 식의 계산	
		2. 일차방정식	
		3. 식의 계산	
		4. 미지수가 2개인 연립일차방정식	
		5. 일차부등식과 연립일차부등식	
		6. 다항식의 인수분해	
		7. 이차방정식	
함수(3)		1. 함수와 그래프	
		2. 일차함수와 그래프	
		3. 이차함수와 그래프	
확률과 통계(3)		1. 도수분포와 그래프	
		2. 확률과 그 기본성질	
		3. 대푯값과 산포도	
기하(10)		1. 기본 도형	
		2. 작도와 합동	
		3. 평면도형의 성질	
		4. 입체도형의 성질	
		5. 삼각형과 사각형의 성질	
		6. 도형의 닮음	
		7. 닮음의 활용	
		8. 피타고라스의 정리	
		9. 삼각비	
		10. 원의 성질	

↓ 뒷장에 계속

다음은 각 교과의 내용에 대한 서술식 질문입니다. 다음의 질문에 맞추어 기술해주시기 바랍니다.

1. 교육과정 영역, 단원, 성취기준별 이수 우선순위와 별도로 본 교과의 구성내용 중 주제, 영역, 단원, 성취기준을 50% 수준으로 교육 내용을 감축할 경우 축소 또는 삭제 가능하다고 생각하는 내용을 다음의 4가지 영역에서 5가지 이상 기입해주시기 바랍니다(각각이 아닌 주제, 영역, 단원, 성취기준의 내용을 합쳐 5가지 이상임).

주제:
_____

_____

영역:
_____

_____

단원:
_____

_____

성취기준:
_____

_____

2. 공립형 다문화 대안학교 교육과정 재구성(50% 감축)을 위한 기타 의견을 써주십시오.

_____

_____

_____

_____

_____

♣ 설문에 응해주셔서 감사합니다. ♣

중학교용: 사회과

본 설문은 다문화가정 자녀들이 우선적으로 이수해야 할 교육과정 단원 및 성취기준을 알아보기 위해 실시합니다.

귀하께서 생각하시는 이수 우선순위를 '이수 우선순위' 란에 기록해주십시오. 그 예는 아래와 같습니다.

예

영역	단원	성취기준	이수 우선순위
지리	내가 사는 세계	① 위치를 표현하는 다양한 방법(예: 경위도 좌표, 랜드마크 활용 등)이 있음을 알고, 다양한 공간 스케일에 맞게 활용할 수 있다.	2
		② 경위도의 차이가 인간생활에 미치는 영향을 설명할 수 있다.	3
		③ 일상생활에서 다양한 지리정보기술이 활용되고 있음을 사례를 통해 이해한다.	1

*은 성취기준(단원) 수를 의미함

↓ 뒷장에 계속

다음은 각 교과의 단원에 대한 이수 우선순위와 관련한 질문입니다. 각 단원의 이수 우선순위를 번호로 기록해주시기 바랍니다.

영역	단원	이수 우선순위	명칭 변경이 필요하다면 변경했을 경우의 단원명
지리 (14)	1. 내가 사는 세계		
	2. 인간 거주에 유리한 지역		
	3. 극한 지역에서의 생활		
	4. 자연으로 떠나는 여행		
	5. 자연재해와 인간생활		
	6. 인구 변화와 인구 문제		
	7. 도시 발달과 도시 문제		
	8. 문화의 다양성과 세계화		
	9. 글로벌 경제와 지역 변화		
	10. 세계화 시대의 지역화 전략		
	11. 자원의 개발과 이용		
	12. 환경 문제와 지속 가능한 환경		
	13. 우리나라의 영토		
	14. 통일 한국과 세계시민의 역할		
일반 사회 (14)	1. 개인과 사회생활		
	2. 문화의 이해와 창조		
	3. 사회의 변동과 발전		
	4. 정치생활과 민주주의		
	5. 정치 과정과 시민 참여		
	6. 경제생활의 이해		
	7. 시장경제의 이해		
	8. 일상생활과 법		
	9. 인권 보장과 법		
	10. 헌법과 국가 기관		
	11. 국민 경제와 경제 성장		
	12. 국제 경제와 세계화		
	13. 국제사회와 국제 정치		
	14. 현대사회와 사회 문제		

뒷장에 계속 ↓

다음은 각 교과의 단원별(영역별) 성취기준에 대한 이수 우선순위와 관련한 질문입니다. 이수 우선순위를 번호로 기록해주시기 바랍니다.

영역	단원	성취기준	이수 우선순위
지리	1. 내가 사는 세계 (3)	① 위치를 표현하는 다양한 방법(예: 경위도 좌표, 랜드마크 활용 등)이 있음을 알고, 다양한 공간 스케일에 맞게 활용할 수 있다.	
		② 경위도의 차이가 인간생활에 미치는 영향을 설명할 수 있다.	
		③ 일상생활에서 다양한 지리정보기술이 활용되고 있음을 사례를 통해 이해한다.	
	2. 인간 거주에 유리한 지역(3)	① 인간 거주에 유리하거나 불리한 자연환경 조건을 생각해보고, 이에 따라 세계를 여러 지역으로 구분할 수 있다.	
		② 동남아시아와 서부 유럽에 인구가 밀집된 이유를 자연환경(예: 지형, 기후)과 경제활동(예: 농업) 측면에서 이해한다.	
		③ 인간 거주에 적합한 지역이 거주하기 불리한 지역으로 변화되거나 거주하기 불리한 지역이 거주에 적합한 지역으로 변화된 사례를 살펴보고 그 원인을 조사할 수 있다.	
	3. 극한 지역에서의 생활(3)	① 열대우림 지역에 거주하는 사람들의 생활양식을 지역의 자연환경과 연결지어 설명할 수 있다.	
		② 건조 지역에 거주하는 사람들의 생활양식을 지역의 자연환경과 연결지어 설명할 수 있다.	
		③ 툰드라 지역에 거주하는 사람들의 생활양식을 지역의 자연환경과 연결지어 설명할 수 있다.	
	4. 자연으로 떠나는 여행(3)	① 기후 환경과 관련하여 세계적으로 유명한 관광지를 찾고, 해당 지역의 기후 특징을 설명할 수 있다.	
		② 지형과 관련하여 세계적으로 유명한 관광지를 찾고, 해당 지역의 지형 특징과 그 지형의 형성 과정을 설명할 수 있다.	
		③ 우리나라의 매력적인 자연 경관을 선정하고, 해당 경관의 특징과 형성과정을 설명할 수 있다.	
	5. 자연재해와 인간 생활(3)	① 자연재해(예: 지진 및 지진해일 등)가 빈번히 발생하는 지역을 파악하고, 자연재해가 인간의 삶에 미치는 영향을 종합적으로 이해한다.	
		② 인간에 의해 자연재해의 피해가 증가하거나 감소할 수 있음을 사례(예: 홍수, 사막화 등)를 통해 이해한다.	
		③ 우리나라에서 발생하고 있는 자연재해의 종류와 특성을 이해한다.	
	6. 인구 변화와 인구 문제(3)	① 우리나라 및 세계의 인구 분포의 특징을 파악하고, 이에 영향을 미치는 지리적 요인의 지역차를 이해한다.	
		② 인구가 유입되는 지역과 유출되는 지역을 사례로 인구 이동의 다양한 원인을 파악할 수 있다.	

↓ 뒷장에 계속

영역	단원	성취기준	이수 우선순위
지리	6. 인구 변화와 인구 문제(3)	③ 지역에 따라 인구 문제의 차이가 있음을 이해하고, 우리나라가 당면한 저출산·고령화 현상의 원인, 문제점, 대책을 조사할 수 있다.	
	7. 도시 발달과 도시 문제(4)	① 도시의 의미를 파악하고, 우리나라 도시를 사례로 도시화 과정을 이해한다.	
		② 우리나라 주요 도시를 인구 성장의 관점에서 분류하고, 급격히 성장한 도시들의 공통점을 파악할 수 있다.	
		③ 도시 중심부에서 외곽지역으로 나가면서 관찰되는 경관의 변화와 변화의 원인을 설명할 수 있다.	
		④ 우리나라 혹은 세계 여러 도시를 대상으로 삶의 질을 분석한 후 살기 좋은 도시가 갖추어야 할 조건을 제안할 수 있다.	
	8. 문화의 다양성과 세계화(3)	① 세계에는 다양한 문화가 존재함을 파악하고, 문화의 지역차가 발생하는 이유를 지역의 자연환경, 경제·사회적 환경, 문화 전파의 관점에서 이해한다.	
		② 세계화에 따른 문화의 획일화와 융합 사례를 찾고, 세계화에 따라 문화적 갈등이나 문화적 창조가 나타남을 사례를 통해 이해한다.	
		③ 다른 문화(예: 종교, 언어)는 서로 공존하거나 갈등할 수 있음을 사례를 통해 이해한다.	
	9. 글로벌 경제와 지역 변화(3)	① 일상의 제품을 소재로 다국적 기업의 개념을 이해하고, 다국적 기업이 생산 공간을 어떻게 변화시키고 있는지를 이해한다.	
		② 세계화와 농업 생산의 기업화가 현지의 생산 구조와 토지 이용, 농작물의 소비 특성에 미친 영향을 이해한다.	
		③ 세계화에 따른 경제 공간의 불평등 사례를 조사하고, 이를 해결하기 위한 방안(예: 공정무역) 및 참여방법을 알아본다.	
	10. 세계화 시대의 지역화 전략(3)	① 세계화 시대에 있어 우리나라 전통 마을 및 생태도시가 지니고 있는 생태적 경쟁력을 파악한다.	
		② 지역 브랜드, 장소마케팅, 지리적 표시제 등 지역화 전략의 의미를 사례를 통해 이해한다.	
		③ 자신이 살고 있는 지역에 적합한 브랜드 개발 아이디어를 제시할 수 있다.	
	11. 자원의 개발과 이용 (4)	① 에너지 자원의 종류를 알고, 이용의 특징과 문제점을 지속가능성의 측면에서 탐구한다.	
		② 자원(예: 물, 석유 등)의 지리적 편재성을 이해하고, 자원 확보를 둘러싼 국가 간 경쟁과 갈등을 사례를 중심으로 파악할 수 있다.	
		③ 자원이 풍부한 국가를 사례로 자원이 그 지역 주민 생활에 어떤 영향을 미쳤는지 파악할 수 있다.	
		④ 신재생에너지를 성공적으로 활용하고 있는 사례를 조사하고, 우리나라의 신재생에너지 개발 현황 및 방향을 지리적 입지 특성 측면에서 분석할 수 있다.	
	12. 환경 문제와 지속 가능한 환경(3)	① 전 지구적인 차원에서 발생하는 환경 문제(예: 지구온난화 등)의 원인을 알고, 지속 가능성의 측면에서 이를 해결하기 위한 개인적·국제적의 측면 노력을 조사할 수 있다.	

뒷장에 계속↓

영역	단원	성취기준	이수 우선순위
지리	12. 환경 문제와 지속 가능한 환경(3)	② 이웃 국가에서 발원한 환경 문제(예: 황사 등)의 사례를 조사하고, 이를 해결하기 위한 국가 간 협력 방안을 제안할 수 있다.	
		③ 주변에서 경험 가능한 환경 관련 이슈(예: GMO, 로컬푸드 등)를 선정하여 이에 대한 자신의 생각을 논의할 수 있다.	
	13. 우리나라의 영토(3)	① 영토, 영해, 영공의 개념을 알고, 이를 통해 우리나라의 영역을 설명할 수 있다.	
		② 영토나 영해를 둘러싼 국가 간 갈등 사례를 조사하고, 그 원인을 탐구할 수 있다.	
		③ 독도의 중요성을 영역·경제·환경독도의 측면에서 설명할 수 있다.	
	14. 통일 한국과 세계시민의 역할(3)	① 북한의 개방 지역, 백두산, 비무장지대(DMZ)가 갖는 지리적 의미와 특성을 이해한다.	
		② 동아시아에서 우리 국토의 위치가 갖는 중요성을 바탕으로 국토 통일의 당위성을 인식하고, 이를 통해 세계 평화에 이바지하는 미래의 한국을 그려본다.	
		③ 지구 상의 다양한 지리적 문제(예: 국제이주, 기아, 난민, 분쟁 등)를 해결하기 위한 국제기구 및 국제 협력 사례를 찾고 공존의 의미를 파악한다.	
일반 사회	1. 개인과 사회생활(3)	① 사회화의 의미와 과정을 이해하고, 사회화 과정에서 나타나는 청소년기의 특징을 탐구한다.	
		② 사회적 지위와 역할의 의미를 이해하고 역할 갈등의 특징을 사례를 통해 탐구한다.	
		③ 사회 집단의 의미를 이해하고, 사례 분석을 통해 사회 집단의 특징을 탐구한다.	
	2. 문화의 이해와 창조(3)	① 문화의 의미를 이해하고, 사례 분석을 통해 문화가 가지는 특징을 제시할 수 있다.	
		② 문화를 바라보는 여러 가지 태도의 특징을 비교 분석하고, 다른 문화들을 이해하기 위한 바람직한 태도를 가진다.	
		③ 대중매체와 대중문화의 의미와 특징을 이해하고 사례 분석을 통해 문화와 미디어 간의 상호 작용(예: 문화의 전달과 창조)을 인식한다.	
	3. 사회의 변동과 발전(3)	① 현대 사회의 변동(예: 산업화, 정보화, 세계화 등)을 이해하고, 자료 분석을 통해 한국사회 변동의 특징을 제시할 수 있다.	
		② 한국사회의 변동 과정에서 나타난 남북분단에 대해 분석하고, 통일의 필요성에 대한 인식을 바탕으로 분단 극복 방안을 탐구한다.	
		③ 한국사회 변동의 최근 경향(예: 저출산국사회, 다문화적 변화 등)을 탐구하고, 사례 분석을 통해 이에 대한 대응 방안을 제시할 수 있다.	
	4. 정치생활과 민주주의(3)	① 정치의 의미를 다양한 관점에서 이해하고, 민주 정치 발전 과정에 대한 분석을 통해 민주 정치의 특징을 인식한다.	
		② 민주주의의 이념과 이를 실현하기 위한 민주 정치의 기본 원리를 이해한다.	

↓ 뒷장에 계속

영역	단원	성취기준	이수 우선순위
일반 사회	4. 정치생활과 민주주의(3)	③ 민주주의의 이념과 기본 원리를 구현하기 위한 민주 정치 제도를 정부형태 중심으로 탐구한다.	
	5. 정치 과정과 시민 참여(3)	① 정치 과정을 통해 다원적인 가치와 이익이 조정되고 있음을 이해하고, 정치 과정에 참여하는 다양한 정치 주체의 역할을 인식한다.	
		② 선거의 의미와 특징을 이해하고, 선거의 기본 원칙과 공정한 선거를 위한 제도 및 기관에 대해 조사한다.	
		③ 지방자치제도의 의미와 특징을 이해하고, 지역사회의 문제를 해결하기 위한 시민 참여 활동을 중심으로 지역사회의 정치 과정을 탐구한다.	
	6. 경제생활의 이해(3)	① 경제 활동과 희소성의 의미를 이해하고, 희소성으로 인해 직면하게 되는 경제적 선택에는 언제나 비용이 따른다는 것을 인식한다.	
		② 합리적 선택을 위해 비용과 편익을 고려해야 함을 인식하고, 재화나 서비스의 가격 이외에 합리적 선택을 위해 고려해야 할 요소들(예: 소득, 정보, 신용 등)에 대해 탐구한다.	
		③ 일생 동안 이루어지는 경제생활을 탐구하고, 경제적으로 지속 가능한 생활을 하기 위해 자산 관리의 필요성을 인식한다.	
	7. 시장경제의 이해(3)	① 수요와 공급의 상호작용을 중심으로 시장의 의미를 이해하고, 다양한 시장의 예를 제시할 수 있다.	
		② 수요법칙과 공급법칙을 이해하고, 사례 분석을 통해 상품 가격 이외에 수요와 공급에 영향을 미치는 요인을 탐구한다.	
		③ 수요법칙과 공급법칙을 토대로 시장 균형 가격의 결정원리를 이해하고, 사례 분석을 통해 수요 공급의 변화가 시장 가격 및 거래량에 미치는 영향을 탐구한다.	
	8. 일상생활과 법(3)	① 다른 사회규범과의 비교를 통해 법의 의미와 특성을 이해하고, 일상생활의 사례에 대한 분석을 통해 권리 보호와 분쟁 해결을 중심으로 법의 필요성을 인식한다.	
		② 규율하는 생활 영역 중심으로 법 규범을 공법, 사법, 사회법으로 구분하고, 사례 분석을 통해 각각의 특징에 대해 탐구한다.	
		③ 재판의 의미와 종류(예: 민사재판, 형사재판 등)를 이해하고, 심급제도가 가지는 법적 의의를 설명할 수 있다.	
	9. 인권 보장과 법(3)	① 인권 보장의 역사적 전개 과정을 이해하고, 인권 보장을 위한 장치로서 헌법의 의의를 인식한다.	
		② 우리나라 헌법에서 보장하고 있는 기본권의 내용을 이해하고, 기본권 제한과 관련된 내용을 헌법에 규정하고 있는 이유를 탐구한다.	
		③ 인권 침해 사례와 구제 방안에 대한 분석을 통해 인권 보장과 관련된 국가기관(예: 법원, 헌법재판소, 국가인권위원회 등)의 역할을 이해한다.	
	10. 헌법과 국가 기관(3)	① 입법부로서 국회의 위상과 역할을 이해하고, 국회의 조직과 기능을 탐구한다.	
		② 행정부 수반으로서 대통령의 지위와 권한을 이해하고, 행정부의 주요 조직과 기능을 탐구한다.	

뒷장에 계속 ↓

영역	단원	성취기준	이수 우선순위
일반 사회	10. 헌법과 국가 기관(3)	③ 법원과 헌법재판소의 위상과 역할을 이해하고, 사법부의 조직과 기능을 탐구한다.	
	11. 국민경제와 경제 성장(3)	① 국민경제 지표로서 국내총생산의 의미를 이해하고, 국내총생산의 증가가 우리 생활에 미치는 영향을 탐구한다.	
		② 물가 상승이 경제생활에 미치는 영향을 이해하고, 물가 안정을 위한 방안을 탐구한다.	
		③ 실업이 개인과 사회에 미치는 영향을 이해하고, 고용 안정과 바람직한 노사관계 확립을 위한 방안을 탐구한다.	
	12. 국제 경제와 세계화(3)	① 국제 거래의 의미와 특징을 이해하고, 국제 거래의 발생 요인을 인식한다.	
		② 국제 거래를 환율과 국제 수지를 중심으로 이해한다.	
		③ 국제 경제 협력과 경쟁, 상호 의존이 증대하는 현상을 세계화와 관련지어 분석한다.	
	13. 국제 사회와 국제 정치(3)	① 국제사회의 특성을 이해하고, 국제 관계에 영향을 미치는 여러 행위 주체(예: 국가, 국제기구, 다국적 기업)에 대해 탐구한다.	
		② 국제사회에 존재하는 경쟁과 갈등의 다양한 모습을 이해하고, 국제사회의 공존을 위한 노력을 외교 정책을 중심으로 탐구한다.	
		③ 우리나라가 직면하고 있는 국가 간 갈등 문제(예: 독도 문제, 동북공정)를 국제 관계 속에서 인식하고, 이러한 문제의 해결에 능동적으로 참여하는 태도를 가진다.	
	14. 현대사회와 사회 문제(3)	① 사회 문제의 의미를 이해하고, 현대의 주요 사회 문제(예: 인구 문제, 노동 문제, 환경 문제)의 현황과 특징을 조사한다.	
		② 현대사회의 주요 사회 문제에 대한 해결 방안을 탐구하고, 현대의 사회 문제 해결을 위해 적극적으로 참여하는 태도를 가진다.	
		③ 미래사회의 과제를 지속 가능한 발전이라는 관점에서 탐구하고, 이를 실현하기 위한 방안을 제시할 수 있다.	

↓ 뒷장에 계속

다음은 각 교과의 내용에 대한 서술식 질문입니다. 다음의 질문에 맞추어 기술해주시기 바랍니다.

1. 교육과정 영역, 단원, 성취기준별 이수 우선순위와 별도로 본 교과의 구성내용 중 주제, 영역, 단원, 성취기준을 50% 수준으로 교육 내용을 감축할 경우 축소 또는 삭제 가능하다고 생각하는 내용을 다음의 4가지 영역에서 5가지 이상 기입해주시기 바랍니다(각각이 아닌 주제, 영역, 단원, 성취기준의 내용을 합쳐 5가지 이상임).

주제:

영역:

단원:

성취기준:

2. 공립형 다문화 대안학교 교육과정 재구성(50% 감축)을 위한 기타 의견을 써주십시오.

♣ 설문에 응해주셔서 감사합니다. ♣

중학교용 : 과학과

본 설문은 다문화가정 자녀들이 우선적으로 이수해야 할 교육과정 단원 및 성취기준을 알아보기 위해 실시합니다.

귀하께서 생각하시는 이수 우선순위를 '이수 우선순위' 란에 기록해주십시오. 그 예는 아래와 같습니다.

예			
영역	단원	성취기준	이수 우선순위
물질과 에너지	힘과 운동	① 힘은 두 물체 사이의 상호작용임을 이해하고, 접촉에 의한 상호작용뿐 아니라 멀리 떨어져 있는 물체 사이의 상호작용이 있음을 안다.	2
		② 중력, 탄성력, 마찰력, 전기력, 자기력 등 여러 가지 힘의 특징을 알고 이들이 주변의 현상을 이해하는 데 어떻게 활용되는지 이해한다.	3
		③ 한 물체에 작용하는 두 힘의 합력을 구할 수 있고 알짜 힘을 안다.	1

*은 성취기준(단원) 수를 의미함

↓ 뒷장에 계속

다음은 각 교과의 단원에 대한 이수 우선순위와 관련한 질문입니다. 각 단원의 이수 우선순위를 번호로 기록해주시기 바랍니다.

영역	단원	이수 우선순위	명칭 변경이 필요하다면 변경했을 경우의 단원명
물질과 에너지	1. 힘과 운동		
	2. 열과 우리 생활		
	3. 분자 운동과 상태 변화		
	4. 물질의 구성		
	5. 빛과 파동		
	6. 물질의 특성		
	7. 일과 에너지 전환		
	8. 전기와 자기		
	9. 화학 반응에서의 규칙성		
	10. 여러 가지 화학 반응		
생명과 지구	1. 지구계와 지권의 변화		
	2. 광합성		
	3. 수권의 구성과 순환		
	4. 기권과 우리 생활		
	5. 소화 · 순환 · 호흡 · 배설		
	6. 자극과 반응		
	7. 태양계		
	8. 생식과 발생		
	9. 유전과 진화		
	10. 외권과 우주개발		

뒷장에 계속↓

다음은 각 교과의 단원별(영역별) 성취기준에 대한 이수 우선순위와 관련한 질문입니다. 이수 우선순위를 번호로 기록해주시기 바랍니다.

영역	단원	성취기준	이수 우선순위
물질과 에너지	1. 힘과 운동(5)	① 힘은 두 물체 사이의 상호작용임을 이해하고, 접촉에 의한 상호작용뿐 아니라 멀리 떨어져 있는 물체 사이의 상호작용이 있음을 안다.	
		② 중력, 탄성력, 마찰력, 전기력, 자기력 등 여러 가지 힘의 특징을 알고 이들이 주변의 현상을 이해하는 데 어떻게 활용되는지 이해한다.	
		③ 한 물체에 작용하는 두 힘의 합력을 구할 수 있고 알짜 힘을 안다.	
		④ 거리-시간, 속력-시간 그래프를 해석하여 물체의 운동을 설명할 수 있다.	
		⑤ 물체의 운동을 관찰하여 힘의 작용에 대해 알고, 이를 통해 힘과 운동의 관계를 안다.	
	2. 열과 우리 생활 (5)	① 온도를 분자 운동 모형으로 이해하고, 온도가 우리 생활에 미치는 영향을 안다.	
		② 물체 사이의 온도가 다르면 열평형 상태에 도달할 때까지 열의 이동이 일어남을 이해한다.	
		③ 열의 이동 방법에는 전도, 대류, 복사가 있음을 알고 각각의 특징을 안다.	
		④ 물체에 따라 비열과 열팽창 정도가 다름을 알고, 이를 활용한 예를 안다.	
		⑤ 냉난방 기구 사용, 주방 기구 사용, 단열과 폐열의 활용, 지구 온난화 같은 일상생활에서 열에너지와 관련된 사례를 열의 이동 방법과 관련지어 이해한다.	
	3. 분자 운동과 상태 변화(7)	① 증발 또는 확산 현상을 통해 분자가 운동하고 있음을 알고, 모형을 이용하여 분자 운동을 설명한다.	
		② 압력과 기체의 부피의 관계를 실험 또는 자료 해석으로 알아내고, 압력 변화에 따른 기체 분자의 배열 및 운동 상태 변화를 분자 모형으로 설명한다.	
		③ 온도와 기체의 부피의 관계를 실험 또는 자료 해석으로 알아내고, 온도 변화에 따른 기체 분자의 배열 및 운동 상태 변화를 분자 모형으로 설명한다.	
		④ 여러 가지 물질의 융해, 응고, 액화, 기화, 승화 현상을 관찰하고, 상태 변화가 물리적 변화임을 안다.	
		⑤ 상태 변화에서 관찰되는 현상적 변화를 분자 모형을 이용하여 분자 배열의 차이로 설명한다.	
		⑥ 상태 변화 과정에서 온도 변화를 측정하고, 이로부터 상태 변화와 열에너지와의 관계를 이해한다.	
		⑦ 상태에 따른 분자 배열의 차이와 열에너지 관계를 분자 운동으로 설명한다.	

↓ 뒷장에 계속

영역	단원	성취기준	이수 우선순위
물질과 에너지	4. 물질의 구성(6)	① 모든 물질은 원소로 이루어져 있음을 알고, 대표적인 여러 가지 원소를 원소 기호로 나타낸다.	
		② 원소는 물질을 구성하는 원자로 구성되고 원자는 원자핵과 전자로 구성되어 있음을 알고, 이를 모형을 사용하여 나타낸다.	
		③ 원자가 전자를 잃으면 양(+)이온, 전자를 얻으면 음(−)이온이 됨을 알고, 원소 기호를 사용해 이온식으로 나타낸다.	
		④ 이온의 형성을 모형으로 나타내고, 앙금 생성 반응을 통해 이온의 종류를 안다.	
		⑤ 우리의 주변에 이온이 존재함을 알고, 이온이 사용되는 예를 안다.	
		⑥ 간단한 화합물을 원소 기호로 나타낸다.	
	5. 빛과 파동(6)	① 물체를 보는 원리를 안다.	
		② 빛의 삼원색으로 다양한 빛을 합성할 수 있음을 알고, 이 원리가 영상장치에 활용되는 것을 안다.	
		③ 여러 가지 거울과 렌즈를 통해 나타나는 상을 관찰하고, 평면거울과 볼록 렌즈에 의한 상의 생성 원리를 이해한다.	
		④ 파동이 발생하는 과정과 파동의 종류를 안다.	
		⑤ 파동의 진행에서 반사와 굴절 현상을 이해한다.	
		⑥ 소리가 들리는 과정을 알고 파동의 진폭, 진동수, 파형으로부터 소리의 세기, 높낮이, 맵시를 안다.	
	6. 물질의 특성(4)	① 우리 주변에서 볼 수 있는 여러 물질들을 순물질과 혼합물로 구분하고 그 차이를 이해한다.	
		② 여러 가지 순물질의 녹는점과 어는점, 끓는점, 밀도, 용해도 등을 측정하고, 이들이 물질의 특성이 될 수 있음을 이해한다.	
		③ 물질의 특성을 이용하여 혼합물을 분리한다.	
		④ 우리 주변에서 사용되는 혼합물 분리의 예를 안다.	
	7. 일과 에너지 전환(5)	① 일과 일률의 정의를 알고, 일과 에너지의 관계를 안다.	
		② 간단한 도구를 이용하여 일의 원리를 이해하고, 도구를 유용하게 사용하는 예를 안다.	
		③ 운동에너지와 위치에너지를 알고 역학적 에너지 보존법칙을 이해한다.	
		④ 빛에너지, 열에너지, 전기에너지, 소리에너지, 신재생에너지 등 여러 형태의 에너지 종류와 특징을 알고, 인류의 미래에서 에너지의 중요한 역할을 이해한다.	
		⑤ 에너지 전환의 예를 일상생활에서 찾고, 전환 과정에서 에너지가 보존됨을 이해한다.	
	8. 전기와 자기(6)	① 정전기 유도에 의해 물체가 대전되는 과정을 이해하고, 대전된 전하의 종류에 따라 두 물체 사이에는 서로 밀거나 당기는 정전기력이 작용함을 안다.	

뒷장에 계속 ↓

영역	단원	성취기준	이수 우선순위
물질과 에너지	8. 전기와 자기(6)	② 저항, 전류, 전압 사이의 관계를 알고, 이를 적용하여 저항의 직렬연결과 병렬연결의 특징을 이해한다.	
		③ 가정에서 전기에너지가 다양한 형태의 에너지로 전환되어 사용되고 있음을 알고 이를 전기 소비 전력과 관련지어 이해한다.	
		④ 전류가 흐르는 직선 도선 주위에 생기는 자기장의 특성을 안다.	
		⑤ 자기장 내의 전류가 흐르는 도선에 작용하는 힘의 특성을 안다.	
		⑥ 자석을 이용하여 전류가 발생하는 현상을 정성적으로 이해한다.	
	9. 화학 반응에서의 규칙성(5)	① 일상생활에서 물리적 변화와 화학적 변화의 예를 안다.	
		② 화학 반응을 모형으로 설명하고, 이를 통해 화학적 변화는 물질을 구성하는 입자의 종류와 배열이 달라지는 것임을 이해한다.	
		③ 간단한 화학 반응을 화학 반응식으로 나타낸다.	
		④ 화학 반응에서 질량 보존의 법칙과 일정 성분비의 법칙을 모형을 통해 이해한다.	
		⑤ 화학 반응식에서 계수의 의미를 이해한다.	
	10. 여러 가지 화학 반응(5)	① 우리 주변에서 볼 수 있는 산과 염기의 특징을 알고, 수용액에서 산과 염기의 이온화를 이온식으로 나타낸다.	
		② 중화 반응에서 일어나는 지시약의 색 변화와 온도 변화를 관찰하고, 용액의 성질과 온도 변화를 이해한다.	
		③ 중화 반응을 이온 모형을 통해 이해하고, 이를 이온 반응식으로 나타낸다.	
		④ 산화와 환원 반응을 산소의 이동으로 이해한다.	
		⑤ 일상생활에서 산화와 환원 반응의 예를 들 수 있다.	
생명과 지구	1. 지구계와 지권의 변화(7)	① 지구계의 정의를 알고, 과학교과에서 다루는 계와 관련된 내용(순환계, 생태계, 소화계 등)을 이해한다.	
		② 지구계의 구성 요소가 지권, 수권, 기권, 생물권, 외권임을 알고 각 권의 특징과 지구계 내에서 물질과 에너지 순환이 일어남을 안다.	
		③ 지권은 다양한 암석과 광물로 구성되어 있으며, 지권을 이루는 물질은 순환하고 있음을 이해한다.	
		④ 광물과 암석이 우리 생활의 여러 분야에 다양하게 이용되고 있음을 안다.	
		⑤ 지진파를 이용하여 지구의 내부의 층상 구조를 탐사하는 방법을 알고, 각 층의 특징을 이해한다.	
		⑥ 판구조론의 발달 과정을 과학사적 관점에서 이해하고, 판의 운동과 지진, 화산 활동을 연계하여 설명한다.	
		⑦ 지진이나 화산 활동을 포함한 지구 환경의 변화가 우리 생활에 미치는 영향을 이해하고 대책을 안다.	
	2. 광합성(6)	① 식물 세포와 동물 세포의 구조를 비교하여 식물 세포의 특징을 안다.	

↓ 뒷장에 계속

영역	단원	성취기준	이수 우선순위
생명과 지구	2. 광합성(6)	② 세포가 모여 조직을 이루며, 조직이 모여 기관을 이루는 식물체의 유기적 구성 단계를 안다.	
		③ 식물 뿌리에서의 물과 무기양분의 흡수, 줄기에서의 물과 양분의 이동 그리고 잎의 증산작용 등을 광합성과 관련지어 이해한다.	
		④ 광합성이 일어나는 장소, 광합성에 필요한 물질과 광합성으로 생성되는 물질을 안다.	
		⑤ 광합성 결과 생긴 양분의 전환, 이동, 저장, 사용 과정을 이해한다.	
		⑥ 식물의 호흡과 광합성의 관계를 이해한다.	
	3. 수권의 구성과 순환(6)	① 지구계의 구성 요소인 수권은 담수와 해수, 빙하, 지하수로 이루어짐을 알고, 물이 소중한 자원임을 이해한다.	
		② 지구계의 구성 요소로서 빙하를 이해하고, 빙하의 형성과 분포, 물리적 특성을 알고, 이를 기후 변화 해석 등에 활용할 수 있음을 이해한다.	
		③ 염분에 영향을 주는 요인을 알고 염분비 일정의 법칙을 이해한다.	
		④ 깊이에 따른 해수 온도 분포를 이해하고, 깊이에 따라 혼합층, 수온약층, 심해층으로 구분됨을 안다.	
		⑤ 해수 순환의 원리와 순환의 기능에 대해 알고, 우리나라 주변 해류의 종류와 특성에 대해 이해한다.	
		⑥ 해양자원의 소중함을 알고 인간 활동이 해양에 미치는 영향과 해양 보존의 방안에 대해 안다.	
	4. 기권과 우리 생활(7)	① 기권은 기온의 연직 분포에 따라 대류권, 성층권, 중간권, 열권으로 구분됨을 알고 각 층의 특징에 대해 이해한다.	
		② 태양이 지구계의 주요 에너지원이며 위도에 따른 태양 복사에너지와 지구 복사에너지의 평형을 이해한다.	
		③ 탄소의 순환 과정을 알고, 탄소 순환을 지구 온난화와 관련지어 이해한다.	
		④ 대기 중의 수증기량과 이슬점, 포화 수증기량, 상대습도, 단열팽창 및 응결현상의 관계를 이해하고, 구름의 생성과 강수과정에 대해 안다.	
		⑤ 기압의 개념과 크기 및 단위에 대해 알고, 지표면의 차등가열에 따른 온도 차이로 인해 기압의 변화가 발생하여 바람이 불게 됨을 안다.	
		⑥ 대기 대순환과 순환의 분포가 생기는 원인을 알고, 대기 대순환과 해양의 표층순환을 관련지어 이해한다.	
		⑦ 기단과 전선, 고기압과 저기압에서 나타나는 기상 현상을 알고 이를 날씨의 변화와 관련지으며, 기상 현상이 우리생활에 미치는 영향을 이해한다.	
	5. 소화단과 전선, 고기(6)	① 세포가 모여 조직을 이루며, 조직이 모여 기관을 이루는 동물체의 유기적 구성단계를 안다.	
		② 체내에 들어온 음식물이 소화 기관을 지나면서 소화되는 과정을 이해하고, 최종 소화 산물이 흡수되는 과정을 안다.	

영역	단원	성취기준	이수 우선순위
생명과 지구	5. 소화단과 전선, 고기(6)	③ 혈액의 성분과 기능을 알고, 혈액 순환과 관련지어 심장과 혈관의 구조와 기능을 이해한다.	
		④ 호흡 기관의 구조와 기능을 이해하고, 동물의 체내에서 에너지가 생성됨을 안다.	
		⑤ 배설 기관의 구조와 기능을 이해한다.	
		⑥ 소화, 순환, 호흡, 배설의 관계를 통합적으로 이해한다.	
	6. 자극과 반응(3)	① 눈, 코, 귀, 혀, 피부 감각기의 구조와 기능을 안다.	
		② 뉴런 및 신경계의 구조와 기능을 알고, 자극에 대한 반응 경로를 이해한다.	
		③ 체내·외 환경 변화에 대한 신경과 호르몬의 조절 작용으로 항상성이 유지됨을 이해한다.	
	7. 태양계(5)	① 지구와 달의 모양과 크기를 알고, 자전과 공전으로 인해 나타나는 현상을 이해한다.	
		② 달의 모양 변화와 일상생활을 연관하여 이해한다.	
		③ 태양계를 구성하는 천체를 알고, 태양계 행성을 분류하여 그 특징을 알고, 행성도 위성을 가질 수 있음을 안다.	
		④ 태양은 태양계 내의 유일한 항성임을 알고, 태양의 활동이 지구 자기장 및 인간 생활에 미치는 영향에 대해 이해한다.	
		⑤ 육안 및 천체 망원경을 이용하여 천체를 관측하고, 이를 통해 천체의 특징을 안다.	
	8. 생식과 발생(4)	① 무성 생식과 유성 생식의 차이점을 이해한다.	
		② 체세포 분열과 생식세포 분열의 특징을 염색체의 행동을 중심으로 비교한다.	
		③ 염색체와 유전자의 관계를 이해한다.	
		④ 생식세포가 만나 형성된 수정란으로부터 사람이 발생되는 과정을 이해한다.	
	9. 유전과 진화(5)	① 부모의 형질이 자손에게 전달되는 현상을 멘델의 유전 법칙을 중심으로 이해한다.	
		② 유전을 연구하는 방법을 알고, 사람의 유전 현상을 이해한다.	
		③ 생물의 진화 증거를 들 수 있다.	
		④ 생물의 다양성을 진화와 관련하여 이해한다.	
		⑤ 분류의 목적과 기준을 생물의 다양성과 관련하여 이해한다.	
	10. 외권과 우주개발 (8)	① 하늘에서 별의 위치를 확인하고, 계절에 따라 관측할 수 있는 별자리가 다름을 안다.	
		② 별의 거리를 측정하는 방법을 알고, 가까운 별의 거리는 연주 시차로 측정한다.	
		③ 별의 밝기와 등급으로 절대 등급과 겉보기 등급의 개념을 안다.	

↓ 뒷장에 계속

영역	단원	성취기준	이수 우선순위
생명과 지구	10. 외권과 우주개발 (8)	④ 별의 표면 온도에 따라 별의 색깔이 다름을 이해한다.	
		⑤ 우리 은하의 모양과 크기를 알고, 우리 은하는 성단, 성운, 성간 물질로 구성됨을 안다.	
		⑥ 우주가 팽창하고 있음을 근거를 통해 이해한다.	
		⑦ 인류의 우주 개발과 우주 탐사의 역사를 알고, 이와 관련된 직업 세계를 안다.	
		⑧ 인공위성의 개발과 이용이 우리 생활에 미치는 영향에 대해 이해한다.	

뒷장에 계속 ↓

다음은 각 교과의 내용에 대한 서술식 질문입니다. 다음의 질문에 맞추어 기술해주시기 바랍니다.

1. 교육과정 영역, 단원, 성취기준별 이수 우선순위와 별도로 본 교과의 구성내용 중 주제, 영역, 단원, 성취기준을 50% 수준으로 교육 내용을 감축할 경우 축소 또는 삭제 가능하다고 생각하는 내용을 다음의 4가지 영역에서 5가지 이상 기입해주시기 바랍니다(각각이 아닌 주제, 영역, 단원, 성취기준의 내용을 합쳐 5가지 이상임).

주제:

영역:

단원:

성취기준:

2. 공립형 다문화 대안학교 교육과정 재구성(50% 감축)을 위한 기타 의견을 써주십시오.

♣ 설문에 응해주셔서 감사합니다. ♣

중학교용: 영어과

본 설문은 다문화가정 자녀들이 우선적으로 이수해야 할 교육과정 단원 및 성취기준을 알아보기 위해 실시합니다.

귀하께서 생각하시는 이수 우선순위를 '이수 우선순위' 란에 기록해주십시오. 그 예는 아래와 같습니다.

예

영역	단원	성취기준	이수 우선순위
구분 없음	우리가 살아가는 곳 (4개)*	① 우리가 살고 있는 곳의 위치를 지도, 인터넷 등을 이용하여 찾아보고, 우리나라에서 어디에 위치하고 있는지 말할 수 있다.	2
		② 지도는 방위, 기호 등으로 구성됨을 알고, 우리가 살고 있는 동네를 그림지도로 나타낼 수 있다.	3
		③ 우리 지역의 산, 강, 들, 바다의 모습을 살펴보고, 그와 같은 환경과 더불어 살아가는 사람들의 서로 다른 생활 모습을 이해할 수 있다.	1
		④ 우리 지역의 주요 산업을 사례로 우리 지역의 변화에 대해 이해할 수 있다.	4

*은 성취기준(단원) 수를 의미함

뒷장에 계속 ↓

다음은 교과의 단원별(영역별) 성취기준에 대한 이수 우선순위와 관련한 질문입니다. 이수 우선순위를 번호로 기록해주시기 바랍니다.

영역	내용 성취기준	이수 우선순위
듣기 (9)	1. 일상생활이나 친숙한 일반적 주제에 관한 말이나 대화를 듣고 줄거리를 파악한다.	
	2. 일상생활이나 친숙한 일반적 주제에 관한 말이나 대화를 듣고 주제 및 요지를 파악한다.	
	3. 일상생활이나 친숙한 일반적 주제에 관한 말이나 대화를 듣고 의도나 목적을 파악한다.	
	4. 그림이나 도표에 관한 짧은 말이나 대화를 듣고 세부 내용을 파악한다.	
	5. 일상생활이나 친숙한 일반적 주제에 관한 말이나 대화를 듣고 세부 내용을 파악한다.	
	6. 일상생활이나 친숙한 일반적 주제에 관한 말이나 대화를 듣고 화자의 심정이나 태도를 파악한다.	
	7. 일상생활이나 친숙한 일반적 주제에 관한 말이나 대화를 듣고 일이나 사건의 전후 관계를 파악한다.	
	8. 일상생활이나 친숙한 일반적 주제에 관한 말이나 대화를 듣고 일이나 사건의 원인과 결과를 파악한다.	
	9. 일상생활이나 친숙한 일반적 주제에 관한 말이나 대화를 듣고 과업을 수행한다.	
말하기 (14)	1. 일상생활이나 친숙한 일반적 주제에 관해 주요 내용을 묻고 답한다.	
	2. 일상생활이나 친숙한 일반적 주제에 관한 말이나 글의 주제 및 요지를 말한다.	
	3. 일상생활이나 친숙한 일반적 주제에 관한 말이나 글의 세부 내용을 묻고 답한다.	
	4. 일상생활이나 친숙한 일반적 주제에 관한 서로 다른 입장을 나타내는 짧은 글을 읽고 차이점을 말한다.	
	5. 주변의 친숙한 대상을 간단히 묘사한다.	
	6. 주변의 친숙한 대상에 대해 좋아하거나 싫어하는 이유를 묻고 답한다.	
	7. 간단한 일상 용품의 사용법 등을 순서에 맞게 설명한다.	
	8. 일상생활이나 친숙한 일반적 주제에 관한 실물, 그림, 도표 등의 자료를 간단히 설명한다.	
	9. 일상생활과 관련된 간단한 문제를 해결하기 위해 절차나 방법을 묻고 답한다.	
	10. 일상생활에 관한 짧은 글을 읽고 이어질 내용을 추측하여 말한다.	
	11. 일상생활이나 친숙한 일반적 주제에 관한 일이나 사건의 원인과 결과를 묻고 답한다.	
	12. 일상생활에 관한 경험이나 계획에 대해 간단히 말한다.	
	13. 일상생활에 관한 느낌이나 의견을 묻고 답한다.	
	14. 일상생활이나 친숙한 일반적 주제에 관한 글이나 대화문을 활용하여 간단한 역할극을 수행한다.	

↓ 뒷장에 계속

영역	내용 성취기준	이수 우선순위
읽기 (12)	1. 일상생활이나 친숙한 일반적 주제에 관한 짧은 글을 소리 내어 읽고 의미를 파악한다.	
	2. 일상생활이나 친숙한 일반적 주제에 관한 짧은 글을 듣고 따라 읽으면서 의미를 파악한다.	
	3. 일상생활이나 친숙한 일반적 주제에 관한 글을 읽고 줄거리를 파악한다.	
	4. 일상생활이나 친숙한 일반적 주제에 관한 글을 읽고 주제 및 요지를 파악한다.	
	5. 일상생활이나 친숙한 일반적 주제에 관한 글을 읽고 글쓴이의 의도나 목적을 파악한다.	
	6. 그림이나 도표가 포함된 짧은 글을 읽고 세부 내용을 파악한다.	
	7. 일상생활이나 친숙한 일반적 주제에 관한 글을 읽고 세부 내용을 파악한다.	
	8. 일상생활이나 친숙한 일반적 주제에 관한 글을 읽고 낱말이나 어구의 의미를 문맥으로 추측한다.	
	9. 일상생활이나 친숙한 일반적 주제에 관한 글을 읽고 일이나 사건의 전후 관계를 파악한다.	
	10. 일상생활이나 친숙한 일반적 주제에 관한 글을 읽고 글의 연결 관계를 파악한다.	
	11. 일상생활이나 친숙한 일반적 주제에 관한 글을 읽고 일이나 사건의 원인과 결과를 파악한다.	
	12. 일상생활이나 친숙한 일반적 주제에 관한 글을 읽고 이어질 내용을 추측한다.	
쓰기 (12)	1. 주어진 낱말이나 어구를 활용하여 문장을 완성한다.	
	2. 주변의 실물, 그림, 사진, 도표 등을 보고 문장을 완성한다.	
	3. 일상생활이나 친숙한 일반적 주제에 관한 글을 읽고 결말을 완성한다.	
	4. 일상생활이나 친숙한 일반적 주제에 관한 말이나 글의 주요 내용을 쓴다.	
	5. 일상생활이나 친숙한 일반적 주제에 관한 글을 읽고 요지를 쓴다.	
	6. 일상생활이나 친숙한 일반적 주제에 관한 말이나 글의 세부 내용을 쓴다.	
	7. 주변의 사람, 대상 등을 묘사하는 간단한 문장이나 글을 쓴다.	
	8. 일상생활이나 친숙한 일반적 주제에 관한 그림, 사진, 도표 등을 설명하는 간단한 문장이나 글을 쓴다.	
	9. 일상생활에 관한 경험이나 계획에 대해 간단히 쓴다.	
	10. 일상생활이나 친숙한 일반적 주제에 관한 글을 읽고 느낌이나 의견을 간단히 쓴다.	
	11. 초대, 감사, 축하, 위로 등의 짧은 글을 쓴다.	
	12. 간단히 일기, 편지, 광고문, 안내문을 쓴다.	

뒷장에 계속 ↓

다음은 각 교과의 내용에 대한 서술식 질문입니다. 다음의 질문에 맞추어 기술해주시기 바랍니다.

1. 교육과정 영역, 단원, 성취기준별 이수 우선순위와 별도로 본 교과의 구성내용 중 주제, 영역, 단원, 성취기준을 50% 수준으로 교육 내용을 감축할 경우 축소 또는 삭제 가능하다고 생각하는 내용을 다음의 4가지 영역에서 5가지 이상 기입해주시기 바랍니다(각각이 아닌 주제, 영역, 단원, 성취기준의 내용을 합쳐 5가지 이상임).

주제: _____

_____

영역: _____

_____

단원: _____

_____

성취기준: _____

_____

2. 공립형 다문화 대안학교 교육과정 재구성(50% 감축)을 위한 기타 의견을 써주십시오.

_____

_____

_____

_____

_____

♣ 설문에 응해주셔서 감사합니다. ♣

중학교 1-3학년 군용: 음악과

본 설문은 다문화가정 자녀들이 우선적으로 이수해야 할 교육과정 단원 및 성취기준을 알아보기 위해 실시합니다.

귀하께서 생각하시는 이수 우선순위를 '이수 우선순위' 란에 기록해주십시오. 그 예는 아래와 같습니다.

예			
영역	단원	성취기준	이수 우선순위
구분 없음	우리가 살아가는 곳 (4개)*	① 우리가 살고 있는 곳의 위치를 지도, 인터넷 등을 이용하여 찾아보고, 우리나라에서 어디에 위치하고 있는지 말할 수 있다.	2
		② 지도는 방위, 기호 등으로 구성됨을 알고, 우리가 살고 있는 동네를 그림지도로 나타낼 수 있다.	3
		③ 우리 지역의 산, 강, 들, 바다의 모습을 살펴보고, 그와 같은 환경과 더불어 살아가는 사람들의 서로 다른 생활 모습을 이해할 수 있다.	1
		④ 우리 지역의 주요 산업을 사례로 우리 지역의 변화에 대해 이해할 수 있다.	4

*은 성취기준(단원) 수를 의미함

뒷장에 계속 ↓

다음은 음악 교과의 영역과 내용체계에 대한 이수 우선순위와 관련한 질문입니다. 이수 우선순위를 번호로 기록해주시기 바랍니다.

영역(3)	영역별 이수 우선순위	내용체계(7)	내용체계 이수 우선순위
1. 표현		① 바른 자세로 표현하기	
		② 악곡의 특징을 살려 표현하기	
		③ 창의적으로 음악 만들어 표현하기	
2. 감상		④ 음악의 요소 및 개념 이해하기	
		⑤ 악곡의 특징을 이해하며 감상하기	
3. 생활화		⑥ 음악을 즐기는 태도 갖기	
		⑦ 우리 음악의 가치 인식하기	

↓ 뒷장에 계속

다음은 음악과의 단원별(영역별) 성취기준에 대한 이수 우선순위와 관련한 질문입니다. 이수 우선순위를 번호로 기록해주시기 바랍니다.

영역	내용체계	이수 우선순위
1. 표현(9)	① 바른 자세와 호흡 및 정확한 발음으로 노래 부를 수 있다.	
	② 바른 자세와 정확한 주법으로 악기를 연주할 수 있다.	
	③ 7~9학년 수준의 음악 요소 및 개념을 이해하며 노래를 부르거나 악기로 연주할 수 있다.	
	④ 악곡의 종류에 어울리는 신체 표현을 할 수 있다.	
	⑤ 악곡의 특징을 살려 개성 있게 노래를 부르거나 악기로 연주할 수 있다.	
	⑥ 예술가곡, 민요, 판소리 한 대목, 가곡의 초장을 듣고 부르거나 보고 부를 수 있다.	
	⑦ 다양한 예술에 어울리는 배경음악을 만들 수 있다.	
	⑧ 주제에 맞는 노랫말과 극본을 만들어 음악극으로 표현할 수 있다.	
	⑨ 주어진 조건에 따라 간단한 가락을 만들 수 있다.	
2. 감상(3)	① 다양한 예술에 어울리는 배경음악을 만들 수 있다.	
	② 다양한 시대의 음악을 듣고 음악의 특징에 대해 이야기할 수 있다.	
	③ 음악을 듣고 현대사회에서 음악의 다양한 쓰임에 대해 이야기할 수 있다.	
3. 생활화(2)	① 생활 속에서 음악을 활용하며 문화행사에 참여할 수 있다.	
	② 세계 속에서 우리 음악의 위상에 대해 이야기할 수 있다.	

뒷장에 계속↓

다음은 각 교과의 내용에 대한 서술식 질문입니다. 다음의 질문에 맞추어 기술해주시기 바랍니다.

1. 교육과정 영역, 단원, 성취기준별 이수 우선순위와 별도로 본 교과의 구성내용 중 주제, 영역, 단원, 성취기준을 50% 수준으로 교육 내용을 감축할 경우 축소 또는 삭제 가능하다고 생각하는 내용을 다음의 4가지 영역에서 5가지 이상 기입해주시기 바랍니다(각각이 아닌 주제, 영역, 단원, 성취기준의 내용을 합쳐 5가지 이상임).

주제:
_____

_____

영역:
_____

_____

단원:
_____

_____

성취기준:
_____

_____

2. 공립형 다문화 대안학교 교육과정 재구성(50% 감축)을 위한 기타 의견을 써주십시오.

_____

_____

_____

_____

_____

♣ 설문에 응해주셔서 감사합니다. ♣

중학교 1-3학년용: 미술과

본 설문은 다문화가정 자녀들이 우선적으로 이수해야 할 교육과정 단원 및 성취기준을 알아보기 위해 실시합니다.

귀하께서 생각하시는 이수 우선순위를 '이수 우선순위' 란에 기록해주십시오. 그 예는 아래와 같습니다.

예			
영역	단원	성취기준	이수 우선순위
체험	지각	① 자연물과 인공물을 다양한 감각으로 탐색하기	2
		② 자연물과 인공물에 대한 느낌과 생각을 다양한 방법으로 나타내기	1

*은 성취기준(단원) 수를 의미함

뒷장에 계속 ↓

다음은 각 교과의 단원에 대한 이수 우선순위와 관련한 질문입니다. 각 단원의 이수 우선순위를 번호로 기록해주시기 바랍니다.

영역	단원	이수 우선순위	명칭 변경이 필요하다면 변경했을 경우의 단원명
체험	1. 지각		
	2. 소통		
표현	3. 주제 표현		
	4. 표현 방법		
	5. 조형 요소와 원리		
감상	6. 미술사		
	7. 미술 비평		

↓ 뒷장에 계속

다음은 각 교과의 단원별(영역별) 성취기준에 대한 이수 우선순위와 관련한 질문입니다. 이수 우선순위를 번호로 기록해주시기 바랍니다.

영역	단원	성취기준	이수 우선순위
체험	1. 지각	① 주변 환경과 대상의 조화에 관해 이해하기	
		② 주변 환경과 자신의 관계를 탐구하여 나타내기	
	2. 소통	① 시각 문화에 반영된 생활양식과 사고방식 이해하기	
		② 시각 이미지를 활용하여 사회문화적 의미 전달하기	
표현	3. 주제 표현	① 새롭고 다양한 관점에서 주제 설정하기	
		② 주제의 특징, 의도, 목적을 창의적으로 표현하기	
	4. 표현 방법	① 새로운 표현 방법과 매체 탐색하기	
		② 표현 과정을 체계적으로 계획하여 표현하기	
	5. 조형 요소와 원리	① 조형 요소와 원리의 적용에 따른 시각적 효과 이해하기	
		② 조형 요소와 원리를 창의적으로 활용하여 표현하기	
감상	6. 미술사	① 다양한 문화권 미술의 변천 과정 이해하기	
		② 우리나라와 다른 나라 전통 미술 문화의 가치 이해하기	
	7. 미술 비평	① 다양한 분야의 지식을 활용하여 미술 작품의 의미 이해하기	
		② 비평 요소와 기준을 활용하여 미술 작품의 가치 판단하기	
		③ 관람자의 역할을 고려하여 전시회 계획하기	

뒷장에 계속 ↓

다음은 각 교과의 내용에 대한 서술식 질문입니다. 다음의 질문에 맞추어 기술해주시기 바랍니다.

1. 교육과정 영역, 단원, 성취기준별 이수 우선순위와 별도로 본 교과의 구성내용 중 주제, 영역, 단원, 성취기준을 50% 수준으로 교육 내용을 감축할 경우 축소 또는 삭제 가능하다고 생각하는 내용을 다음의 4가지 영역에서 5가지 이상 기입해주시기 바랍니다(각각이 아닌 주제, 영역, 단원, 성취기준의 내용을 합쳐 5가지 이상임).

주제:
_____

_____

영역:
_____

_____

단원:
_____

_____

성취기준:
_____

_____

2. 공립형 다문화 대안학교 교육과정 재구성(50% 감축)을 위한 기타 의견을 써주십시오.

_____

_____

_____

_____

♣ 설문에 응해주셔서 감사합니다. ♣

초등학교·중학교용: 체육과

본 설문은 다문화가정 자녀들이 우선적으로 이수해야 할 교육과정 단원 및 성취기준을 알아보기 위해 실시합니다.

귀하께서 생각하시는 이수 우선순위를 '이수 우선순위' 란에 기록해주십시오. 그 예는 아래와 같습니다.

예			
영역	단원	성취기준	이수 우선순위
건강 활동	건강과 환경	① 건강의 개념과 청소년기 건강을 유지하고 증진하기 위한 방법을 이해한다.	2
		② 건강을 유지하고 증진하기 위한 바른 신체 자세, 규칙적인 운동, 올바른 식습관 등을 실천한다.	1

*은 성취기준(단원) 수를 의미함

뒷장에 계속 ↓

다음은 각 교과의 단원에 대한 이수 우선순위와 관련한 질문입니다. 각 단원의 이수 우선순위를 번호로 기록해주시기 바랍니다.

영역	단원	이수 우선순위	명칭 변경이 필요하다면 변경했을 경우의 단원명
건강활동	1. 건강과 환경		
	2. 건강과 체력		
	3. 건강과 안전		
도전활동	4. 기록 도전		
	5. 동작 도전		
	6. 표적/투기 도전		
경쟁활동	7. 영역형 경쟁		
	8. 필드형 경쟁		
	9. 네트형 경쟁		
표현활동	10. 심미 표현		
	11. 현대 표현		
	12. 전통 표현		
여가활동	13. 사회와 여가		
	14. 자연과 여가		
	15. 지구촌 여가		

↓ 뒷장에 계속

다음은 각 교과의 단원별(영역별) 성취기준에 대한 이수 우선순위와 관련한 질문입니다. 이수 우선순위를 번호로 기록해주시기 바랍니다.

영역	단원	성취기준	이수 우선순위
건강 활동	1. 건강과 환경	① 건강의 개념과 청소년기 건강을 유지하고 증진하기 위한 방법을 이해한다.	
		② 건강을 유지하고 증진하기 위한 바른 신체 자세, 규칙적인 운동, 올바른 식습관 등을 실천한다.	
		③ 환각제, 흡입제 등과 같이 건강에 유해한 약물과 담배, 술 등과 같은 기호품의 종류에 대해 이해한다.	
		④ 약물과 기호품의 남용으로 발생하는 문제의 심각성을 이해하고 올바른 사용 방법에 따라 적절하게 실천한다.	
		⑤ 환경오염이 개인과 지역사회의 건강에 미치는 영향을 이해하고, 일상생활에서 환경오염 예방을 위한 구체적인 활동을 실천한다.	
		⑥ 일상생활에서 건강한 삶을 위해 올바른 생활 습관을 유지하고, 바람직하지 않은 행동을 자제하는 자기 조절의 태도를 기른다.	
	2. 건강과 체력	① 건강 및 운동과 관련된 다양한 체력 요소의 증진을 위한 운동의 원리, 체력을 관리하는 방법 등을 이해한다.	
		② 체력 증진의 원리와 관리 방법을 적용하여 체력 운동을 목적에 맞게 수행한다.	
		③ 사춘기의 심리적 · 신체적 변화, 2차 성징 등 청소년기의 올바른 성 지식과 성 역할을 이해한다.	
		④ 성희롱, 성추행, 성폭력 등의 예방 방법과 대처 행동을 이해하고 상황에 따라 적절하게 적용한다.	
		⑤ 안전사고 발생의 유형별 원인 및 예방법을 이해하고 안전사고 및 응급 상황 발생에 대처하는 행동의 우선순위를 판단하고 이를 수행한다.	
		⑥ 자신에 대해 긍정적이고 가치 있게 여기는 자기 존중의 태도를 기른다.	
	3. 건강과 안전	① 다양한 체력 요소의 측정 방법과 절차를 이해하고 적절한 방법을 이용하여 종합적인 체력 수준을 평가한다.	
		② 일반적인 운동 처방의 개념과 원리를 이해하고 운동 처방의 원리에 따라 자신에게 알맞은 체력 증진 프로그램을 계획한다.	
		③ 체력을 증진하기 위해 자신에게 알맞은 맞춤형 체력 증진 프로그램에 따라 운동을 지속적으로 실천한다.	
		④ 일상생활과 운동 중 일어날 수 있는 사고 및 상해의 종류와 원인, 상해 발생 시의 구급 처치법과 대처 방법을 이해하고 적용한다.	
		⑤ 지진, 해일, 화재 등과 같은 재난의 유형과 그에 따른 적절한 대처 방법을 이해하고 적용한다.	
		⑥ 체력 운동에 참여하면서 쉽게 중단하거나 포기하지 않는 실천 의지력을 기른다.	

뒷장에 계속 ↓

영역	단원	성취기준	이수 우선순위
도전 활동	4. 기록 도전	① 기록 도전(속도 도전/거리 도전) 스포츠의 개념, 특성 및 가치를 이해한다.	
		② 기록 도전(속도 도전/거리 도전) 스포츠의 변천 과정과 역사적 의미를 이해한다.	
		③ 기록 도전(속도 도전/거리 도전) 스포츠에서 활용되는 과학적 원리를 이해하고 운동 수행에 적용한다.	
		④ 기록 도전 스포츠의 경기 방법과 유형별 경기 기능을 이해하고 경기 상황에 적용한다.	
		⑤ 기록 도전 스포츠의 경기 유형, 규칙 및 용구, 인물, 기록, 사건 등을 감상하며 비교 · 분석한다.	
		⑥ 목표한 기록에 도달하는 과정에서 어려움을 이겨내는 인내심을 기른다.	
	5. 동작 도전	① 동작 도전 스포츠의 개념, 특성 및 가치를 이해한다.	
		② 동작 도전 스포츠의 변천 과정과 역사적 의미를 이해한다.	
		③ 동작 도전 스포츠에서 활용되는 과학적 원리를 이해하고 운동 수행에 적용한다.	
		④ 동작 도전 스포츠의 경기 방법과 유형별 경기 기능을 이해하고 경기 상황에 적용한다.	
		⑤ 동작 도전 스포츠의 경기 유형, 규칙 및 용구, 인물, 기록, 사건 등을 감상하며 비교 · 분석한다.	
		⑥ 동작에 도전하는 과정을 통해 과제를 성공적으로 수행할 수 있다고 여기는 자신감을 기른다.	
	6. 표적/투기 도전	① 표적/투기 도전 스포츠의 개념, 특성 및 가치를 이해한다.	
		② 표적/투기 도전 스포츠의 변천 과정과 역사적 의미를 이해한다.	
		③ 표적/투기 도전 스포츠에서 활용되는 과학적 원리를 이해하고 운동 수행에 적용한다.	
		④ 표적/투기 도전 스포츠의 경기 방법과 유형별 경기 기능을 이해하고 경기 상황에 적용한다.	
		⑤ 표적/투기 도전 스포츠의 경기 유형, 규칙 및 용구, 인물, 기록, 사건 등을 감상하며 비교 · 분석한다.	
		⑥ 표적/투기 도전 스포츠를 수행하면서 발생하는 문제를 정확하게 파악하고, 상황에 맞게 해결해나가는 문제 해결력을 기른다.	
경쟁 활동	7. 영역형 경쟁	① 영역형 경쟁 스포츠의 개념, 특성 및 가치를 이해한다.	
		② 영역형 경쟁 스포츠의 변천 과정과 역사적 의미를 이해한다.	
		③ 영역형 경쟁 스포츠에서 활용되는 과학적 원리를 이해하고 운동 수행에 적용한다.	
		④ 영역형 경쟁 스포츠의 경기 방법과 유형별 경기 기능 및 경기 전략을 이해하고 수행하며 경기 상황에 창의적으로 적용한다.	
		⑤ 영역형 경쟁 스포츠의 경기 유형, 규칙 및 용구, 인물, 기록, 사건 등을 감상하며 비교 · 분석한다.	

↓ 뒷장에 계속

영역	단원	성취기준	이수 우선순위
경쟁 활동	7. 영역형 경쟁	⑥ 영역형 경쟁에 참여하면서 규칙을 준수하고 정정당당하게 경기에 임하는 페어플레이 정신을 기른다.	
	8. 필드형 경쟁	① 필드형 경쟁 스포츠의 개념, 특성 및 가치를 이해한다.	
		② 필드형 경쟁 스포츠의 변천 과정과 역사적 의미를 이해한다.	
		③ 필드형 경쟁 스포츠에서 활용되는 과학적 원리를 이해하고 운동 수행에 적용한다.	
		④ 필드형 경쟁 스포츠의 경기 방법과 유형별 경기 기능 및 경기 전략을 이해하고 수행하며 경기 상황에 창의적으로 적용한다.	
		⑤ 필드형 경쟁 스포츠의 경기 유형, 규칙 및 용구, 인물, 기록, 사건 등을 감상하며 비교 · 분석한다.	
		⑥ 필드형 경쟁에 참여하면서 팀의 공동 목표를 달성하기 위해 스스로의 역할에 책임을 다하는 팀워크 정신을 기른다.	
	9. 네트형 경쟁	① 네트형 경쟁 스포츠의 개념, 특성 및 가치를 이해한다.	
		② 네트형 경쟁 스포츠의 변천 과정과 역사적 의미를 이해한다.	
		③ 네트형 경쟁 스포츠에서 활용되는 과학적 원리를 이해하고 운동 수행에 적용한다.	
		④ 네트형 경쟁 스포츠의 경기 방법과 유형별 경기 기능 및 경기 전략을 이해하고 수행하며 경기 상황에 창의적으로 적용한다.	
		⑤ 네트형 경쟁 스포츠의 경기 유형, 규칙 및 용구, 인물, 기록, 사건 등을 감상하며 비교 · 분석한다.	
		⑥ 네트형 경기에 참여하면서 동료를 배려하고 도와주며 상대방을 존중하는 태도를 기른다.	
표현 활동	10. 심미 표현	① 신체활동에 나타나는 심미 표현 활동의 특성과 유형을 이해한다.	
		② 심미 표현 활동에 나타나는 다양한 표현 방법을 이해하고 표현한다.	
		③ 심미 표현의 특성이 반영된 창작 작품을 구성하고 발표한다.	
		④ 창작 작품에 나타난 심미 표현 요소와 방법을 찾아 감상한다.	
		⑤ 작품 창작의 과정에서 자신의 능력과 개성에 따라 새롭고 다양한 표현을 시도하는 독창성을 기른다.	
	11. 현대 표현	① 신체활동에 나타나는 현대적 신체 표현의 역사 및 특성과 유형을 이해한다.	
		② 선택한 우리나라 또는 외국의 현대 표현 활동의 방법을 이해하고 표현한다.	
		③ 다양한 현대 표현 방법을 활용하여 창작 작품을 구성하고 발표한다.	
		④ 창작 작품에 나타난 현대 표현 요소와 방법을 찾아 감상한다.	
		⑤ 다양한 현대 표현의 과정에서 온몸과 정신을 다해 작품을 표현하는 열정을 기른다.	
	12. 전통 표현	① 신체활동에 나타나는 전통적 신체 표현의 역사 및 특성과 유형을 이해한다.	
		② 선택한 우리나라 또는 외국의 전통 표현 방법을 이해하고 표현한다.	
		③ 다양한 전통 표현 방법을 활용하여 창작 작품을 구성하고 발표한다.	
		④ 전통 표현 활동이나 작품에 나타난 전통 표현 요소와 방법을 찾아 감상한다.	

뒷장에 계속↓

영역	단원	성취기준	이수 우선순위
표현 활동	12. 전통 표현	⑤ 다양한 전통 표현을 수행하면서 여러 나라의 전통 표현 방식의 차이를 이해하고 존중하는 태도를 기른다.	
여가 활동	13. 사회와 여가	① 청소년기 여가 문화의 특성 및 유형과 바람직한 여가활동의 준거를 이해한다.	
		② 청소년들이 할 수 있는 신체활동 중심의 여가활동을 계획하고 실천한다.	
		③ 청소년들이 행하는 신체활동 중심의 여가 활동을 감상하며 비교 · 분석한다.	
		④ 활동에 관심과 흥미를 갖고, 모든 정신을 집중하는 몰입의 태도를 기른다.	
	14. 자연과 여가	① 자연 체험형 여가의 유형과 특징을 이해한다.	
		② 가족 및 친구들과 함께 주변 자연 환경에 적합한 자연 체험형 여가를 체험한다.	
		③ 가족 및 친구들과 함께 주변 자연 환경에 적합한 자연 체험형 여가를 감상하며 비교 · 분석한다.	
		④ 사람과 자연이 함께 살아감을 인식하고 더불어 살아가는 공존의 태도를 기른다.	
	15. 지구촌 여가	① 여러 나라 여가의 유형과 특징을 이해한다.	
		② 여러 나라의 다양한 신체활동 중심의 여가 활동을 이해하고 이를 생활에 적용하여 계획하고 실천한다.	
		③ 여러 나라의 다양한 신체활동 중심 여가활동을 감상하며 비교 · 분석한다.	
		④ 다른 나라의 여가 문화의 차이를 이해하고 열린 마음으로 받아들이고 존중하는 개방성을 기른다.	

↓ 뒷장에 계속

다음은 각 교과의 내용에 대한 서술식 질문입니다. 다음의 질문에 맞추어 기술해주시기 바랍니다.

1. 교육과정 영역, 단원, 성취기준별 이수 우선순위와 별도로 본 교과의 구성내용 중 주제, 영역, 단원, 성취기준을 50% 수준으로 교육 내용을 감축할 경우 축소 또는 삭제 가능하다고 생각하는 내용을 다음의 4가지 영역에서 5가지 이상 기입해주시기 바랍니다(각각이 아닌 주제, 영역, 단원, 성취기준의 내용을 합쳐 5가지 이상임).

   주제:
   _____

   _____

   영역:
   _____

   _____

   단원:
   _____

   _____

   성취기준:
   _____

   _____

2. 다문화 대안학교 교육과정 재구성(50% 감축)을 위한 제언.

   _____

   _____

   _____

   _____

   _____

♣ 설문에 응해주셔서 감사합니다. ♣